新訂 中・小隊長のための
消防活動の実務

警防実務研究会 編著

近代消防社

改訂のことば

　本書は、初めて監督員となり、或いは中小隊長となった消防職員の参考図書として10年前に出版したものですが、この間に多くの消防職団員の殉職者を出した東日本大震災やその後も頻発する地震災害、市街地の大規模火災、物流倉庫火災、風俗営業店舗火災、毎年繰り返される豪雨災害等の災害活動を通じて様々な観点から消防活動対策について議論が重ねられてきました。

　本改訂は、国や関係機関による消防活動に関する議論や制度改正の動向を踏まえて、できる限り現場の中小隊長の参考となる実務的な観点から、消防活動の基本として伝承していくべき事項と近年の災害実体や装備の高度化等の活動環境の変化をとらえて変化してきた消防活動の基本を整理し、あわせて書名を「中・小隊長のための消防活動の実務」に改め、特に第8章の大震火災消防対策については、大きく加筆修正を加えることとしました。

　本書が、中小隊長教育に携わる消防学校、消防本部幹部の教育参考資料として、或いは第一線で活躍される中小隊長の活動指揮に活かされ、安全な消防活動の参考となれば望外の喜びです。

平成30年1月

警 防 実 務 研 究 会

はじめに

　近年における都市の変貌はめざましく、超高層建物、地下街に代表される建造物の高層化、深層化、巨大化及び複合化等の一途をたどっている状況にあります。
　このため、これらの施設で発生する火災の消防戦術も年々変更されてきております。
　一方、各消防本部では、今、団塊世代の大量退職の峠を越えて、新任の小・中隊長が多く誕生し、消防本部の幹部は多忙の日々を送られていると聞くことがあります。
　そこで、消防のOBとして少しでもお役に立てることをと考え、この度「警防実務研究会」を創設し、その手始めに本書「小・中隊長のための消防活動の実務」を出版することといたしました。
　本書の執筆者は、消防本部及び消防署で永年わたり警防の実務に携わり、消防戦術面の専門的な知識と、豊富な経験を有した人たちばかりで、各人が業務ごとに章を分担し作成したものです。
　その内容は、初めて監督員となり、あるいは小・中隊長として就任した人たちの参考書として、理論より実務の基本を中心に火災・救助事例を交えながらまとめました。
　また、昇任試験準備用の図書としても参考になると思います。
　皆様のご参考になれば望外です。

平成20年11月

警防実務研究会

目　次

改訂のことば
はじめに

第1章　現場指揮

第1節　指揮の概念 …………………………………………………… 17

- 第1　**災害特性** …………………………………………………… 17
  拡大危険性／活動危険性／突発性／活動環境の異常性／不定性
- 第2　**消防部隊の統率と指揮** …………………………………… 18
- 第3　**指揮者の心構え** …………………………………………… 18
  プレッシャーの克服／被害の局限目標／組織力の発揮
- 第4　**指揮権と指揮責任** ………………………………………… 19
  指揮権／指揮責任
- 第5　**状況の法則** ………………………………………………… 19
- 第6　**消防活動と勢い** …………………………………………… 20
  勢いの必要性／勢いの準備／勢いを生み出す組織体制／勢いの減退
- 第7　**部下掌握** …………………………………………………… 21
  部下を知る／部下の職場心理を知る／部下の扱い方／
  現場で命令する時の心得／現場活動中の留意点
- 第8　**現場指揮に際しての留意点** ……………………………… 22
  消防戦術の選択／状況即応／迅速な決断／戦術書の限界
- 第9　**指揮者の資質** ……………………………………………… 23
  冷静さ／信念／孫子の五徳

第2節　情　報 ………………………………………………………… 25

- 第1　**情報の意義** ………………………………………………… 25
- 第2　**情報の収集** ………………………………………………… 25
- 第3　**初動時に優先して収集すべき情報** ……………………… 26
  災害の実態／人命危険情報／作業危険情報／
  災害の拡大危険（延焼拡大危険情報）
- 第4　**情報の処理** ………………………………………………… 27
  繰り返しの効果／情報の系統化／意味づけ／感情や情緒
- 第5　**情報の伝達** ………………………………………………… 27

目　次

　　第6　情報活動上の留意点　…………………………………………………… 27
　　　　情報の分析／人的情報の重視／共同住宅等の情報／風俗営業建物の情報

　第3節　状況判断　……………………………………………………………………… 29
　　第1　情報処理と判断モデル　………………………………………………… 29
　　　　短期記憶の特性／判断過程の推定
　　第2　状況判断の基本　………………………………………………………… 30
　　　　最先着となる中・小隊長の判断／指揮者の判断

　第4節　決心（決断）　………………………………………………………………… 31
　　第1　決心（決断）の基本　…………………………………………………… 31
　　第2　決心後の留意点　………………………………………………………… 31
　　　　状況の確認／決心の変更

　第5節　命　令　……………………………………………………………………… 33
　　第1　命令の発動要件　………………………………………………………… 33
　　第2　命令の種別　……………………………………………………………… 33
　　第3　命令の内容　……………………………………………………………… 34
　　　　任務の付与／具体性／実現性／手段の付与／状況（情報）の付与／
　　　　共同任務／下命対象／特殊任務の付与
　　第4　事前命令　………………………………………………………………… 35

　第6節　安全管理　…………………………………………………………………… 36
　　第1　公務災害の発生状況　…………………………………………………… 36
　　第2　安全管理の基本　………………………………………………………… 36
　　　　隊員の安全確保／指揮者の責務／組織の安全文化
　　第3　「慣れ」と「飽き」　……………………………………………………… 38
　　第4　ヒヤリハットの法則（ハインリッヒの法則）　………………………… 38
　　第5　ＫＹＴ訓練（危険予知訓練）　…………………………………………… 39
　　　　ＫＹＴ法の必要性／ＫＹＴの進め方
　　第6　事故発生時の措置　……………………………………………………… 41
　　　　救出・救護／救命処置最優先／現場の混乱防止／
　　　　事故発生原因の確実な除去／現場活動体制の立て直し
　火災事例1　人命検索活動中の単独行動によりフラッシュオーバーに遭遇し殉
　　　　　　　職した火災　……………………………………………………………… 42

第2章　木造、防火造建物火災の消防活動

第1節　火災の特性と基本戦術 …… 47

- 第1　木造建物火災の特性 …… 47
- 第2　木造建物火災の基本戦術 …… 48
  一般戦術／街区（ブロック）火災の戦術
- 第3　防火造建物火災の特性 …… 50
- 第4　防火造建物火災の基本戦術 …… 51

第2節　各過程の消防活動 …… 52

- 第1　消防隊の水利部署 …… 52
- 第2　検索救助指揮 …… 52
  検索活動指揮／救出活動指揮
- 第3　屋内進入指揮 …… 53
  先着隊の屋内進入指揮／屋内進入部署の基本／積載はしごの活用／
  後着隊の進入指揮
- 第4　注水指揮 …… 56
  初期の注水／中期の注水／最盛期の注水／後期の注水／
  防火造建物火災の留意点／水損の防止活動
- 第5　ホース延長要領 …… 57

第3節　破壊と警戒 …… 58

- 第1　破壊活動指揮 …… 58
  壁体／天井／床板／屋根
- 第2　残火処理 …… 60
- 第3　部隊の引揚げ …… 60
- 第4　警戒指揮 …… 60
  飛び火警戒／隣棟ビルの警戒／隣棟木造建築物の警戒
- 第5　再燃火災の警戒 …… 61
  過失責任（失火責任）／再燃火災防止活動基準

第4節　木造建物の防火性について …… 64

- 第1　防火造建物について …… 64
- 第2　新しい工法による建物の防火性 …… 64
- 第3　石膏ボードの防火性 …… 65

目次

  第4 ファイヤストップ材について ……………………………………… 66
   火災事例 2 耐火造建物から木造建物に延焼拡大した火災 ……………… 66
   火災事例 3 床の燃え抜けで隊員3名が受傷した防火造建物火災 ……… 68
   火災事例 4 宿泊客3名が焼死した簡易宿泊所の火災 …………………… 70
   火災事例 5 フラッシュオーバーにより一気に拡大した大規模木造建物火災 …… 72

第3章　ビル火災の消防活動

第1節　ビル火災の特性と基本戦術 ……………………………………… 77
  第1 **ビル火災の特性** ……………………………………………………… 77
  第2 **ビル火災の基本戦術** ………………………………………………… 77
    戦術の前提／基本戦術

第2節　ビル火災消防戦術の沿革と排煙 ………………………………… 80
  第1 **沿　革** ………………………………………………………………… 80
  第2 **排煙の種別と有効性** ………………………………………………… 81
    自然換気による排煙／換気設備による排煙／排煙車による排煙／
    噴霧注水による排煙／高発泡による排煙
  第3 **放水器具による消火と排煙要領** …………………………………… 82
    放水器具（消火ノズル）／噴霧消火装置／
    ビル火災における放水活動上の注意点

第3節　消防活動指揮 ……………………………………………………… 84
  第1 **情報活動** ……………………………………………………………… 84
    百聞は一見にしかず／情報検索／火災情報の特性／人命に関する情報／
    情報専従員の指定／自動火災報知設備等による確認／共同住宅等の情報／
    情報の伝達、報告
  第2 **指揮判断** ……………………………………………………………… 85
    出動途上の判断／火点と延焼範囲／状況不明時の留意事項
  第3 **進入指揮** ……………………………………………………………… 86
    クリアゾーンの設定／屋内進入／開口部の設定／濃煙内の活動
  第4 **救助活動指揮** ………………………………………………………… 87
    検索／役割分担／進入管理者の指定／救出手段／
    飛び降り、飛び付きの防止／活動上の留意事項
  第5 **消火活動指揮** ………………………………………………………… 89

　　　　筒先配備の基本（攻撃側）／警戒筒先の配備／間接注水による消火要領
　第6　はしご車による消防活動 …………………………………………… 91
　　　　指揮の要点／指揮判断／複数階同時救出架てい法
　第7　ダクト火災の消火活動 ……………………………………………… 93
　　　　ダクト火災の特性／指揮判断／消防戦術
　第8　水損防止措置 ………………………………………………………… 94
　　　　水損防止措置の原則／水損防止措置の方法／
　　　　防水シート活用時の留意事項／防水シートの展張要領／
　　　　防水シート以外の水損防止措置要領
　第9　隊員の安全確保 ……………………………………………………… 97
　　　　部下の掌握／連携行動の実施／長時間防ぎょ隊の現場交替／
　　　　非常用エレベーターの使用／ドア開放時の警戒／
　　　　簡易耐火造の建物への進入／風俗営業建物への進入
　　火災事例 6　複数の要救助者を救助した耐火造建物火災（マンション火災）…… 98
　　火災事例 7　強風下耐火造1階から出火し、隣棟建物へ延焼拡大した火災 …… 101

第4章　階層・用途別等の戦術

第1節　階層別による消防活動 ………………………………………… 105
　第1　高層建物・超高層建物 ……………………………………………… 105
　第2　地下階 ………………………………………………………………… 107
　第3　地下街 ………………………………………………………………… 108

第2節　用途別による消防活動 ………………………………………… 110
　第1　劇場、映画館 ………………………………………………………… 110
　第2　風俗店、飲食店 ……………………………………………………… 111
　第3　百貨店・大型物販店舗 ……………………………………………… 111
　第4　旅館・ホテル ………………………………………………………… 112
　　火災事例 8　多数の死傷者が発生したホテル火災 ……………………… 112
　第5　共同住宅（団地・マンション等） ………………………………… 118
　　火災事例 9　高層マンション火災 ………………………………………… 118
　第6　病院・福祉施設 ……………………………………………………… 122
　　火災事例 10　特別養護老人ホームの火災 ……………………………… 122
　第7　神社・仏閣 …………………………………………………………… 125
　　火災事例 11　有形文化財に指定された神社火災 ……………………… 125

目　次

　　第8　　工場・作業場 ……………………………………………………… 127
　　　火災事例12　大規模工場火災 ………………………………………… 128
　　第9　　倉庫・冷凍（冷蔵）倉庫 ………………………………………… 130
　　第10　圧気工事現場 ………………………………………………………… 131
　　第11　電子計算機システム関係施設等 ………………………………… 132
　　第12　放射性物質施設 …………………………………………………… 133

第3節　危険物・爆発物等の消防活動 ……………………………………… 136

　　第1　　防ぎょ一般 ………………………………………………………… 136
　　第2　　危険物（可燃性液体） …………………………………………… 137
　　第3　　ガ　ス ……………………………………………………………… 138
　　　火災事例13　危検物火災 ……………………………………………… 140
　　　火災事例14　タンクローリーの事故でガソリン2,000ℓが流出した危険排除 …… 141
　　第4　　禁水性物質 ………………………………………………………… 144
　　第5　　爆発物、粉じん爆発 ……………………………………………… 144
　　　火災事例15　化学工場の爆発火災 …………………………………… 145

第4節　毒・劇物災害の消防活動 …………………………………………… 148

　　第1　　災害時の特性 ……………………………………………………… 148
　　第2　　消防活動の重点 …………………………………………………… 148
　　第3　　活動の原則 ………………………………………………………… 148
　　第4　　消防指揮 …………………………………………………………… 149
　　第5　　安全管理 …………………………………………………………… 150
　　第6　　除染措置 …………………………………………………………… 151
　　第7　　装備品の点検 ……………………………………………………… 151

第5節　航空機・船舶火災の消防活動 ……………………………………… 152

　　第1　　航空機火災の消防活動 …………………………………………… 152
　　　　航空機火災の特性／航空機の構造／消火活動／救助活動／救急、救護活動
　　第2　　船舶火災の消防活動 ……………………………………………… 156
　　　　大型船の消防活動（貨物船、客船）／油槽船（タンカー）火災
　　　火災事例16　停泊中の外国船火災 …………………………………… 158

第5章　救助活動

第1節　救助活動の概説 …………………………………………………… 163

第1　救助活動の意義 ………………………………………………… 163
第2　救助活動上の災害・事故の分類 ………………………………… 163
火災／交通事故／水難事故／風水害等自然災害事故（本書では災害発生頻度が高い土砂災害について述べる）／機械関係事故／建築等による事故／ガス・酸欠事故

第3　災害・事故の特性 ……………………………………………… 164
拡大危険性／活動危険／活動環境の異常性

第4　事前対策 ………………………………………………………… 165
管轄区域内の災害発生危険事象の把握／隊員の教育訓練

第5　機器・資器材の整備 …………………………………………… 166
第6　救助活動の基本 ………………………………………………… 166
情報収集／状況判断／決断／活動着手／関係者・関係機関との連携／医師の現場への派遣要請

第7　活動中の安全確保 ……………………………………………… 168
安全確保の基本／組織活動／危険情報の周知／機器の適正使用／技能向上

第2節　活動要領 …………………………………………………………… 169

第1　初動処置 ………………………………………………………… 169
覚知時の対応／出動

第2　出動途上の処置 ………………………………………………… 169
交通事故防止／新情報への対応／途上の情報を本部へ報告

第3　現場活動 ………………………………………………………… 170
第4　撤収・現場引揚げ ……………………………………………… 170
人員・資器材の点検と撤収／引揚げ途上における事故防止

第5　帰署（所）後の処置 …………………………………………… 170
再出動準備／活動結果の反省と検討

目　次

第6章　事故別救助活動

第1節　火災救助 ……………………………………………………………… 173

第1　火災救助の態様と特性 ……………………………………………… 173
木造・防火造建物火災／耐火造建物火災

第2　初動処置 ……………………………………………………………… 174
覚知時の処置／出動

第3　実態把握 ……………………………………………………………… 174
要救助者を視認した場合／要救助者を視認できない場合

第4　救助活動 ……………………………………………………………… 174
聞き込み／検索行動／救助方法／活動上の留意事項

第5　対象別特性と救助要領 ……………………………………………… 179
百貨店／ホテル・旅館／病院・養護施設／劇場・映画館

　　救助事例1　火災・ビル火災で3階から2名を救出 ……………………… 181

第2節　交通事故 ……………………………………………………………… 182

第1　自動車事故の態様と特性 …………………………………………… 182
初動処置／実態把握と判断／救助方法の決定／救出手段／
活動上の留意事項

　　救助事例2　交通（自動車）事故・大型トラックにライトバンが追突1名救助 … 186

第2　鉄道事故の態様と特性 ……………………………………………… 188
初動処置／実態把握と判断／救助方法の決定／救出手段／
活動上の留意事項

　　救助事例3　交通（電車）事故・電車とホームの間に挟まれた1名救助 ………… 191

第3節　水難事故 ……………………………………………………………… 193

第1　水難事故の態様と特性 ……………………………………………… 193

第2　初動処置 ……………………………………………………………… 193
覚知時の処置／出動

第3　実態把握と判断 ……………………………………………………… 194
状況確認／状況聴取

第4　救助（検索）方法の決定 …………………………………………… 194
要救助者が視認できる場合の救助（検索）方法／
要救助者が視認できない場合の救助（検索）方法／使用資器材

第5　救助（検索）方法 …………………………………………………… 195

　　　　○視認できる場合
　　　　　岸から近い場合／岸から離れている場合／水泳による救助
　　　　○視認できない場合
　　　　　潜水による検索・救助／すばりによる検索
　　第6　活動上の留意事項 …………………………………………………………… 198
　　　　共通事項／潜水による検索・救助／すばりによる検索
　　救助事例 4　水難事故・海中へ入水自損を図った女性1名を救助 ……………… 199

第4節　土砂災害・倒壊事故 …………………………………………………… 201

　　第1　土砂災害の態様と特徴 …………………………………………………… 201
　　第2　土砂崩れ …………………………………………………………………… 201
　　　　初動処置／実態把握と判断／救出方法の決定／救出要領／活動上の留意事項
　　救助事例 5　崩壊事故・土砂崩れによる生き埋め4名の救助 ………………… 204
　　第3　倒壊事故 …………………………………………………………………… 206
　　　　初動処置、実態把握と判断／救助方法の決定／救出手段／
　　　　活動上の留意事項

第5節　機械関係事故 …………………………………………………………… 208

　　第1　機械による事故の態様と特性 …………………………………………… 208
　　第2　エレベーター事故 ………………………………………………………… 208
　　　　事故種別と発生原因／エレベーターの構造概要／初動処置／
　　　　実態把握と判断／救助方法の決定／救出手段／活動上の留意事項
　　救助事例 6　機械関係事故・エレベーターに挟まれ、閉じ込め2名救助 …… 215
　　第3　エスカレーター事故 ……………………………………………………… 217
　　　　事故の概要／エスカレーターの構造／初動処置／実態把握と判断／
　　　　救助方法の決定／救出手段／活動上の留意事項
　　第4　印刷機事故 ………………………………………………………………… 220
　　　　印刷機事故の態様と特性／印刷機の構造（オフセット）／初動処置／
　　　　実態把握と判断／救助方法の決定／救出手段／活動上の留意事項
　　救助事例 7　機械関係事故・印刷機に引き込まれた男性1名救助 …………… 223

第6節　建物関係事故 …………………………………………………………… 225

　　第1　建物等による事故の態様と特性 ………………………………………… 225
　　　　建物内の事故／工作物関係
　　第2　初動処置 …………………………………………………………………… 225
　　　　覚知時の処置／出動
　　第3　実態把握と判断 …………………………………………………………… 226

目　次

　　　　　現場確認／救助方法の決定
　　第 4　救助方法 …………………………………………………………………… 227
　　　　　建物内閉じ込め／ドア等に挟まれ／階段からの搬出不能／工作物等に挟まれ
　　第 5　活動上の留意事項 ………………………………………………………… 229
　　　　　建物内事故／工作物関係
　　　救助事例 8　建物関係事故・建物内〈トイレ〉閉じ込められ男児 1 名救助 ……… 229

第 7 節　ガス・酸欠事故 ………………………………………………………………… 231
　　第 1　ガス・酸欠事故の態様と特性 …………………………………………… 231
　　　　　毒性ガス等の事故／有毒ガスの発生、酸欠事故
　　第 2　初動処置 …………………………………………………………………… 231
　　　　　覚知時の処置／出動
　　第 3　実態把握と判断 …………………………………………………………… 232
　　　　　発生場所／ガスの種類等／要救助者の状況／事故の状況及び
　　　　　関係者の処置等
　　第 4　救助方法の決定 …………………………………………………………… 232
　　　　　救出手段／救出手順／使用資器材
　　第 5　救助要領 …………………………………………………………………… 233
　　　　　救助に先行し、又は併行してとるべき処置／救出要領
　　第 6　活動上の留意事項 ………………………………………………………… 235
　　　　　ガスの実態把握と処置／関係者との連携
　　第 7　酸素欠乏症と一酸化炭素中毒について ………………………………… 236
　　　　○酸素欠乏症
　　　　　酸素欠乏（酸欠）とは／発生原因／酸素欠乏危険箇所／酸素欠乏症／
　　　　　酸素欠乏空気吸引による人体への影響
　　　　○一酸化炭素中毒
　　　　　一酸化炭素／主な発生原因／中毒に至る経過／中毒症状
　　　救助事例 9　ガス・酸欠事故・溶剤の蒸気による中毒事故 3 名救助 ……………… 238

第 7 章　部隊運用

第 1 節　部隊運用の基本 ………………………………………………………………… 243
　　　　　部隊運用の意義／火災等の受信（通信指令業務）／災害受付の七則／
　　　　　119 番受信時の初動対応（共通事項）

第2節　出動計画 ･･ 245
　　　　出動計画の意義／出動計画の種類／部隊運用支援カード

第3節　普通火災出動計画 ･･ 247
　　　　出動区分／出動隊の指定／部隊運用支援カード

第4節　対象物別警防計画 ･･ 254
　　　　計画の主旨／計画対象施設／出動区／出動区分別指定隊数／
　　　　部隊運用支援カード

第5節　高速道路火災出動計画 ･･ 261
　　　　計画の主旨／出動区／出動隊数／部隊運用支援カード

第6節　危険物火災出動計画 ･･ 263
　　　　計画の主旨／出動区／出動隊／部隊運用支援カード

第7節　救急出動計画 ･･ 266
　第1　救急普通出動計画 ･･ 266
　　　　計画の対象／救急隊の出動区域
　第2　救急特別出動計画 ･･ 266
　　　　計画の主旨／計画区分等／出動隊の指定／部隊運用支援カード

第8節　その他の部隊運用 ･･ 271

第8章　大震火災消防対策

第1節　総則 ･･ 281
　第1　指揮者の心構え ･･ 281
　第2　消防本部・消防署（消防隊）の活動方針 ････････････････････････････････ 282

第2節　事前の備え ･･ 283
　第1　最悪の事態を想定した活動計画・マニュアルの策定 ･･････････････････････ 283
　第2　消防力の確保 ･･ 283
　　　　活動人員・資機材の確保／兵站の確保

目　次

　　第3　大震火災消防（活動）計画 ……………………………………………… 283
　　　　消防力劣勢下における延焼阻止要領／救助、救急事象への対応計画／
　　　　市区町村長部局、警察、自衛隊等との協動・連携要領／
　　　　緊急消防援助隊の受援計画（要領）／
　　　　各種計画に基づく図上訓練の実施と各種計画の検証・見直し／
　　　　地域住民の共助体制の整備

第3節　震災消防活動 ……………………………………………………………… 285
　　第1　地震発生時の初動措置 …………………………………………………… 285
　　　　当番員／非番員
　　第2　災害情報の収集 …………………………………………………………… 286
　　　　消防本部・消防署で収集すべき災害情報（火災関係）／
　　　　主な災害情報収集手段と留意点（火災情報の収集）

第4節　大震火災消防活動 ………………………………………………………… 289
　　第1　大震火災の特徴と消防活動上の留意点 ………………………………… 289
　　第2　大震火災（街区火災）の延焼性状 ……………………………………… 290
　　第3　基本的な防御活動 ………………………………………………………… 291
　　　　火点包囲防御法／木の葉型戦法（挟撃終息法）／延焼阻止線防御法／
　　　　くさび型戦法／火流し法
　　第4　活動の原則 ………………………………………………………………… 292
　　　　火災の早期発見と一挙鎮圧／避難場所、避難道路優先／重要地域優先／
　　　　市街地火災活動優先／重要対象物優先
　　第5　出動要領 …………………………………………………………………… 294
　　　　出動の優先／出動途上における措置
　　第6　現場活動 …………………………………………………………………… 294
　　第7　転戦要領 …………………………………………………………………… 295

第5節　屋外タンク貯蔵所火災の消防活動 ……………………………………… 296
　　第1　屋外タンク貯蔵所の形状 ………………………………………………… 296
　　第2　タンク火災の発生原因と火災形態 ……………………………………… 296
　　　　タンク火災の発生原因／タンク火災の形態
　　第3　タンク火災の消防戦術 …………………………………………………… 298
　　　　タンク火災の消火原理／タンク火災の消火要領

第6節　津波災害 …………………………………………………………………… 302
　　第1　津波の危険性 ……………………………………………………………… 302

第２　津波災害の特性 …………………………… 303
　　　第３　津波防災対策 ……………………………… 304
　　　第４　津波災害の消防活動 ……………………… 304

　第７節　避難対策 …………………………………… 306
　　　　避難勧告、避難指示／避難誘導

　第８節　救助活動 …………………………………… 308
　　　第１　救助体制の確保 …………………………… 308
　　　第２　救助活動現場の決定等 …………………… 309
　　　　活動現場の決定／要救助者の検索
　　　第３　救出活動要領 ……………………………… 309

　第９節　救急活動 …………………………………… 311
　　　第１　救急活動の原則 …………………………… 311
　　　第２　出動及び傷病者搬送 ……………………… 311

　第10節　安全管理 …………………………………… 312
　　　第１　活動上の留意事項 ………………………… 312
　　　第２　緊急時の退避 ……………………………… 312

用語の説明 …………………………………………… 315
　　○消防活動関係の用語の説明

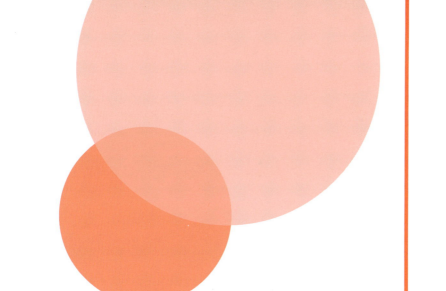

第1章 現場指揮

第1節　指揮の概念

指揮とは、「さしず（指図）」すること。即ち、「言いつけて、させること」である。
　災害現場で有効適切な指揮を行うためには、災害特性を踏まえて、消防部隊を統率し、その災害に対応する消防戦術により対処することが基本である。

第1　災害特性

災害は、次のような特性を有している。

1　拡大危険性

　災害は、被害を伴うものであり、被害も一過性ではなく危険性が継続し、時間の経過とともに拡大する。
(1)　指揮者は、災害の状況に即応する機敏で柔軟な対応が求められる。
(2)　即座に対応し得る活動でなければならない。
(3)　指揮活動は、即決断、即実施が最も重要であり、状況が不明の部分があっても即決断が求められる。

2　活動危険性

　災害の対応には、常に危険が伴い、特に火災現場は、落下物、倒壊及び爆発等による危険が伴う。このような危険を伴う現場であっても指揮者は、任務遂行が求められ、活動隊員の安全を確保する責務を有している。

3　突発性

　災害の発生に予告はない。常に突発的であり、発生すればどのような事情があろうと、直ちに被害の防止活動に従事しなければならない。従って、消防隊は、常時即応の体制が求められる。

4　活動環境の異常性

　災害現場は、平時と異なり修羅場であり、危機の場面に直面し、人々は混乱状態に陥っている。そのため指揮者は強力なリーダーシップと規律が求められる。

第1章　現場指揮

5　不定性

　消防活動の対象とする災害は、同じものは一つもない。従って、指揮者は地域の災害特性の把握と自己研鑽に努め、スムーズな対応に努めなければならない。

第2　消防部隊の統率と指揮

　統率とは、その集団の意志を組織目標に向かって一つにまとめ、強力に牽引することである。被統率者が統率者と同じ考え方に立ち、指揮されようとする気持ちを起させる心理作用である。
　上・下欲を同じくする者は勝つ……孫子
　統率は、指揮と統御に分かれ、冒頭に述べた指揮は、この統率の動的な面をいい、静的な面を統御というが、指揮について述べる前に統御について簡単に述べておくこととする。
1　統御とは、集団内の各個人が指揮されようとする気持を起させる心理作用である。つまり、部下の精神を準備することが統御であり、次のように説明される。
　(1)　相互信頼関係を得る（信頼を得る）
　(2)　思想を一致させる（自分の考えに賛成させる）
　(3)　状況認識を一致させる
　(4)　成功に自信をつけさせる（実行能力をつける）
　(5)　責任を自覚させる（命令を喜んで行う集団のムードを醸成する）

（統御法の格言）

> 可愛くば、五つ教えて三つほめ、二つ叱って良き人とせよ。……二宮尊徳
> やってみせ、言って聞かせて、させてみて、ほめてやらねば、人は動かじ。…山本五十六

第3　指揮者の心構え

1　プレッシャーの克服

　現場で判断力を著しく低下させるプレッシャーは、冷静なプロ意識と訓練で培った自信で克服せよ。
　災害は一般人には極めて特異な出来事であるが、消防にとっては日常的な現象であり、動ずることはない。

2　被害の局限目標

　消防活動は、その社会に及ぼす経済的な影響を十分考慮し、トータル被害の局限を目標とする。トータル被害とは、直接被害と間接被害のトータルである。

3　組織力の発揮

消防活動は組織活動である。組織は力である。個々の突出した行動はかえって有害である。指揮者はトータルエネルギーを最大限に発揮するように努めなければならない。

第4　指揮権と指揮責任

1　指揮権
(1) 業務の遂行に際し、指揮者が組織目標をふまえて、部下に一定の行動を要求する権限であり、命令権である。そこには規律が保たれていなければならない。
(2) 組織活動を行う上で、命令系統の一元化を確保することは極めて大切なことで、指揮者は、部下の行動に全責任を負うものであることから、誰もが指揮者の権限を尊重し、みだりに干渉してはならない。
(3) 先着隊長が示した方針には、追認することを基本とし、勢いをそぐような方針変更は行わないのが基本である。
　なお、大軍の指揮（上級指揮者の指揮）とは、方向を与えて後方を準備することと言われている。

2　指揮責任
(1) 部下は、指揮者の命令を忠実に実行する立場にある。部下の行動及びその結果については、指揮者が全責任を負わなければならない。
(2) 自隊の行動に関し、指揮者が責任をとらなければ指揮系統は成立しないし、組織は成り立たない。
(3) 任務の完遂は、指揮者の責任である。
　各隊の行動は、行動目的、行動目標によって意義付けられ、その目的や目標を達成することによりその存在価値を有する。
(4) 指揮者には、消防の知識や経験、消防戦術を知らない者はなり得ない。
(5) 部下との相互信頼関係を有し、個性を把握し指導力のあることが指揮者の要件である。
(6) 功あれば部下に帰し、罪あらば、その責めは己に帰すとする考え方でなければならない。

第5　状況の法則

人は、誰からも干渉されずに自由に行動したいという願望がある。しかし、予想もしなかったような場面に遭遇したり、危機的状況に陥ったりすると、自分の行動を決断することができずに、能力を有する人から指示を受けたいと望むものである。
　災害現場にいる人たちに消防隊員が一声かけることで大勢の協力が得られ、その指示に素直に従ってくれるのは、このような状況にあるためである。
(1) 思いがけない危機的な事態に直面した場合、どのような行動をとるべきかは、信頼で

る立場の人から明確に行動を示されることを歓迎しこれに従う。
(2) 組織として緊急事態に直面している時は、厳然たるリーダーシップが統率を可能にする。現場行動における専制的なリーダーシップは、このような状態における当然の要請として受け入れられるものである。
(3) 同じ現場であっても、緊急度の高い初動時と、状態が安定して活動が継続している時機とでは、おのずから他人の指示の受け入れ方が違ってくることを認識しておかなければならない。

第6　消防活動と勢い

1　勢いの必要性

部隊の活動は、識、能（識見、技能）等のほかに、これを成就させる時の勢いが必要である。
(1) 消防活動は時間との勝負であり、出動ベルを合図に一斉に行動を開始し、気力を集中して一気に決着を挑む、いわゆる「勢い」による一気呵成が有効な場合が多い。
(2) 集団の活動は、きっかけをつかんで勢いづくと勢いが勢いを生み、計算以上の成果を生む。

（勢いの格言）

> 「善く戦う者は、之を勢いに求めて、人に責（もと）めず。故に能く人を択びて勢に任ず。勢に任ずる者の、其の人を戦わしむるや、木石を転ずるが如し。木石の性は、安ければ則ち静まり、危うければ則ち動き、方なれば則ち止まり、円なれば則ち行く。故に善く人を戦わしむるの勢い、円石を千仞の山に転ずるが如き者は、勢なり。」……孫子
> (要旨)戦上手な者は、勢いにより勝利を得ようとし、兵士個人の力に頼ろうとはしない。だから適切な人を選び、勢いを生むように人員配置する。勢いを巧みに利用できる者が兵士たちを戦わせる様は、木や石を坂道に転がすようなものである。木や石は、平らな場所に安定していれば静止しているが、傾いた場所では動きやすい。四角であれば止まっているが、円形であれば動き出す。したがって兵士たちをよく戦わせる勢いとは、丸い石を高い山から転げ落とすようなものであり、それが戦いの勢いというものだ。

2　勢いの準備

勢いは、その場に臨んで自然に生まれるものではない。次のような準備と指揮者の指揮誘導があって、初めて組織としての飛躍的な成果をあげるものである。
(1) 実力を蓄積し、士気を高めておく。（部下を教育訓練し、挑戦意欲を持たせ、洞察力を養っておく。）
(2) 最も適切な時期に命令を発する。（危機意識を持たせ、タイミングを見計らって命令す

る。）
(3) 勢いに乗せる。（集中させ、団結させる。）
(4) 勢いを増す方策を考える。（はずみをつける、激励し、苦労をねぎらう、支援体制を強化する。）

3　勢いを生み出す組織体制
　次のような事を日常から感化しておくことが必要である。
(1) 格調の高い目標（ロマン）を持たせる。
(2) 同一目的への共感（団結心）を持たせる。
(3) 担当する役割の認識と責任感（使命感）を持たせる。
(4) 目標達成の積み重ねにより自信をつける。

4　勢いの減退
　部隊活動の過程で、次のような要因がある時は、勢いは減退する。
(1) 原則論にこだわりすぎると、勢いは生まれない。
(2) 先任の指揮者を無視したような方針変更は、勢いを減退させる。
(3) 部隊を分散活用すると、勢いは生まれない。
(4) 活動の過程で過失やマイナス効果を指摘すると、勢は減退する。
(5) 活動が迷うような言動は、勢いが減退する。

第7　部下掌握

　部下掌握とは、考え方を一つにして部下を思いのままに動かすことで、心の掌握と活動の掌握がある。

1　部下を知る
(1) 日常の態度、仕事ぶりを見て部下の短所、長所を知る。
(2) 親しみをもって接し、個人的な事情を知る。
(3) 記録をしておく。

2　部下の職場心理を知る
(1) 束縛意識がある。
(2) 競争意識がある。
(3) 仲間意識がある。

3　部下の扱い方
(1) 物事は、早くはっきり知らせ、聞く耳を持つ。

(2) 細部まで拘束しないで、判断の余地を与えて任せる。
(3) ほめること、はげますことに意を用い、叱るより注意を与える。
(4) 常に部下とともにあり、部下の先に立つことを忘れない。
(5) 公平に扱い、チームワークを保つ。

4 現場で命令する時の心得

(1) 任務を明確に示し、状況に即した命令をする。
(2) 威圧的な態度をさけ「やれ」の代わりに「やろう」等のやさしい表現にする。
(3) 部下の能力、性格等を考慮して命じ、努めて部下の能力に信頼を表現する。
(4) 命令は、指揮系統に従う事が原則であるが緊急のときは、直接下命する。
(5) 部下が困っている時はリードしてやる（手を貸してやる。）。

5 現場活動中の留意点

(1) 常に活動の把握に努め、空隙を作らない。
(2) 目の届かない所で活動している隊員に注意し、報告、連絡が途切れる時は、自ら出向いて確認する（掌握もれの隊員は要注意）。
(3) 活動中の命令変更は、最小限にする（変更する時は、時間的に余裕のある時に行う。）。
(4) 疲労度、危険性、心理状態を把握する。
(5) 節目、節目で必ず隊員の確認を行う。

第8 現場指揮に際しての留意点

1 消防戦術の選択

人命救助を伴う消防活動は、失敗の許されない業務であり、危険側に立った万一に備える準備が必要であり、そのための無駄を恐れてはならない。

2 状況即応

その災害に対応し得る戦術を迅速に選択する。変化の追跡、変化の先取りは戦術の重要な着眼点であり、状況が変化すれば戦術も変更しなければならない。

3 迅速な決断

修羅場において指揮者に要求されるのは、最善策を求める事ではなく、次善策であっても良いから早期に目標と手段を明確に示すことであり、指揮者は迷わず戦術を示すことである。

4 戦術書の限界

戦術書に示す活動手法は、一つの例示にすぎない。戦術書によりがたい場合は、その考え方を生かして他の手法により実施すべきである。

第9　指揮者の資質

1　冷静さ

人は、突然予期しない事態に直面すると、冷静さを失いパニック状態に陥る。

しかし、消防隊員は、そのような中での活動を業としており、興奮したり狼狽してはならない。特に指揮者はこのような中でも消防活動の要になる立場であり、冷静さを失ってはならない。

冷静さを持続するには自信が必要であり、自信は、知識と経験によって生まれるものであり、知識は文献に親しみ研鑽を積むことで、経験はなかなかできないが訓練を通じて疑似経験を重ね、先輩や経験者からの経験談、記録書によって得ることができる。

知識や経験は一朝一夕に蓄積できるものではないが、日常のたゆまぬ努力が必要である。

2　信　念

信念とは、自信に裏打ちされ、ぐらつかずに強くおし進めることである。

混乱する災害現場で、部下を指揮し任務を遂行するためには、強固な信念に基づく決心と実行力が必要である。

既に述べたように指揮者は短時間に戦術等を決心（決意）しなければならない。

決心は最善策でなく、次善策で早く手を打つことが大切であり、失敗を恐れて逡巡してはならない。

3　孫子の五徳

孫子の兵法は、昔から管理者の参考書とされ、その中の孫子の五徳は、軍隊を率いる将（指揮者）に必要な資質を説くもので、消防機関の管理・監督者にも参考となるので、ここに紹介しておく。

「指揮者の資質」

孫子の五徳

将とは、智、信、仁、勇、厳なり。

「将」とは、軍を統括する将軍の能力のことを指し、智、信、仁、勇、厳の五つが必要とされる。

1　智について（知恵）

災害現場における指揮者の智とは、先見力と臨機の才である。

先見力は、表面的な事柄から本質を見抜く洞察力である。

指揮者には、情報を分析し、冷静な判断を下せる知性が一番大切だと言われる。

2　信について（信頼）

信とは、自分の言った言葉に対して、しっかり責任をもつということである。

嘘をつかずに約束を守ることであり、上に立つ者ほど発言は慎重にしなければならない。

3　仁について（愛情・思いやり）

仁とは愛情である。

集団生活をするためには仁がなければならない。部下に対する愛情（思いやり）は、指揮者にとって必須のものである。

4　勇について（勇気）

指揮者に勇気がなければ、その集団の士気は奮い立たない。困難な状況に直面したとき部下は必ず統率者の顔をみる。指揮者が勇気をもって泰然としていれば、部下はそれで安心する。

指揮者は目標（任務）に向かって邁進せねばならない。途中におこるさまざまな困難を克服するためにも、勇気（決断力）がいる。

5　厳について（厳格）

厳は、部下に向けるものではなく、自分に向けるものである。

地位があり、責任が重くなればなるほど、自分を厳しく持たなければならない。

第2節　情　報

第1　情報の意義

　消防活動に際して情報とは、災害現場を早期に把握するための資料であり、個々の事実又は全体を掌握するための要素で「まだ、確認されていない事実を直接あるいは、間接にうかがわせる資料」である。
　情報の価値は、事実判定に対する貢献度によって決定される。従って、「情報収集は情報の価値を判断し、今、何を収集すべきか」の目標を定めて収集することが大切である。

第2　情報の収集

　災害現場の消防吏員、消防団員には、迅速な人命救助や消火活動を実施するため、消防法第25条第3項に基づき、消防対象物の関係者に対して必要な情報提供を要求できるとされている。情報は、消防隊の安全にも直結することから、重要情報を見落とすことなく、どん欲に収集するべきである。重要情報は事前に隊員に対して収集項目を示し、他に優先して収集に努めることが大切である。
1　消防活動は、いつもゼロ（0）から立ち上がる。情報なしでは、状況判断ができなく業務遂行できず、先に進むことができない。
2　情報は、その内容によって緩急の差があり必要な時機に的確な内容の情報を収集することが必要である。
　　初動時に不可欠な情報は、次の4項目である。
⑴　災害の実態
⑵　人命危険
⑶　作業危険
⑷　災害の拡大危険
3　情報待ちをせずに積極的に出向いて求め、情報を温存してはいけない。
4　情報の中継に際し、明るい情報は誇張しやすく、暗い情報は悲観的な表現になりやすい。また、情報の中継者は無意識のうちに、自分の主観を入れる結果、伝達されるたびに情報が変質してゆくことがある。
5　情報伝達の仕方は、冒頭に結論を簡潔かつ具体的に行い、位置や場所を指定する時は、基

準となる目標を示し、憶測部分はその旨を明らかにする。また、誇張や感情的な表現をさける。

第3　初動時に優先して収集すべき情報

消防隊が現場到着時に収集すべき情報は、大量にある。

災害現場から避難してきた者や負傷者は災害（火災）に何らかの関係がある情報を持っている可能性が高い。消防隊はこれらの関係者を早期に確保し、災害発生（出火）場所、災害（火災）に至った経緯、逃げ遅れの有無、消防活動上必要な情報を見逃すことなく収集しなければならない。

限られた時間内に効率的に情報収集するための、前2、2の項で述べた初動時に必要不可欠な情報4項目について述べる。

1　災害の実態

現場指揮本部長及び先着した中小隊長は、災害現場（火点）を一巡し、五感により又は関係者からの情報により、災害発生場所（住所、災害発生位置）、消防対象物の構造・階層・用途・収容者の状況、火勢の状況（燃焼実体、延焼範囲、延焼危険の有無、延焼方向）、要救助者の有無、活動危険等について情報収集する。

2　人命危険情報

人命危険に関する情報は、迅速に収集しなければならない。

この情報は、曖昧であったり、憶測や噂のような情報源そのものが不明確なものが多い。しかし、人命に関する情報は、どんな情報であっても軽視することなく、一つひとつ確認して消去しておくことが必要である。

3　作業危険情報

消防隊の安全に直接関係する情報には、危険物、爆発物をはじめ、電気、ガス、ＲＩ、落下物、建物の倒壊危険等がある。

この危険予測と隊員の安全管理が指揮者の最も重要な任務である。火災の進行状況等を総合的に把握して、隊員に必要な指示を行い安全を確保しなければならない。

4　災害の拡大危険（延焼拡大危険情報）

火煙の噴出位置や噴出階、火災建物の消防設備の作動状況を確認することによって、出火箇所や延焼範囲が特定できる。特に、自動火災報知設備の作動状況の確認は、有効な情報源である。

第4　情報の処理

　通常、人間が外部情報を収集し、処理する入力情報は、感覚器官からの情報量が非常に多く、しかも多様であるといわれている。

　五感から得られる情報量のうち、最も重要な役割を占めるのは視覚からの情報であり八割以上の情報が視覚からのものであり、視覚と聴覚等視覚以外の情報容量の割合は八対二になっている。（参考・視覚83％　聴覚11％、臭覚3.5％、触覚1.5％、味覚1.0％　「産業教育機器システム便覧」教育機器編集委員会編　日科技連出版社　1972）

　昔から「百聞は一見にしかず」という格言があるが、人間工学上からも裏打ちされているものである。

　また、人間は膨大な長期記憶容量を有し、この情報を瞬時に引き出すことが可能である。

　この長期記憶は、次のような特性がある。

1　繰り返しの効果

　　記憶は、繰り返すことにより強固となり、これが教育訓練の基盤となっている。

2　情報の系統化

　　記憶情報は、システム化、階層化されると記憶されやすい。
　　また、永く保存できるデジタル情報よりは、アナログ情報の方が記憶されやすい。

3　意味づけ

　　以前の情報との関連性や一貫性、意味の理解しやすさなどが影響している。

4　感情や情緒

　　情報に感情や情緒が記憶の精度に大きな影響を及ぼすものである。
　　「ヒューマン・ファクターを探る。」（黒田勲著より）

第5　情報の伝達

1　情報は、六何の原則により報告する。ただし、現場の情報が十分に収集できない活動初期の段階では六何の原則のうち一〜二何のみとし、結論を先に簡潔、具体的に報告する。
2　素材情報には意見を加えずに報告する。

第6　情報活動上の留意点

1　情報の分析

　　真偽の交錯する情報の中から、冷静に事実を推定することが大切である。情報は多種多様

である、情報が指示する方向に注目すれば実像は見えてくる。複数の情報が一つの方向を指し示しているときは、そこに真実がある。

2　人的情報の重視

人に関する情報には、何らかの根拠がある場合が多い、検索を開始すると同時に、情報の伝達経路を急いで追跡して情報源を把握し実態把握に努めることが必要である。

また、補完情報の収集にも努めなければならない。

3　共同住宅等の情報

共同住宅、旅館、雑居ビル等の居住者等の情報は過信するな。火災の時他人の事などわかる筈がない。個人の情報にふりまわされず、冷静な分析と確認を行うことである。

4　風俗営業建物の情報

風俗営業の建物の火災では、関係者を確実に確保する。偽名を使う等で客は実体不明となり、情報の真偽を確認することが困難になることがある。

第3節　状況判断

　状況判断とは、ある目的を達成するために諸種の状況を判断することを言う。
　様々な情報が行き交う混乱した災害現場において、指揮者の知識や経験、収集した情報を判断材料として、表面的な事柄からその本質を見抜き「今、何をすべきか」の決断のために状況を分析して極めることである。

第1　情報処理と判断モデル

　情報処理と判断モデルは、次の図1のように表わされる。

図1　人間の情報処理と判断モデル

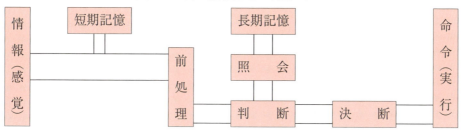

1　短期記憶の特性

　人間の情報処理の第1の特徴は、入力情報の大部分が感覚器官からの情報であり、しかも多様な情報である。
　感覚器官からの情報は、短期記憶として前処理過程を経て、判断資料として照会されるが、短期記憶は次のような特性がある。
(1)　記憶される項目は7±2程度で、グループ化されるものは5項目程度である。
(2)　この内容の意味付けが重要な要因である。
(3)　再生までの時間は、10～20秒で、分離時間は20秒以上である。

2　判断過程の推定

　前節第4「情報の処理」の項で説明した膨大な長期記憶容量から、中枢処理された結果に基づき判断し決心されるが、その段階において個人の資質が影響を及ぼしてくる。つまり、

第1章　現場指揮

決心又は意思決定をするとき、今までの知識、技能や蓄積された経験を導入して、今後の進展や結果を予測しなければならないのである。

第2　状況判断の基本

状況判断をする上で最も重要なことは、災害実体を正しく知ることである。
直感、先入観、希望的観測を避けて、次の事項に留意して、ナマの情報により客観的に判断することである。

1　最先着となる中・小隊長の判断

(1) 最先着となる中・小隊長は、上位の指揮者が現場に到着して指揮可能になるまでは、現場全般の状況を判断して基本となる戦術により、消防活動を指揮しなければならない。
(2) 先着隊の指揮者は、災害の全貌把握に努め、危険側の判断に立ち最悪の事態を想定して悲観的に準備し、余裕のある対応に努めなければならない。
(3) 先着隊の指揮者は、到着時の動静や現象が事後の検討の重要な資料となることから到着時の状況を冷静に観察して記録し、後日の検討に備えることが大切である。
(4) 現場の急激な変化は、消防隊の活動（窓の開放や放水等）開始直後に起る。先着の中・小隊長は、体制を整え安全の確保に努めなければならない。
(5) 後着となる中・小隊長は、積極的に指揮本部長（代行を含む。）の指揮下に入り、先着している中・小隊長と連携し、体制の強化及び補完に努め、独断専行してはならない。

2　指揮者の判断

(1) 指揮者は、「鳥の目と虫の目」を持ち組織のトップではなく、常に上司と部下の間に存在することをわきまえ、戦略的思考と戦術的対応のできる、遠視と近視の眼を持つことが大切である。
(2) 現示された情報は見逃さずに、冷静に読み取り変化の兆候を見逃さずに先取りして対応する。
(3) 空振りは許されるが、見逃しは許されない。待ちの姿勢ではなく、常に前向きに攻めの姿勢で対処する。
(4) 疑わしきは実施せよ。

第4節　決心（決断）

決心とは、状況判断に基づく判定の上に立って対応方策を発見し、実行に移すことである。
プロイセン王国の軍事戦略家のクラウゼヴィッツが著した「戦争論」（1832年）では、「指揮者はいかなる場面に直面しても、とっさの間に己の能力によって決断を下さなければならない。」と述べている。

第1　決心（決断）の基本

決断は、次の事項を基本としなければならない。
1　不決断は、誤った決断より罪が重い。
（指揮者の最も戒しむべきは、決心がにぶることであり、瞬発力が不可欠である。）
2　決断は、「イエスか、ノーか」の二者択一である。
3　基本を知って基本にこだわらずに、現場に即した活動方針を決断しなければならない。
（臨機即応）
4　自らが基本を知らないと場当り的になる。
5　決断の敵は「私心」である。

第2　決心後の留意点

1　状況の確認

状況を推定して活動方針を決定し、危険側の推定を前提として部隊を配備しても、放置しておくと無駄となり、全体の活動効率を低下させることがある。事実の確認を急ぎ必要に応じて修正を行い、活動効率を高める努力を継続しなければならない。

2　決心の変更

活動方針は、一度決心したら若干の変更があっても安易に変更すべきではない。安易な朝令暮改は、現場を混乱させ、思わぬ時間を浪費する。
現場は、変化の連続であるが、変化の都度に頻繁に決心・命令を変更されると隊員のよりどころを失う。ただ、次のような場合は、方針を変更して対処することが必要である。
(1)　活動中、新たな事実が判明した時

(2) 決心の前提になる要素が大幅に変わった時

　　方針の変更は、その作業の節目や間隙を利用して、理由を示し迅速に行わなければならない。

第5節　命　令

　命令とは、決心に基づく指揮者の意思の発動であり、指揮下の部隊に実行を命ずることである。

　命令は、指揮の根源であり、受命者は、理由なく拒否したり無視することは許されない。命令は忠実に遵守して実行しなければならない。

　命令には組織が全体として達成すべき命令と、個別に受命者の達成すべき任務があり、目標を明確に示す必要がある。

第1　命令の発動要件

1　実行できない命令は出してはならない。
2　教えてない事を命令してはならない。
3　命令権者を明確に示さなければならない。
4　緊急時には、勇気をもってショート・サーキット命令（感情に直接訴える。）をせよ。
5　複雑な命令は、2段命令、3段命令を考えよ。
6　1人に多くの命令は禁物である（ダブル命令の禁止）。
7　命令の出し放しはせずに、時間のかかる活動は中間報告を求め、節目、節目で自ら確認せよ。
8　個別の命令は、相手の性格と能力を見て行う（経験、自信、責任感、考え方の違い等）。
9　受命者にも感情がある。信任を忘れるな。
10　命令系統は一本化せよ。

第2　命令の種別

　広義の命令は、次の3種（号令、命令、訓令）に区分される。
1　「号令」とは、発令者の意図がなく任務だけを示したもの（訓練の際行う号令）。
2　「命令」とは、発令者の意図と実施すべき任務を示したもの。
3　命令から実施までに時間的余裕があり、発令者も指揮が予測できない場合等に、予め発令者の意図だけを示したものが「訓令」といわれる。

第3　命令の内容

1　任務の付与

　命令は常に完全な形で発令されるとは限らない。時間的な暇がない場合等は要点だけを示すこともある。
　しかし、受命者に対する任務の付与は、命令に不可欠の要件である。任務の付与は、命令の中心であり、これがなくては実質的な命令とはいわない。

2　具体性

　複雑な内容の特殊な任務を付与する場合は、受命者を呼んで直接指示することが大切である。特に音声による意思表示は、言葉の意味が通じないため誤解しがちである。

3　実現性

　命令は、受命者が実現可能なものでなければならない。その判断基準は、次の3点である。
(1)　時間的な制約
(2)　物理的可能性
(3)　能力的可能性
　命令は、実施可能なものと実施困難なものがあり、このことを見極めて冷静に命令しなければならない。下命に際しては、常に受命者がその任務を遂行できるか否かを考えて下命しなければならない。

4　手段の付与

　任務を明確に示して、実現のための手段や方法は、受命者に任すことが部下に対する信頼姿勢であるが、次のような場合は、必要により手段についても付与すべきである。
(1)　危険度の高い任務、他の隊に影響を与える任務（不測の事態を招くおそれがある時）
(2)　受命者の実施能力に疑問がある場合（現場経験が乏しい。対応に不慣れである。）

5　状況（情報）の付与

　状況が不明なのに行動を起こすことは危険であり、当事者も不安である、また、無駄な動きも多く作業効率も低下する。下命に際しては可能な限り災害実態の解明に努め、関連する状況（情報）を簡潔に付加することが大切である。
　しかし、災害現場では、状況不明のまま任務を付与しなければならない場合も多く、その場の状況に即した当面の任務を付与することもやむを得ないが、正確な状況が判明次第、活動中の部隊に周知することが必要である。

6　共同任務

　他隊との共同任務を付与する場合は、その目的を明確に示さなければならない。共同（連

携）任務には、照明、他隊への送水、水損防止、補給等の作業がある。
　これら他隊との連携を要する任務を下命する時は、隊相互の役割や関連を明確に示し、特に同一任務に当る場合は、指揮関係についても具体的に示すことが大切である。

7　下命対象

　指揮者は、下命に際し、部下の性格や能力、心理状態まで考慮して行うことが望ましく、日頃の訓練等を通じてそれらを十分把握しておくとともに、活動特性やその対応すべき戦術等を指導して信頼できる部下を育てあげておくことが大切である。

8　特殊任務の付与

　現場で特殊任務等を付与する場合は、その目的又は指揮者の意図を必ず付加しなければならない。隊員は、指揮者の任務付与の目的や意図を示されて、はじめて有効な任務遂行ができる。

第4　事前命令

　消防活動は、火災が発生してから戦術を協議したり役割分担を指定する余裕はない。
　原則的な活動や一般的な消防戦術は、予め決めておいて活動時には、命令がなくとも実施されるようにしておく、という手法が用いられている。これを事前の命令と言う。
　事前命令には、次のような種別がある。
1　デパート等特殊な施設を想定した警防計画
2　木造密集市街地等を対象とした大まかな警防対策や警防資料
3　災害時に一般的な対応を定める活動方針、活動基準等がある。
　このように事前に部隊活動を何らかの形で規制したり、拘束するものを事前命令という。
　各隊は想定される、定型的な災害状況下では、自動的かつ速やかに活動するために、事前命令に従い、指揮本部長の状況判断や下命する時間を節約し、効率的に活動する。
　この事前命令は、統一的な活動を担保するために訓練での周知徹底と警防計画、警防資料等により規定化しておくことが望ましい。

第6節　安全管理

第1　公務災害の発生状況

　消防職員の平成23年以降5年間（平成23年～平成27年）の災害現場における公務災害の発生状況は、表1のとおりで1,246件から1,471件の間を推移し、過去20年間の比較では減少傾向を示しており、好ましいことである。

　消防活動に伴う軽症程度の事故は、その特性上やむを得ないが、重症以上の事故はプロとして起こしてはならない。重症以上の事故は、職場全体の士気を低下させ、家族に負担をかけ地域住民の信頼を失う結果になる。特に、殉職事故は絶対に起こしてはならない。

　平成23年から平成27年までの5年間の殉職者は51名（東日本大震災が発生した平成23年の30名を含む。）で、東日本大震災では避難誘導活動中等に津波にのまれたケースが多く発生したが、それ以外では木造建物の崩壊又は倒壊による下敷き等によるものが大部分である。昔から諸先輩から語り継がれてきた小屋裏の火炎伝送に伴うフラッシュオーバーや木造建物の崩壊による事故で、今なお後を断たない状況にあり大変残念である。

　消防職員の公務による死傷者数は、「その他の疾病」を除くと、「職務遂行中（消防活動等）」が約7割、「訓練中」が約2割となっている。

　火災現場は、一般の人たちが危険な場所から避難するのに対して、消防隊はそこに逆行して進入して己の体力や技能の限界を越えた活動をしがちである。消防活動は、常にリスクと背中合わせの活動であり、危険な環境の中で迅速な決断と対応に迫られ、事故になることが多い。

第2　安全管理の基本

1　隊員の安全確保

　災害現場における隊員の安全管理は、「自らが確保すべきものである。」とするのが基本である。それは、ある段階まで、各人が役割分担に応じて、指揮者の目の届かない所で活動することが多いためである。

　隊員が自らの安全を確保するためには、防火衣や携帯警報器等の個人装備を完全に着装すると共に、装備、機材の性能及び活用要領を熟知し、現場の環境及び建物構造、火災現象等のリスクを把握して適正な活動を行うことが重要である。しかし事故事例を見ると、この基本となる事項を疎かにした活動によって発生している事故が散見され残念である。

第6節　安全管理

表1　消防職員の公務災害の発生状況（公務災害認定件数（人））

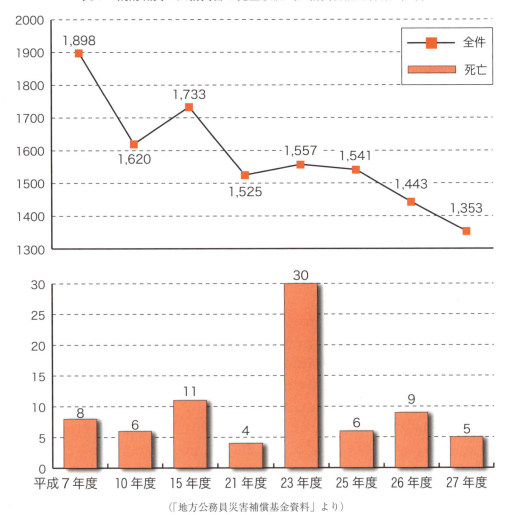

（「地方公務員災害補償基金資料」より）

年	平成23年	平成24年	平成25年	平成26年	平成27年	合計
死　亡	30	5	6	6	4	51
全　件	1,433	1,471	1,393	1,321	1,246	6,864

（一般財団法人　地方公務員安全衛生推進協会「公務災害の現況」より）

2　指揮者の責務

　　指揮者の最大の任務は、「変化の先取り」と「隊員の安全管理」にあるといわれている。
　　安全管理に関することは、部下まかせにすることなく指揮者自らが先頭に立ち、その現場に潜む危険を察知し、事故防止について直接隊員に指導することが重要である。

第1章　現場指揮

3　組織の安全文化

　人間科学に関する研究によれば、同じ教育訓練を受け、同じ作業をしていながら事故を度々起こす組織と、事故を全く起こさない組織があるという。

　なぜその違いがあるかを調べたところ、その違いは、各々の組織のもっている安全の哲学、安全の雰囲気に大きな違いがあることが判ったといわれる。これは「組織の安全文化」の違いといわれているが、消防の組織についても同じことがいえるようである。

　事故を起こさない組織にするには、まず、消防長や消防署長等の幹部が広い視野と知見を持ち「安全哲学」をしっかりと構築して、それに基づいて組織が一丸となって安全文化を醸成し、これを保持させるための地道な努力を続けることが大切で、総ての消防活動に際し、安全行動をとらざるを得ない雰囲気を創り出すことが大切である。

第3　「慣れ」と「飽き」

　消防活動は、常に緊急性と迅速性が求められる。そのため現場に臨んで戸惑うことなく反射的に行動に移せるように訓練を重ねている。ところが、この反覆訓練をすることによる慣れから、基本となる動作を省略したり、重要な火災現象を見落とすことがある。

　かつて、都心部の地下駐車場火災で、救助隊員が酸素呼吸器の装着をする際、酸素ボンベのバルブの開栓を忘れたために、検索活動中に卒倒して重大事故を起こしたことがあった。

　消防活動は一つとして同じ対応はないといわれる反面、多くは木造火災であり、単調な注水活動が主体となるため、無意識の内に惰性に陥りやすい。この結果、潜在的に事故のリスクを高めることになる。

　こうして「慣れ」から「飽き」が起り、これが予期しない大事故につながることがある。教育訓練による慣れは、「順化」と呼ばれる。順化は、これが生じたとしても、これと異なる刺激を与えると、新たな刺激に対する注視反応等の行動が再び喚起される。

　このことから順化を生じさせないためには、同一の刺激を繰り返すことなく、かつ頻繁に与えないこと、また、新奇な刺激を与えることが効果的であるとされている。(「消防活動における安全管理に係る検討会報告書」平成16年　総務省消防庁)

第4　ヒヤリハットの法則（ハインリッヒの法則）

　「ヒヤリハットの法則」は、アメリカの産業安全研究者ハーバート・ウイリアム・ハインリッヒの研究によるものである。

　ハインリッヒは、事故と災害の関係を明らかにするため「1：29：300」の法則を発表した（図2参照）。

　潜在的有傷災害の頻度に関するデーターから、同じ人間の起こした、同じ種類の災害330件のうち300件は無傷で、29件は軽い傷害を伴い、1件は重傷を伴っていることを明らかにした。

更に傷害を伴うにせよ、伴はないにせよすべての災害の下には、おそらく数千に達するだけの不安全行動と不安全状態が存在する、と指摘している。
　このことから、次の教訓を導き出した。
1　災害を防げば傷害はなくなる。
2　不安全行動と不安全状態をなくせば、災害も傷害もなくなる。
　事故防止対策を進めるためには、事故事例をわかりやすく示し指導する方法が有効である。
　事故事例は、どんな時にどんな事故が起こりやすいかを、重症事故あるいはそれにつながる可能性を持つ軽微な事故やヒヤリ・ハット体験を整理して統計的に示して指導することが有効である。
　このような趣旨から総務省消防庁では、ヒヤリ・ハット体験を収集、分析し、その成果を総務省消防庁ホームページに消防ヒヤリハットデーターベースとして掲示しているので参考とされたい。

図2　潜在危険要因への着目（ハインリッヒの法則）

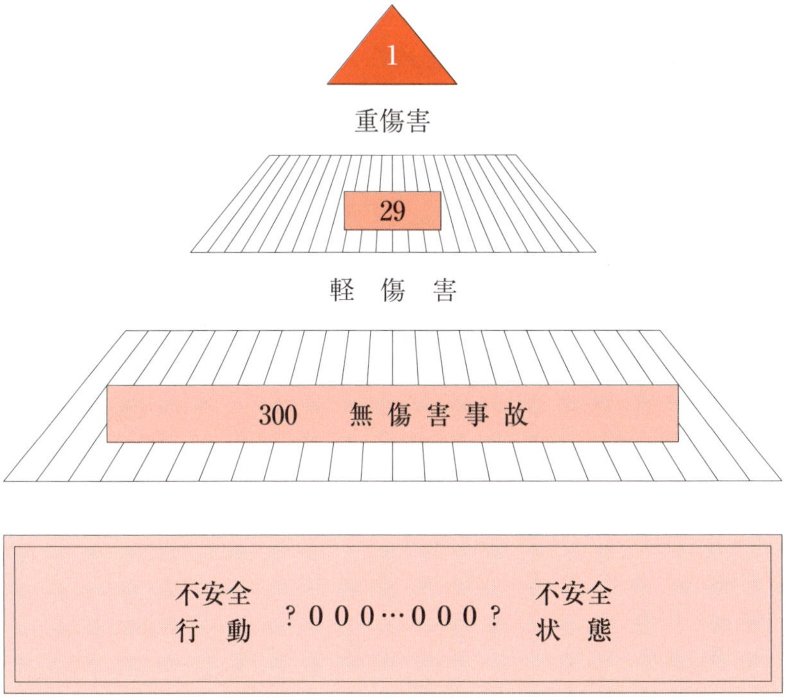

1
重傷害

29
軽　傷　害

300　無傷害事故

不安全　　　　　　　　　　　　不安全
行　動　？０００…０００？　　状　態

全事故の0.3％が重傷害災害、8.8％が軽傷害災害、90.9％が無傷害事故になる。

第5　ＫＹＴ訓練（危険予知訓練）

　産業界で広く実施され、労働災害防止に大きな成果をあげているのがＫＹＴ訓練である。ＫＹＴは（Ｋは Kiken、Ｙは、Yochi、Ｔは Training）の各々頭文字である。

第1章　現場指揮

　ＫＹＴは、訓練や災害現場活動時に、安全確実な作業を実施するため、訓練や現場活動の一場面を描いたイラストシートを使って、そこに潜む危険な要因と対策を小人数のチームで話し合い、考え、理解し合って安全を先取りするための教育、訓練手法である。

　具体的には、救助訓練や装備の点検等に先だって、隊員が集合する機会を利用して短時間（15分～20分）で実施するもので「危険に対する感受性を鋭くし、適切な対応ができるようにすること」を目指している。

1　ＫＹＴ法の必要性

　災害現場は、一般の産業活動の職場より危険度が高く、多様な危険要因が潜在している。消防活動の現場は「危険であることが前提」ともいえる。

　事故のほとんどは、「その人が初めて体験する状況の中で起こる」従って、この事故を防ぐには、「作業現場のどこに、どんな危険が潜んでいるかを瞬時に見抜く力」を日頃から養っておくことが必要である。

　また、火災現場のように切迫し、混乱した状況下では、基本をはずれた近道や省略した活動をしがちであり、これらの行為が事故に結びつく可能性も高い。ＫＹＴは、こうした事故を防止するために不可欠で「現場に潜む危険性を見抜く力」を養い、「基本を守る意識」を強く植えつける訓練として有効である。

(1) シートは構成員が馴染み深い状況の中から選定する方が理解しやすい。
(2) 1枚のシートに様々な状況を入れ過ぎない。
(3) あまり細かい部分まで描きすぎない。
(4) あら探しや間違い探しではないので、故意に仕掛の多いイラストにしない。
(5) 暗い感じではなく、明るい感じに描かれたものがよい。
(6) 自分達の手作りシートには片隅に日付、隊名、作者の氏名等を入れ意識の向上を図る。
(7) イラストの状況が広範な活動に及んでいる場合は、その中の特定部分に限定して実施することも有効である。

図3　イラストシート作成の際の留意点

○状　況
　訓練実施前の支持点設定のため、地上7mの位置で小綱を結着している。

2　ＫＹＴの進め方

　ＫＹＴは、小人数（5～6人）のチームによる話し合いという形をとり、作業の一場面を描いたイラストシートをテーマとして、次の4つの段階ごとに進める。

第1段階…「現状把握」どんな危険が潜んでいるか…量を話し合う。

第2段階…「本追求」これが危険のポイント……質の高いものを絞り込む。
　最も重要な危険（危険のポイントを話し合い、参加者の合意で絞り込む。）

第3段階…「対策の作成」あなたならどうする……量を話し合う。
　危険のポイントに対する対策のアイデアを出し合う。

第4段階…「目標設定」私達はこうする……質の高いものを絞り込む。
　最優先で必ず実施しようとする対策を話し合い、参加者の合意で絞り込む。

図4　危険予知シートの例

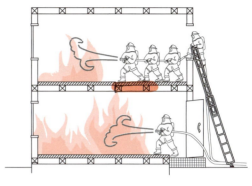

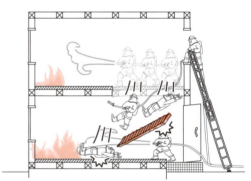

ＫＹＴのねらいは、この話し合いの過程で
(1)　危険を危険として気づく感受性を鋭くする。
(2)　集中力を高める。
(3)　決めたことを実践する意欲を高めていくということにあり、これを継続して実施することにより、危険を先取りして解決するという問題解決型の組織が形成されてゆく。

第6　事故発生時の措置

　市民の生命、身体を災害から守るために実施する消防活動で消防職員が重大事故により受傷・殉職するようなことはあってはならないことであるが、全国的に見てみると活動中の消防職員の重大事故が後を絶たない。そのような重大事故が発生した際の基本的事項について述べる。

1　救出・救護

　建物倒壊等による隊員の下敷き、脱出不能などの重大受傷事故が発生した場合は、本部に速報するとともに最小限の被害の拡大防止措置を行い、原則として消防活動を中止し、全活動隊員の安全を確認するとともに救助部隊、医師等の応援を要請し、組織の全力を挙げて隊員の救出活動を実施する。

第1章　現場指揮

2　救命処置最優先

　受傷隊員の救命処置を最優先として、指揮者自らが速やかに受傷現場と受傷程度の確認を行い、本部と密接に連携して医療機関を選定し、速やかな救急搬送を行う。

3　現場の混乱防止

　重大事故が発生した場合は、現場指揮者及び各隊長は、強力に活動を統制し、全活動隊員に事故発生概要、原因、他隊員の負傷の有無及び精神的動揺の有無を確認し、現場の混乱防止に配意する。

4　事故発生原因の確実な除去

　その後の被害拡大可能性の有無を確認し、事故発生要因を確実に除去する。

5　現場活動体制の立て直し

　災害が継続している場合は、受傷隊員が属する消防小隊は、原則として現場活動から離脱させる。隊員の現場交代、代替部隊を投入する等し、活動体制を立て直す。

【火災事例1】

人命検索活動中の単独行動によりフラッシュオーバーに遭遇し殉職した火災

出火日時	2月1日　10時03頃
覚　　知	10時05分（119）
防止見込	10時36分
殉職者発見	10時39分
鎮　　火	12時40分
焼損程度	①　防火造2／0　長屋住宅　154㎡のうち154㎡（全焼） ②　プレハブ造2／0　倉庫　84㎡のうち2階42㎡（半焼）　他にぼや2棟

殉職に至った経過

　最先到着中隊の先行隊1番員は、中隊長活動方針「人命検索救助」に基づき、単独で情報収集にあたり、2階の逃げ遅れ情報を得た。直ちに人命検索のため屋外階段から2階に進入した直後、フラッシュオーバーに遭遇し退路を絶たれて殉職した。

最先到着隊到着時の状況

　南側路上に到着、南及び西側からの煙の吹き出しはなかったが、白煙が漂っていた。また、火点建物1階中央の窓の隙間から灰色の煙を確認し、最北部東側窓の内部に炎を確認した。

最先到着隊の活動

　出動途上「身障者一名該当あり」の情報を得、中隊長は現着後、延焼状況の確認と1

階部分の人命検索救助を活動方針として、隊員に下命した。隊員は到着後直ちに情報収集と検索活動すべく、ホース線を延長、火点建物玄関前路上で二又に分岐し、2線とも1階人命検索の援護並びに火勢制圧にあたる。さらに、第3線を延長しプレハブ造の延焼阻止及び火勢制圧にあたる。

教訓・検討事項

1　単独行動は厳に慎み指揮者の指揮下で行動し、逃げ遅れ等重要情報は、必ず指揮者に報告する。
2　指揮者は、隊員の掌握に努め、隊員への指示命令は具体的に行う。また、隊員の経験、技術、行動力と現場心理について事前に把握しておく。
3　指揮者はもとより、隊員も延焼状況を把握し、フラッシュオーバーを予測する。

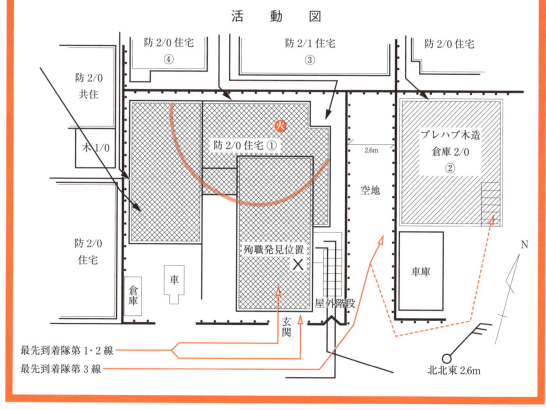

〈本書で使用する火災事例の図面凡例〉

1　建物の罫線について
　①　耐火建物　　　　　　　　　　　双柱の中斜線
　②　防火構造　　　　　　　　　　　子持罫
　③　木造　　　　　　　　　　　　　双柱
　④　その他　　　　　　　　　　　　裏罫

第 1 章　現場指揮

2　建物の焼け
　① 全焼　　　　② 半焼　　　　③ 部分焼

3　消防ホースの線
　① 最先到着隊のホースの線
　　・最初の位置　———▷
　　・移動した線　- - - - ▷
　② その他のホース
　　・最初の位置　———▶
　　・移動した線　- - - - ▶

4　火点　🔴火

5　最先到着隊到着時の延焼位置　━━━━

第2章

木造、防火造建物火災の消防活動

第1節　火災の特性と基本戦術

第1　木造建物火災の特性

　気象や市街地の構成状況によって異なるが、消火活動の面から検討すると次のような特性がある。
1　火点に隣接している建物の間隔が1m以内であれば容易に延焼するが、火点建物の軒高の2.5倍〜3倍以上離れていれば、その建物へ延焼着火することは少ない。
2　火災温度が少し下るか、距離が長くなると放射熱は急激に減少するから、延焼危険は少なくなる。
3　屋内の延焼及び隣棟への延焼経路は、図5のように延焼することが多く、また、過去の実験から木造建物火災の標準温度曲線は表2のように示されており、隣棟への延焼所要時間の比は表3のような傾向を示している。
4　隣接建物へ延焼する時期は、その面に対する燃焼の最盛期が最も多い。
5　風速の弱い時（3m/s前後以下）では、放射面の大きい方に延焼危険が大きく、隣棟間隔が2〜3mの距離では風向きに関係なく確実に四周に延焼する。
6　新しい建築材料と古材では、古材の方が早く着火、延焼する。
7　建物の配列上は、主に道路角建物より出火すれば両側面の建物に延焼し、道路面の建物では背面及び両側面に、街区内の建物は周囲の建物に延焼する。
8　湿度及び実効湿度が低い時は、出火危険も大きくなり、延焼速度も早い、しかし、消防力を早く投入すれば、延焼速度を特別考慮する必要はない。

図5 木造建物の延焼順序

表2 木造建物火災温度標準曲線

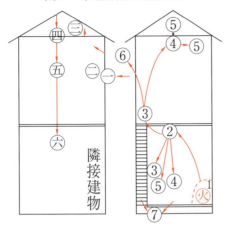
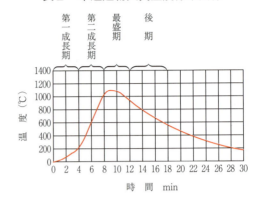

表3 延焼所要時間の比

延焼過程	1階へ	2階へ
木 造→木 造	1 (1)	0.735 (1.36)
木 造→防火造	1.94 (0.515)	1.43 (0.70)
防火造→防火造	4.54 (0.22)	3.34 (0.299)

第2 木造建物火災の基本戦術

消防活動は、歴史的に見て、この木造建物火災の戦術が基本になっている。

木造建物火災は、延焼形態としては単純であるが、延焼速度が速いので要所に筒先を配置しての早期注水が消防活動のポイントになる。

1 一般戦術

(1) 行方不明者、逃げおくれ者の検索・救助活動は、他に優先して実施する。
(2) 消防力が優勢の場合は、積極的に内部進入を行い、火勢に対して消防力が劣勢な場合は、初期には屋外に部署して、守備範囲を広く取り、隣接建物への延焼阻止を主眼とした活動を行い、消防力の増強を図る。
(3) 消防力の配備（消防隊の部署）は、火点包囲を基本とする。
(4) 筒先は、適正に配備して火点を包囲する。
　　筒先配備は、風下を重点とし、背面、側面、2階、1階の順に配備し、屋内進入を原則とする。
(5) 大規模木造建築物の火災は、大口径の放水銃、放水砲等を活用する。
(6) 強風により複数棟への延焼が予想される時は、躊躇することなく応援要請する。
(7) 現場での状況判断は、「常に危険側の判断を選択して」対応する。

(8) 現場到着したポンプ車隊は、火煙の有無にかかわらず、必ず水利部署を行い、消防活動に備えよ。
(9) 大規模建物火災を途中で延焼阻止する時は、数室間隔を置いて十分な小屋裏注水を行い、そこに内、外両面から筒先を集中して対処する。

2　街区（ブロック）火災の戦術

(1) 階層を有する建物火災には、積載はしごを火点に搬送し、必要に応じて活用する。
(2) 一般住宅等、小規模建物が密集する街区の延焼火災は、多くの建物に筒先を配置することが延焼阻止に不可欠の条件である。
(3) 粗雑な建物が密集する街区では、建物棟数に対して筒先の数が多少少なくなっても大口径の大量注水により、広範囲にわたり有効注水ができるようにすべきである。
(4) 道路角にある建物の火災は、条件によって多少差はあるが、防ぎょは比較的容易である**（図6参照）**。
(5) 道路に面している建物の火災は、その配列状況から背面と両側面に延焼する危険が多く、主として背面に延焼すると防ぎょが困難になり、延焼拡大する危険が大きいことから火点建物の背面を最優先として、延焼防止しなければならない**（図7参照）**。
(6) 街区中央の延焼火災は、火点建物を包囲して防ぎょするのが基本である。
　　水量豊富な水利に部署した隊は、努めてホース2線延長するか、火点直近で2線分岐し、第1線は延焼危険最大なる方面、第2線は自己隊担当面に進入する。余裕ホースは、必要本数の他に1～2本の余裕をとる**（図8参照）**。
(7) 火災地点が面か、街区内かの判断ができない時は、街区内と判断して防ぎょ体制をとる。
(8) 現場到着時、中期以降で狭あい道路の角に建つ建物火災又は面火災は、街区内部の建物火災とみなして防ぎょすべきである。
(9) 特に指揮者は、各隊相互の連絡を密にし、火勢の強弱に応じて移動転戦すると共に、人命救助と隊員の安全管理に細心の注意を払う事を忘れてはならない。

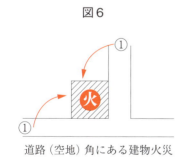

図6

道路（空地）角にある建物火災

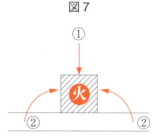

図7

道路（空地）面した建物火災

図8

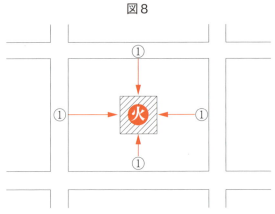

道路(空地)に面しない中央部建物火災

第3　防火造建物火災の特性

　防火造建物とは、梁、天井、柱、床等は木骨であるが、屋根は不燃材で葺かれ、外壁は鉄網モルタル、タイル、しっくい等になっていて隣接建物からの火災に対して防火性能を有する建物である。(防火造建物の消防的意義等については、「本章第4節　木造建物の防火性について」参照。)
1　初期の延焼は木造建物と同じであるが、中期以降は開口部が少ないため濃煙が充満する。
2　予期しないうちに壁間や小屋裏を介して建物全体に拡大することがある。
3　屋根が抜けると上方向に急激に延焼拡大し火柱ができるが、隣棟への延焼危険は小さくなる。
4　最盛期以降、外壁支持の構造物が焼きする等してモルタル壁やパラペットの倒壊危険がある。
5　屋内の延焼は、木造の1.5〜2倍位時間を要し、最盛期までは12〜20分要する。
6　フラッシュオーバーを起すことがある。

写真1　防火造火災の現場

第4　防火造建物火災の基本戦術

1　建物内部は濃煙が充満し、火点の確認が困難なことが多い。濃煙に眩惑されることなく燃焼実体に注水し防ぎょ効果をあげること。
2　室内の可燃物が燃焼している時は、その燃焼実体に直接注水し、他への延焼火勢を包囲攻撃し、早期に鎮圧を図る。
3　出火建物の壁間等への延焼個所を発見した時は、天井に近い部分の壁体を局部破壊し、筒先を入れて注水消火する。
4　建物内の壁間、天井裏、押入れ、戸袋、床下等を介して延焼拡大することが多い。これらの個所を部分破壊し、伝走火炎の拡大阻止を図る。
5　中期以降になると各開口部、小屋裏及び換気口等から噴出する火炎によって、隣接する建物に延焼することがあるので警戒筒先を配備し、消火に当る。
6　隣接建物への注水は、窓、雨戸、換気口等大きな開口部に重点を置いて延焼阻止を図る。
7　隣接する木造建物が火災の場合は、放射熱によってモルタル等を通じ壁間に延焼することがある。
8　２×４工法等により建築された３階建て防火造建物（準耐火建物）は、濃煙熱気による活動障害があり、ビル火災に準じた消防活動を行う。
9　最盛期以降、外壁や床材支持の構造物の焼き等によりモルタル外壁やパラペットの倒壊、天井崩落、床板の踏み抜きが発生する。
　　モルタル外壁等の亀裂や膨らみ等倒壊の兆候に注意し、兆候を発見した場合は、立入り禁止区域を設定し、危険を排除する。

第2節　各過程の消防活動

第1　消防隊の水利部署

　出動消防隊のうち救助隊等の水利部署を行わずに活動する隊は、その任務と作業の性格により部署位置が決定されるが、ポンプ車隊は、次により水利に部署して消防活動を行う。
1　要救助者の有無に細心の注意を払い、一挙鎮滅できるよう包囲的に部署する。
2　水利の使用統制等がある地域では、これを守り、有効放水の可能な水利に部署し、努めて第1出動隊で包囲できるように部署することを基本とする。
3　現場到着時に火煙等を認めない場合であっても、ポンプ車隊は必ず水利部署（吸水措置）し、即応体制を維持して現場待機し、監視を行う。
4　消防隊は特別の場合を除いて、火点中心に出動指定され集結して来る。従って火点方向に水利部署すれば、自然に包囲できることを考慮する。
5　先着隊は後着隊の水利部署を考慮し、可能な限り火点直近の水利から部署することを原則とし、後着隊は先着隊の水利水量を考慮し、防ぎょに支障とならないよう迂回又は出越して部署して、水量豊富な水利に部署し包囲体制をとる。
6　中継送水が必要な時は、火点、中継、元ポンプの関係に注意し、延長ホースの平均化を図り延長して対処する。
7　消火栓の選定に際しては、努めて大口径の消火栓に部署することが望ましい。
8　貯水池、貯水槽の選定に際しては、使用筒先口径、口数及び使用時間を考慮して決定し、40㎥防火水槽（貯水槽）への部署は2隊を限度とする。（震災時は、40㎥防火水槽は1隊、100㎥は2隊を限度とする。）
9　河川、運河等潮の干満に関係する水利は、潮位と時間を確認して部署する。
10　水利部署の変更は、指揮者が判断して決定し、みだりに変更してはならない。

第2　検索救助指揮

　詳しくは、「第6章　事故別救助活動」の項で述べるが消防隊の指揮者として、次の事項に留意して指揮する。

1　検索活動指揮

(1)　静かな現場は注意せよ。
　　市街地火災の現場到着時、火災地周辺に誰もいない現場では、逃げ遅れ者が多数発生している可能性が高い。
(2)　旅館、ホテルの火災で避難者が「私が最後に避難した」は当てにならない。
　　宿泊者等が避難の際、隣室の避難を確認するはずがない。
(3)　行方不明者、逃げおくれ者等の情報は、早く出動全隊に周知せよ。
(4)　救助情報は、多角的に収集し、総合的に判断して対応する。
　　情報を読み取る力をつけておくこと。
(5)　要救助者は、玄関、出入口、トイレ、行き止まり部分に倒れていることが多い。
　　出火建物の用途に応じた人の動線、行動習性に注意せよ。
(6)　検索救助の進入は、筒先の援護が条件である。
　　少なくとも水の援護があれば隊員の重大受傷事故は防止できる。
(7)　援護注水を除き、救助活動中は、他方向からの放水をしてはならない。他方向から注水すると、救助隊員の受傷や濃煙による救助遅延が起る。

2　救出活動指揮

(1)　救出活動は、出動全隊に周知し組織的に行う。
(2)　消防隊同士を競走させてはならない。
(3)　救出用装備にこだわらず、現場で利用できる器材等を調達して迅速に救出せよ。
(4)　誘導、救護、救出経路の選択はより安全な経路を選択せよ。
(5)　倒壊建物や瓦礫の下敷きになっている要救助者には、声をかけて励ましながら活動せよ。

第3　屋内進入指揮

1　先着隊の屋内進入指揮

　消防隊の屋内への進入部署は、消防力配備の基本であり消防活動評価の出発点である。
　指揮者は、迅速に火点を一巡し、適正な判断のもとに自己隊の進入及び防ぎょ部署位置を決定し、下命しなければならない。
　この場合、指揮者は、次の事項に留意して指揮判断を行う。
(1)　出火後1～3分間は、酸素が充分供給されているため、水分の蒸発によって白煙を出して燃え、窓、下見板から火煙がもれる。
(2)　窓や出入口が閉鎖され時間が経過すると、酸素不足によって火勢が弱まり白煙が消えたかのような状態になる。
(3)　前(2)の時機は、わずかな空気の流入によって火勢を取りもどし黒煙をあげて盛んに燃え出す（フラッシュオーバーに注意し、急に開口部の開放をしない。）。
(4)　建物の規模、内部の区画、開口部の大きさ、可燃物の量等によって延焼速度は異なるが

0.8 m／分～1.2 m／分の早さで延焼拡大する。
(5) 火炎は、建物相互間の延焼の最も大きい要因で、炎の大きさは開口部の1.5倍以上になることもあり、火炎の色は、赤色（900度）から白熱色（1,200度）になり、周期性がある。

2 屋内進入部署の基本

(1) 筒先は、屋内進入部署を原則とする。屋内進入が困難な時は、延焼危険最大となる方面に部署する。
　「衆目の壮なる注水は、有効ならず」といわれる。つまり、一般大衆が見て屋外での注水をすばらしいと感じるような注水は、有効ではないということを意味している。
(2) 筒先は、白い線のないところに入れよ。
　白い線とは、ホースラインのことで、「先着隊のホース（白線）を追うな。」ともいわれ、同じ位置に部署してはならないという意味である。
(3) 1棟火災で1、2階が延焼中の時は、可能なら2階、1階の順に筒先を入れよ。
(4) 注水消火は動くことなり。
　筒先を多くの方向に機敏に動かし、火勢を押さえる。
(5) 多口放水を心掛けよ。
　1隊1口ではなく2口放水に努め、延焼中又は延焼危険大なる建物には早期に1棟1口以上の筒先を進入させよ。
(6) ホースの延長は、被災建物に直角に入れよ。
　延焼火勢を迎え撃つ体制を取り、延焼火災に対面すれば有効注水が可能である。
(7) 指揮者が入ってほしい所に待っていても筒先は、きてくれない。

3 積載はしごの活用

　積載はしごは、とび口と共に木造建物火災では屋内進入及び人命救助活動に不可欠の器材であり、先着隊は必ず現場に搬送すること。
　現場での活用に際しては、次の点に注意しなければならない。
(1) 衝撃荷重は、静荷重の数倍である。はしごへの飛び降りや重量物の投下、はしご自体の転倒は行わないこと。
(2) 三連はしごは、三連目の強度が最も弱く二連目と比較して約30％弱いといわれ。集中荷重は2名程度とする。
(3) 水平による使用は強度が不足するものがあるので仕様を確認する必要がある。（チタン製積載はしごには水平使用可能な強度を有するものもある。）
(4) 二連以上のはしごの操作は努めて2名以上で行い、架てい場所は左右の傾斜のない場所を選び、伸てい操作は垂直状態で行い、架てい角度は地盤面に対して75度を原則とする。

※　チタン製三連はしごの諸元性能の例
　（消防用積載はしごは使用上安全を確保するため構造、及び機能等に係る安

全基準（平成4年3月30日付消防消第77号）に基づき、日本消防検定協会で型式鑑定が実施されている。）
長さ　全伸てい時　　8.73m
　　　縮てい時　　　3.5m
重量　　　31Kg
許容最大荷重1箇所　140Kg
許容最大荷重分散　　180Kg

(参考)「火災防ぎょ十則」

　昭和30年代の東京消防庁火災警防規程（昭和37年廃止）で消火活動の鉄則を簡潔明瞭に規定しているので参考に紹介する。
一　火災防ぎょ行動は、延焼阻止を主とすること。
二　先着隊は、延焼危険最大なる方面に部署すること。
三　後着隊は、各隊間の連絡を密にして各方面に対する延焼危険の大小を考察し、濃淡適切な包囲部署をすること。
四　先着隊は、後着隊を考慮して最近の水利をとり、後着隊は水量を考察して、先着隊に支障のないように水利をとること。
五　努めて二口以上の筒先を使用し、機関の全能力を発揮すること。
六　水管延長に際しては、その曲折に注意して相当の余裕をとり移動注水の便利のようにすること。
七　火勢の状況により筒先圧力の増減を図ること。
八　注水は、努めて注水目標に接近して行い、且つ注水範囲を広くすること。
九　延焼に対する注水は、延焼実体に対して行い、木造建物の天井裏、壁間、床下等火勢の潜入する箇所は局部破壊を行い、有効な注水に努めること。
十　注水は必要な限度に止めること。

4　後着隊の進入指揮

(1) 後着隊の指揮者は、延焼危険を見極め先着隊の筒先を補うように進入せよ。
(2) 部隊の一方偏集となる地域は、ホース延長による包囲体制を整えることに留意せよ。
(3) 風位、風速及び延焼方向に注意を払い、先着隊の進入していない個所又は隣接建物に進入せよ。
(4) 先着隊と緊密な連携を図り、間隔を作らない。
(5) 充水隊及び飛び火警戒隊等特別な任務を下命されることもあり、その命令に従って活動せよ。

第4 注水指揮

消防活動は、最終的にこの注水によって成否が左右され、指揮者の個別具体的な指示命令が重要である。

注水要領は、火災の状態や燃焼物によって異なるが、一般的な木造建物火災について述べることとする。

1 初期の注水

火災初期で火災室に中性帯が形成されている場合は、注水前に必ず中性帯下部から室内を見通し、要救助者の有無や火点位置の確認に努め、要救助者の早期救出と燃焼実体への有効注水に努めること。

(1) 火災が初期の段階の時は、屋内進入による注水が原則である。
(2) 他の隊に先行して屋内進入した隊の注水は、次の順序で行う。
  ① 四ツ角注水（柱の接合部への注水）
  ② 落下物の除去（天井への注水）
  ③ 火勢の制圧
  ④ 移動注水、濃煙の排出
(3) 火点に接近し、噴霧又は円錐噴霧により水損防止に配慮し一挙に消火する。
(4) 床下、天井裏、壁間、押し入れ等に火勢が潜入することがあるので、局部破壊を行いその発見に努め、再燃火災の発生防止に努める。
(5) 水が直接火に届くのを確認しながら注水させる。

2 中期の注水

(1) 屋内進入に努め、噴霧又は棒状注水により他隊の援護の下に突入し、火炎の伝走しやすい個所を先に消火せよ。
(2) 屋内進入が困難な時は、延焼危険の切迫している個所に注水した後、燃焼中の建物に注水せよ。
(3) 大規模建物は、火勢が強く延焼が早い。注水位置は、死角の少ない安定した場所を選定し強力注水により延焼防止を図る。
(4) 延焼危険がある隣棟の軒先、下見板やトタン張り、モルタル塗りの裏側の注水及び確認を忘れずに実施せよ。

3 最盛期の注水

(1) 屋外からの棒状注水を主として担当面を広くとり、燃焼実体に強力注水せよ。
(2) 屋内進入可能な場合は、壁際、鴨居下等から、拡散注水、払い落し等を行い有効注水に努める。
(3) 他隊と連携して隣棟への予備注水を併用する。

4 後期の注水

後期の注水は、現場保存及び消火効果を考慮して噴霧注水が有効で、注水の要点は、梁及び柱の結合部、小屋組等に置き、建物の倒壊に細心の注意を払って注水を行う。

5 防火造建物火災の留意点

(1) 建物内に濃煙が充満しやすいために、無効注水になりがちである。水損が多くなるので注意せよ。
(2) 壁間、天井、床下等火炎の入りやすい個所の発見に努め、局部破壊をしながら完全消火に努めなければならない。

6 水損の防止活動

(1) 最先到着隊が内部進入と同時に燃焼実体を確認せずに注水すると噴出する水蒸気で室内が見通せなくなり、無効注水の原因となり、要救助者の発見、救助が困難になることがある。
(2) ノズルはこまめにシャットオフを繰り返し、燃焼実体の確認と注水の有効性を確認しながら注水し、水損防止に努めよ。

写真2 木造火災の現場

第5 ホース延長要領

1 極端なねじれや曲折等による摩擦損失を避ける。
2 大規模建物火災や延焼火災により、倒壊危険のある建物周辺のホース延長は、努めて建物に直角に延長し、表面布部の焼損防止及び落下物による焼損や切損に注意せよ。
3 広範囲の注水に備えて余裕ホースを充分取っておく。
4 ゴム内張ホースは、水圧により曲折部分で破裂することがあるので注意せよ。
5 送水中のホースの引きずり、鋭利な器物との接触をさせない。
6 ホース上を車両等が横断する時は、ホースの破断・轢断防止のためホースブリッジ等の踏み切り板を利用する。
7 公道上等をホース延長する際は、要所に警戒灯やカラーコーン等を配置し、早期に消防警戒区域を設定して、一般人のホースへのつまずきや転倒防止に注意する。

第3節　破壊と警戒

第1　破壊活動指揮

　江戸火消しの時代の消火活動は、主として破壊消防と言われる建物を破壊して隣棟への延焼を防いだが、今日では、消火（注水）活動の補助手段として部分的な建物破壊を実施している。
　主として、火点や潜入火勢の確認、屋内の濃煙排除等を行うために窓、出入口、天井、壁間、羽目板、塀等を局部的に破壊して行う作業であるが、作業に伴う隊員の受傷事故の発生確率が高い。指揮者は、他隊の活動、破壊に伴う火災の延焼動静、飛散物件の範囲、隊員の活動危険等を監視して実施しなければならない。

1　壁　体

　壁体は、下地、表面の仕上げ方法により区分されるが、ラス下地モルタル塗、こまい下地、石膏ボート下地、板張り及び木づり下地、しつくい壁のものが大部分である。
(1)　ラス下地モルタル塗
　①　内側から野地板、アスファルト、メタルラス、モルタルの順に張られ厚さは3cm内外である。
　②　破壊は、壁間、天井裏等の潜在火勢の消火用注水孔や水損防止の排水孔等を設けるために破壊される。
　③　斧、大ハンマー、掛矢等により強打してコンクリートを落し、ラスの使用部分だけペンチ等で切断する
　④　活動中、壁間等が急激に燃え出すことがあるので注水しながら破壊する。
(2)　こまい、石膏ボート下地
　①　通し柱、間柱等に接続する胴縁に、こまい、石膏ボートを打ちつけ、その上に壁を上塗りして仕上げているのが一般的である。
　②　破かいに際しては、間柱及び胴縁部分を避け、大ハンマー、掛矢等により注水を行いつつ強打して、上方より落す。
　③　内壁と外壁の間に空間のある場合は、その部分に火炎が潜入していることがあるので、ホースで水を流し込み消火しながら行う。

2 天井

天井裏は、火勢が入りやすく延焼拡大も早い上に発見しにくい場所で、消防活動に際し最も重要な部分の一つである。

天井は工法及び様式により次のような種別に分れる。

(1) 打ち上げ天井

下側から野縁に天井板を釘で打ち付け止めるもの。一般的な洋間天井に用いられる。

① 破壊は、とび口等で釣打ちされた部分を近くの天井板を下から突き刺し、トビロ等の角度を変えて（約90度）引き下げる作業を繰り返す。

② ボート類が吸音テックスの場合は、野縁が格子に細かに入っていて死角が生じやすいので入念に破壊する。

(2) 塗り天井

しっくい等を左官仕上げしたもの。手間と時間がかかるため多くは見られない。

① 表面のしっくい又は、コンクリートを長柄槍、とび口により剥した後、木摺を突き刺して引張り落すか、斧により木摺を切り落とす。

② 破壊に際しては、しっくい、コンクリート等の粒子が眼に入りやすく、また破かい中思わぬ部分が落下することがあるので注意する。

(3) さお縁天井

吊り木や野縁下に竿縁（30cm～60cmの等間隔に平行に取り付けられる細長い木材）を取り付け、その上に天井板を張って仕上げた天井で、在来工法住宅一般多く見られる。

① さお縁の上に天井板を重ね合わせて張り、その上に野縁を交さ状に打ち付けてある。

② 破壊には、野縁部分を避けて壁体寄りにとび口、長柄槍等でつき上げることにより剥す。

3 床板

床板は、木製が最も多く、床板の破壊は、床下等の延焼状況を確認する場合や2階床で1階天井の破壊に著しく危険が伴う場合に行われる。

床板は、約90cm間幅に通っている根太掛及び大引きの上に交さ状に約45cm間幅で根太が通っていて、この上に床板が張られている。

(1) 1枚張り床

① 床板が突き付けの場合は、斧で床に直角の方向に切断する。

② 金てこ、とび口等を板の継ぎ目に差し込んでこじると釘付け部分を根太から剥すことができる。

③ 相決り（又は合い決り（アイジャクリ））又は本実（ホンザネ）の場合は、斧で板に沿って破壊した後、金てこで剥すか斧で破かいした後、鋸で切断する。

(2) 2枚張り床

① 一般的に洋風建物に多く見られ、下の板が根太と45度の角度で張ってある。

② 破かいは、根太に接して張ってある板の方向に斧又は鋸により切断する。

4 屋根

屋根の破壊は、主として小屋裏にある火勢を屋外に排出させ、小屋裏部分に開口部を設けて火炎の伝走を阻止するために行われる。

(1) 大規模建物の屋根の破壊は、作業が長時間にわたることが多いので時間的な余裕をもって行う。
(2) 建物の屈曲部又は、防火壁等の近くで棟木寄りの部分を破壊するのが有効である。
(3) 破壊に際しては、転落防止のため長柄槍又はとび口を携行し鈎付はしごを棟にかけて足場とするか母屋等の上に位置して作業を行う。
(4) 破壊により火炎の噴出による火傷防止のため風上に位置し、顔面を破かい口に直面させないように配慮する。
(5) 屋根は、瓦葺、鉄板葺、スレート葺き等があるが、スレート葺きの屋根がぬけて地上に落下し重傷事故が発生しているので、スレート葺き屋根には乗らないことが大切である。止むを得ずスレート屋根上で活動する場合は、積載はしごを足場として敷き、転落防止を図る。

第2　残火処理

水損の防止に配慮し、焼損部分の周囲から火点中央に向かって入念に行い、延焼を阻止した部分は、残り火が潜在しやすい押し入れや小屋裏等を入念に確認し、布団や紙類は屋外に搬出して水浸しにして完全に消火し再燃の防止を図る。

第3　部隊の引揚げ

消防部隊の引揚げは、概ね鎮圧段階以降で、その後の作業量と警戒を考慮し段階的に行う。

第4　警戒指揮

1　飛び火警戒

(1) 飛び火とは、火災現場から点火する物体が上昇し、これが空中を飛行する現象で、飛ぶ点火物を「火の粉」という、この現象を飛び火という。
　　火の粉が風下に飛散し、それが点火源となって第2、第3の火災に成長した場合を「飛び火火災」という。
(2) 燃えてはじけた木片や火の粉が気団に運ばれて上昇し、飛び火となって飛散するが、風速が8m/s以上の時が最も多く飛散し、その範囲は風下10～40度の角度で、飛散距離は火点から400m以内が大部分である。
(3) 飛び火の着火個所は、屋根面、羽目板、下見板、軒裏等であるが、最近の火災ではマンションのベランダの布団やシート類に飛び火している。

(4) 飛び火警戒要領
① 火の粉の飛散が著しく、飛び火による火災発生危険が大であると認められる場合は、監視警戒員を風下の高台やビルの屋上、はしご車の梯上に配置して、火の粉の飛散状況を監視する。
② 水槽車により重点地域を巡回させ、危険箇所に予備注水を行う。
③ 消防団員、自治会、町会等に呼びかけて消火器等を携行して巡回警戒を依頼する。

2 隣棟ビルの警戒
(1) 出火建物に隣接するビルが延焼のおそれがある時は、早目に警戒筒先を配備し、各階の開口部をチェックし警戒しなければならない。
(2) 出火建物を消火しないと火災は決着しない、火元建物の消火を優先し、防ぎょと警戒のバランスを考慮して行なわなければならない。
(3) 隣棟ビルの警戒は2階～5階が重点である。

3 隣棟木造建築物の警戒
隣棟建物との間に筒先を進入させて、予備注水を行いながら火元建物等の延焼阻止活動を行う。

第5 再燃火災の警戒

再燃火災とは、火災が発生して消火行為がなされたにもかかわらず、事後に再度出火したものをいう。消防機関にとって再燃火災の発生は特に注意をして防止しなければならないもので、一次火災における消防活動上の過失の有無と二次火災との因果関係が問題にされる。

1 過失責任（失火責任）
民法第709条（故意又は過失により他人に損害を与えた者は、その損害を賠償する責に任ず）の規定は、消防隊員も例外ではないが、失火の責任に関する法律により民法第709条の規定は、失火の場合には之を適用せず。但し、失火者に重大な過失がある時は、此の限りにあらずと規定され、重大な過失がある場合以外は、民法709条（損害賠償責任）は適用されない。
再燃火災について消防隊に損害賠償責任があるとすれば、消防隊の活動及び判断に重大な過失がある場合である。「重大な過失」とは、通常要求される程度の注意すらしないでも、極めて容易に結果を予見できたにもかかわらず、これを漫然と見過ごしたような場合を指している。（昭和53年　最高裁判所第2小法廷判決から）

2 再燃火災防止活動基準
判例上は、前1のような見方になっているが消防機関としては、社会的、道義的責任まで

第2章　木造、防火造建物火災の消防活動

免かれるものではない等の理由から昭和54年に国（当時の自治省消防庁）に設置された「再燃火災防止に関する調査研究会」で再燃火災の防止について検討され、次のような指針が示され、各消防本部では本指針に基づきより詳細な基準を定め再燃火災の防止を図っている。

(1) 指揮活動
　① 現場最高指揮者は、次の指示を行うこと。
　　ア　消防隊ごとに残火処理活動担当区域を指定して行うこと。
　　イ　消防隊到着時すでに消火活動の必要のない場合であっても、残火処理隊を指定すること。
　　ウ　破かい個所、破かい範囲、破かい要領を指示すること。
　　エ　残火処理のため、破かい、焼け残り物の搬出等を行う場合は、現物保存、証拠の保全について指示すること。
　　オ　表4の「残火処理チェックカードの例」等を活用し確認すること。
　　カ　安全管理の徹底を図ること。
　　キ　木造建物は、焼け止り、耐火建物は、直上階等の延焼危険個所を重点区域とすること。

(2) 消防隊引揚後の警戒については、次の要領で警戒する。
　① 火元責任者に対する説示書の交付
　② 被災者や関係者に対し再出火防止の警戒依頼
　③ 消防隊による定期的な巡回警戒
　④ 消防団員による仮屯所を設置しての警戒

表4　残火処理チェックカードの例

実施隊		隊長職氏名			
担当区域					
確認箇所及び物品名	確認内容			実施隊	確認者
小屋裏・天井・床下	必要により一部を破壊して確認したか				
	押入れ天井の張終いから小屋裏を確認したか				
	機器類を活用して確認したか （機器名　　　　）				
ダクト・パイプスペース等	点検口から内部を確認したか				
	防火ダンパー等の作動状況を確認したか				
	必要により一部を破壊して確認したか				
	機器類を活用して確認したか （機器名　　　　）				

モルタル壁等の二重壁内	変色部分を素手で確認したか		
	必要により一部を破壊して確認したか		
	機器類を活用して確認したか （機器名　　　）		
火気設備周囲の壁内	変色部分を素手で確認したか		
	鉄板等を剥離して炭化状況を確認したか		
	機器類を活用して確認したか （機器名　　　）		
押入れ・天袋・戸袋	内部の焼損状況を確認したか		
	収容物を屋外の安全な場所に搬出して焼損状況を確認したか		
畳の合わせ目等	畳を裏返して焼損状況を確認したか		
	焼損している畳を屋外の安全な場所に搬出して十分に注水したか		
タンス等の家具類	内部（引き出し等）の焼損状況を確認したか		
	家具類は移動して裏側の焼損状況を確認したか		
布団・マット・衣類・紙・木材等の堆積物	屋外の安全な場所に搬出し、トビ口等を使用して十分に注水したか		
	布団等を再度屋内等、再出火危険のある場所に入れないように関係者に指示したか		
柱・梁・合掌のほぞ部分	熱画像直視装置等を活用して確認したか		
	素手で触れて確認したか		
他に再出火の危険性があると思われる箇所等	・ ・ ・ ・		

確認日時　平成　　年　　　月　　　日　　　時　　　分
確認者（指揮本部長等）　　　　　　階級　　　　　　氏名

第4節　木造建物の防火性について

　消防戦術は、消防部隊による消火活動の手法であり、対象とする火災現象や建物の構造及び消防装備が変れば、消防戦術も変ってくる。

　平成26年中の全国の火災発生傾向を見ると、全火災の約54％は建物火災が占めており、その約50％は木造・防火造建物火災が占めているが、大都市では年々耐火造建物火災が増え、半数又は半数以上が耐火造建物火災となっている。

第1　防火造建物について

　建物火災の消防戦術は、戦前は木造建物と耐火造建物に大別されていた。

　木造建物は、空襲防火対策を進めるための実験の結果、火災温度が高温になるが高温の継続時間が短いことに着目し、延焼を防止するだけなら屋根の不燃化（瓦葺き）と共に、外壁をモルタル塗りとすればよいとして、昭和12年に故浜田稔博士（東京大学教授）が「防火木造」を提唱した。

　この提唱は、市街地の防空防火の過渡的な、極めて有効な対策として受け入れられ、次第に普及したものである。

第2　新しい工法による建物の防火性

　昭和60年代になると海外からの木材の輸入促進と共に、新しい工法による建築技術が導入された。

　その結果、木造建物は防火性能上　①在来の木造建物、②防火造建物、③木造プレハブ、ツーバイフォー（2×4）に大別されることになった。

　新しい工法である木造プレハブ及びツーバイフォー（2×4（枠組み壁工法））による新築住宅着工戸数は、昭和60年代には数％にすぎなかったが現在は20％程度にまで普及している。

　この理由は、新しい工法が耐震、耐火性に優れていることと、建築工法の合理化、効率化によるものといえる。

　新しい工法による建物は、遮音性、断熱性に優れ、個室化が進んでいることから、火災の延焼速度が著しく遅くなっている。

　出火からフラッシュオーバーまでの時間について在来の建物と比較すると次の通りである。

① 在来の木造建物　　　 7分
② 防火造建物　　　　 14分
③ 新しい工法の建物…Ａ出火室のみの場合　10分
　　　　　　　　　　Ｂ２階への延焼　　　50分

このように隣室や上階への延焼が著しく遅くなるのは、間仕切り壁として石膏ボードとファイヤストップ材が使われているためであるといわれている。

ただ、在来工法の建物も現在では、壁や天井に石膏ボードが使われており難燃化時代の趨勢と見ることもできる。

表5　木造建物火災実験目視観測の比較

番号	観測事項	２×４	従来工法
1	点火	0.0分	0.0分
2	点火室開口部より白煙が盛んに噴出		3.45
3	点火室の天井に着炎し（火災が天井に届く）	9.56	4.15
4	火点室フラッシュオーバー	10.00	6.00
5	火点室開口より火炎の噴出開始	10.14	8.15
6	火点室の火炎が２階軒裏に達する	16.48	11.30
7	隣室天井の一部燃え抜け		16.36
8	２階屋根南側より火炎噴出	50.27	18.00
9	２階居室火盛り		19.00
10	外壁部分的に脱落		21.00
11	２階外壁モルタル全面剥離		24.00
12	消火開始、実験終了（在来工法）		24.30
13	３階ベランダ下部の石膏ボード露出	54.36	
14	３階の北側窓から黒煙噴出	58.16	
15	２階ベランダ落下（２×４）	75.32	
16	消火開始、実験終了（２×４）	75.42	

第3　石膏ボードの防火性

石膏ボードは、間仕切壁及び天井に使われるが、石膏ボードに含まれる約21％の結晶水が熱分解して、火災が本格化してから約20分間は温度の上昇を抑制し、火災を出火室で抑える効果を有する。

このため、間仕切り壁の両側に15mmの石膏ボードを張ると１時間耐火となり、従来は、

第2章　木造、防火造建物火災の消防活動

耐火建物でしか得られなかった高い耐火性能が認められる。

第4　ファイヤストップ材について

　小屋裏や天井裏には、水平に流れる対流があり、中空壁や吹き抜けの広間、階段には垂直に流れる対流がある。

　これを上階等の境界にあたる部分にファイヤストップ材を入れて、水平、垂直対流を阻止し、これが上階への延焼を阻止するという防火性が社会的に評価されている。

　このため、工法の技術基準が定められた以降、昭和50年代から新築住宅に導入され普及している。

　このことについて国土交通省（旧建設省）では「これまでの木造建物の火災とは異なり、室内の火災の状況は、耐火建物に類似している」と評価し、住宅金融支援機構（旧住宅金融公庫）の省令準耐火構造の住宅では、「各室防火」・「他室への延焼遅延」により内部火災に強い住宅としている。

【火災事例2】

耐火造建物から木造建物に延焼拡大した火災
出火日時　2月24日（4時30分頃）
覚　　知　4時39分（119）
鎮　　火　14時25分（9時間46分後）
焼損程度　①　耐火造5／0一部木造2／0　複合（店舗・倉庫）　延べ1,357㎡（全焼） 　　　　　②　木造2／0　複合（倉庫・共同住宅）　延べ162㎡（全焼） 　　　　　　他にぼや5棟　計7棟 1,519㎡焼損
延焼拡大要因 　　数回に亘り増築を重ね防火区画がないこと。木造部分が老朽化し、耐火部分1階との接続が横に筒抜け構造で、耐火造は吹き抜け構造であり、各階の竪穴区画がないこと。さらに、この建物は、画材店で建物内部には絵画、画材、その他の木材加工品、紙製品等の大量の可燃物があり、シンナー等の危険物があった。
最先到着隊到着時の状況 　　到着時、①建物の東側路地から激しく火勢が噴出し、東側⑦建物（耐火6／0）複合）に延焼危険があった。延焼中の①建物は、西側から南側にかけて火勢が強く噴出し、⑥建物（耐火5／1事務所）へ延焼危険が大であった。なお、北東側路上からは、正面からの火煙は確認できなかった。
最先到着隊の活動 　　現着と同時に救助線1線を延長し、①建物東側から①②建物に注水後、②建物2階に

進入し人命検索及び情報収集にあった。火勢制圧後、第1線を2階北側に転戦し延焼阻止にあたった。また、建物の検索終了後、第2線を①建物南東側に延長し、火勢制圧と隣棟の④建物への延焼阻止にあたる。

教訓・検討事項

1　警防上の特殊性を踏まえ、警防対策を樹立し、警防視察を実施して隊員への周知徹底を図る。
2　耐火造建物火災の筒先進入は、屋内進入を原則とし出火階、直上階とその上階、下階の順とする。
　　なお、燃焼区画に直接進入困難で、上階へ延焼拡大した場合は、上階を優先する。
3　⑤、⑥耐火造建物に警戒筒先を配備する必要があった。
4　本火災は、残火処理に長時間を要したもので、各中小隊長は自己隊員の安全管理に配意し、担当範囲の残火を効率的かつ確実に処理する。

活　動　図

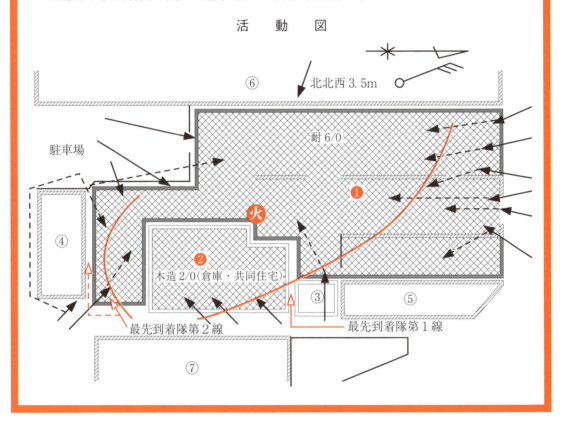

【火災事例3】

床の燃え抜けで隊員3名が受傷した防火造建物火災

出火日時 9月15日 1時10分頃
覚　　知 1時16分（119）
鎮　　火 4時01分
焼損程度等 防火造2階建ての作業所併用住宅の1階から出火し、2階で就寝中の母娘は火事に気づき窓か飛び降りて助かったが、2階の別部屋で就寝中の父子3名と、1階で灯油をまいて自損を図った養父の4名が死亡した。また、この火災で2階を検索中の隊員が床抜けにより階下に落下受傷した。
　　　　　　防火造2／0　作業所併用住宅　延べ70㎡のうち1・2階70㎡（全焼）他にぼや2棟

最先到着隊到着時の状況
　現着時西及び南側の1・2階の窓から火炎が激しく噴出して、西側路上に半狂乱の中年女性がパジャマ姿でおり、逃げ遅れの有無について確認すると、この女性は火元責任者の妻で、2階の奥に家族3名がいる旨情報を得た。この時点で火点建物1・2階の開口部全てから火炎が噴出しており、南側隣棟の簡易耐火造3階建ての2階部分に延焼危険大であった。

最先到着隊の活動
　隊長は、火元責任者の妻から逃げ遅れ情報を得たことから、隊員に逃げ遅れの検索を徹底するよう命じるとともに後着の大隊長へ報告した。隊員に直ちに第1線の延長と西側玄関から進入して人命検索を下命したが、玄関は火炎が激しく噴出していたため、火勢制圧優先と判断、さらに第2線は1階南側居室へ延長し、内部進入し人命検索活動実施した。（初期の段階では火勢が強く、内部進入できなかった）なお、4名の死者は、火勢制圧後1階南側で焼き物に埋もれ、次々と発見された。

隊員の受傷状況
　1階玄関付近を制圧し、内部進入して約10分経過後、隊長は1階天井の延焼状況から床の崩落危険を察知し、隊員を後退させようとした直後、2階検索中の隊員3名が畳とともに次々と1階で活動中の隊員の頭上に落下し、頸椎を受傷（軽傷）した。

教訓・検討事項
1　本火災では、関係者から「要救助者が2階の奥にいる」との情報を得ていることから、火勢熾烈で内部進入困難な状況下の対応は、早期に筒先を集中して内部進入を図るべきであった。
2　延焼中や焼損した建物の上階へ進入する場合は、下階の天井と進入箇所の床の焼損状況を把握し、燃え抜けや落下危険の有無を確認する。指揮者は、常に活動隊の状況を把握し、危険を察知した場合は直ちに活動の変更などの判断が必要である。

第4節 木造建物の防火性について

活 動 図

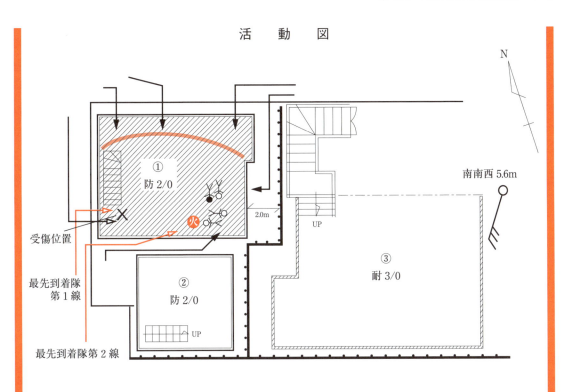

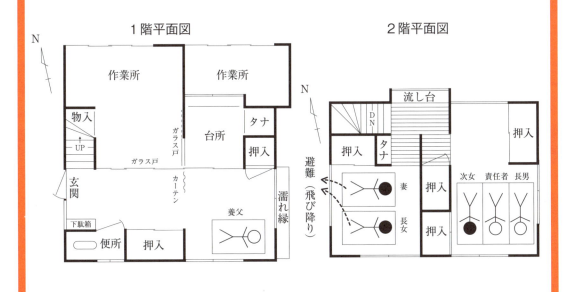

1階平面図　　　　　　2階平面図

第2章　木造、防火造建物火災の消防活動

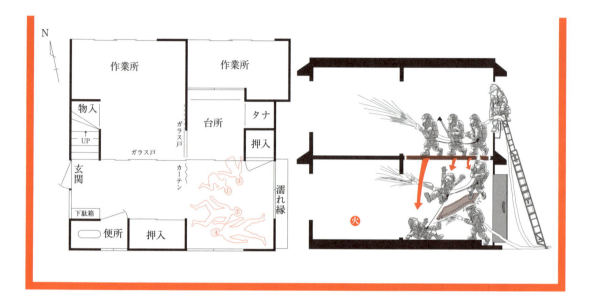

【火災事例4】

宿泊客3名が焼死した簡易宿泊所の火災

出火日時	5月15日　2時58分頃
覚　　知	3時03分（119）
鎮　　火	9時16分
焼損軽度等	防火造2階建ての簡易宿泊所（客室40）の火災で、宿泊客28名のうち外国人を含む3名が逃げ遅れて焼死（残火処理中に発見）し、7名が受傷したもの。 防火造2／0　簡易宿泊所　延べ243㎡のうち243㎡（全焼） 簡耐、一部防火造2／0　倉庫　延べ320㎡のうち115㎡（部分焼） 他に小火1棟　計3棟358㎡焼損

最先到着隊到着時の状況

　火点建物全体が火炎に包まれ激しく延焼中で、各開口部からは火炎が噴出し屋根が燃え抜けており、東側の隣接建物に火炎が激しく吹きつけ延焼していた。また、火点建物西側路上等に避難者数名がいたが、逃げ遅れ情報は得られなかった。

最先到着隊の活動

　先行隊（2小隊）が水利部署し、3線を延長、第1線（はしご隊担当）を南側から進入し東側の②建物の延焼阻止、さらに第2線を火点建物に進入、火勢制圧及び人命検索にあたった。第3線（特別救助隊担当）は北側から進入して②建物の延焼阻止にあたった。

教訓・検討事項
1 火勢熾烈で内部進入困難な場合の筒先配備は、火点建物の火勢制圧と隣接建物への延焼阻止に区分する。本火災は、早期に第2線を火点建物、第1、3線を隣接建物に配備し、延焼拡大防止を図った。
2 ホテル、旅館、簡易宿泊所等は、不特定多数の宿泊者がいる。活動は要救助者がいることを前提とする。管理人又は関係者から宿泊状況、建物内部状況等を収集するとともに査察台帳、図面等を活用する。また、避難した宿泊者を全員集合させ、図面を活用し確認する。

活　動　図

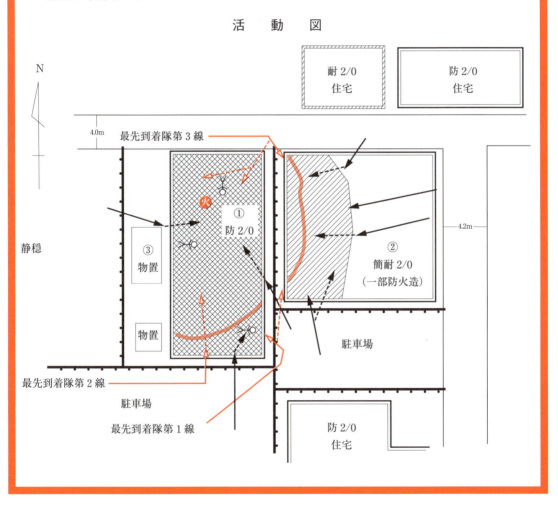

【火災事例5】

フラッシュオーバーにより一気に拡大した大規模木造建物火災

発生日時 4月3日 20時33分頃

覚　　知 20時41分（110）

鎮　　火 4時44分

焼損程度等 本火災は、耐火造に囲まれた木造3階建て複合用途の1階天井付近から出火し、壁間から天井及び小屋裏等に焼きが広がり、燻焼状態が続き、一気に延焼拡大したもの。

　① 木造3／0　複合　延べ441㎡のうち339㎡（全焼）
　② 防火3／0　飲食店　延べ418㎡のうち346㎡（全焼）
　他にぼや4棟　計6棟685㎡（活動10隊23口）

最先到着隊到着時の状況

　火点建物の西側全体が薄い煙に覆われ、2、3階の窓の隙間から濃煙が噴出しており、電灯は、1階の営業している店舗だけ点灯中で、警察官や関係者が出入りしていた。また、1階店舗の奥に炎が認められ、警察官から逃げ遅れはいない旨の情報の提供を受けた。

最先到着隊の活動

　火点北側公設消火栓に部署後65mmホースを2本延長し、分岐による50mmホースを延長して、第1線を火点建物1階店舗部分へ、第2線をはしご隊と協力、建物中央1階部分から進入した。活動中に天井から一斉に火炎が拡大したため、危険を感じ屋外に退避、路上注水に切り替え、火勢の状況等考慮して再度内部進入し、火勢制圧にあった。

教訓・検討事項

1　活動が長時間と予想される場合は、努めて大量の吸水可能な水利に部署する。
2　内部進入困難な場合の筒先配備は、火点建物の火勢制圧と隣接建物への延焼防止に区分し、火勢制圧後に火点建物に進入する。
3　大規模木造建物火災であることから、放水銃等大口径ノズルによる高圧放水に配意すべきであった。
4　本火災で活動中の隊員が、落下してきたガラス片により受傷しているが、内部進入の際は、倒壊、天井の落下等に注意し、ストレート注水により落ち易い物を一掃したのちに進入する。
5　火点建物に隣接する耐火造建物への警戒筒先配備を、早期に実施すべきであった。

第4節 木造建物の防火性について

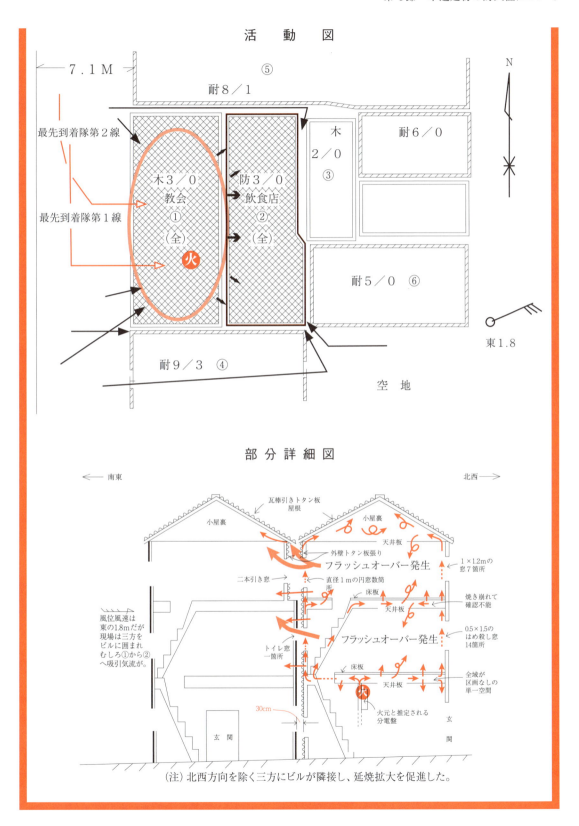

第3章 ビル火災の消防活動

第1節　ビル火災の特性と基本戦術

第1　ビル火災の特性

ビル火災は、一般的に次のような特性がある。
1　気密な室内で可燃物が燃焼する火災であり、初期の延焼は緩慢であり急激な延焼は少なく燃焼状態を見極めながら接近すれば可燃物の処理が可能な事が多い。
2　火災の初期には、火勢は弱いが中期以降になると通気が少ないため、不完全燃焼により毒性ガスを含む濃煙が噴出して充満し、火点の確認を困難にし煙との闘いになる。
3　発生した煙は、立体的に上部空間に流れ込み、次第に煙層が降下し蓄積するため視界が著しく低下し火点を見誤りやすい。
4　火災時に噴出する煙の流れは、横方向には歩行速度と同じくらいの0.3～0.8ｍ／秒で広がるが、階段やエレベーター部分に達すると垂直方向に３ｍ～５ｍ／秒と早く上昇し、煙は行き場のない最上階から順次下層階に向かって充満してくる。
5　濃煙内の活動になるため、呼吸保護器具の着装が条件になる。
6　火点階への出入り口が限定され活動スペースが狭い場合が多い。
7　消防活動が立体的になり消防力が分散される。従って、上・下の部隊及び攻撃と警戒部隊の連携が困難になる。

第2　ビル火災の基本戦術

　消防戦術は、立体的な活動となるために、指揮命令系統が分断されやすいことから、規模や用途に応じて前進指揮・局面指揮者を指定した指揮系統の確保と活動の統制に留意し、前２章第２節第１「消防隊の水利部署」で述べた事項のほか、ビル火災の特性を踏まえて、次の事項を基本とすべきである。

1　戦術の前提

(1)　危険側の選択
　　　消防戦術は、常に危険側に立って戦術を組み立て、部隊運用及び対応を決定し、無駄を恐れず、次の手を準備する。

(2)　迅速な決断

火災現場で指揮者に求められる決断（判断）は、最善策でなくとも次善策でよい。指揮者は、遅行拙速で対応手段を早く明確に示すことが重要であり、最も戒しむべきことは遅疑逡巡することである。

(3) 状況即応

消防戦術は、現場の状況に対応して手段を選択し、変化を先取りすることが重要である。

(4) 情報活動

情報は「百聞は一見にしかず」と云われるように、まず、火災の様相を自らが確認し、必要な情報を早く収集して対応手段を決定することである。

2　基本戦術

(1) 一方攻撃他方警戒

① 給気と排気の開口部を設定し、一方（給気側）からストレート又は噴霧注水で攻撃し、他方（排気側）には警戒筒先を配備して延焼火勢を警戒する。

② ビル火災では、包囲（挟撃）注水をしてはならない。

③ 建物の構造上、開口部が１ヶ所しかない場合や排気側から攻撃せざるを得ない時は、注水時の吹き返しに注意して筒先を２段構え（直状放水による火勢撃破と噴霧による排煙・援護注水）とする。

④ 小区画火災の場合は、高圧噴霧による間接注水（レーマン戦法）消火を考慮する。

(2) 警戒筒先の配備

① 前(1)の対応と併せて、直ちに直上階及び必要があれば左右両室に警戒筒先を配備する。

写真３　耐火造火災の現場

② 攻撃側と警戒側の間に設置されているパイプシャフト等の竪穴部分を確認し警戒筒先を配備する。

③ 警戒は、延焼の恐れのある部分に予備注水を行い、火煙が迫ってきた時は、攻撃側に影響を与えないように噴霧かスポット注水により延焼阻止活動を行う。

(3) 活動拠点の設置

① 火点に最も近く火煙に汚染されない位置にクリアゾーンを設定し、活動拠点とする。

② 活動拠点は、最前線の指揮所として位置づけ、指揮本部との連絡手段の確保及び空気

ボンベ等の補給基地として機能させる。
③　ドラフト効果による排煙を促すために屋上ペントハウスの開放を行い、途中（活動拠点とペントハウスの間）の開口部の閉鎖状況を確認する。

(4) 濃煙内進入
　① 隊員の装備
　　ア　濃煙内進入に際しては、必ず筒先を準備して、呼吸保護器具及び携帯警報器を着装し、とび口等を携行して進入する。なお、面体着装は進入直前に行い、濃煙内で外してはならない。
　　イ　進入は、照明器具により床面に近い部分を照射し足元を確認しながら進入する。
　② 扉の開放
　　ア　開口部の設定は、指揮本部長の指揮の下で実施する。
　　イ　火点階の扉を開放することにより新鮮空気が流入し、急激な燃焼状態（バックドラフト）となり熱傷を受けることがあるので、放水体制を確保し、隊員を扉の側面に位置させて窓及びドアの開放は徐々に行う。
　　ウ　進入の際は、投光器による照明を行い、姿勢を低くしてとび口等で足元を確認しながら進入させる。

第2節　ビル火災消防戦術の沿革と排煙

第1　沿　革

　江戸時代、破壊消防や竜吐水によって消火に当っていた消防が、明治時代になると蒸気ポンプからポンプ自動車による消火へと代わり、街並みも銀座煉瓦街をはじめ丸の内のビル街等が建築され、火災も木造建物火災から耐火造建物火災（ビル火災）へと違った様相になってきた。

　特に、昭和7年の日本橋白木屋百貨店火災を契機として従来の消防活動が見直されることとなった。

　その結果、昭和11年には「高層建物の火災防ぎょ対策研究」として、ビル火災の消防戦術がまとめられた。しかし、基本となっていたのは、包囲体制による防ぎょであり、ストレート注水による上階層への延焼防止という従来の木造建物の戦術と変らなかった。特に戦後頻発したデパート火災は、内部の陳列棚等による注水死角が多いために、消火水は各階段を滝のごとく流れ落ちるが一向に決着せず、隊員は濃煙と熱気に翻弄されて現場で洗眼をしながら消火活動を継続するという状況であった。

　昭和20年代の後半になると駐留米軍から、噴霧注水による「レーマン戦法」が紹介された。レーマン戦法とは「区画された耐火建物内の火災の際、高温の領域に水の微粒子を注入すると、瞬時に気化して周囲から熱を奪い、室温を低下させる。この作用によって可燃性ガスの生成を抑える一方、水が急激に気化膨張することによって、室内の酸素濃度を希釈して窒息効果が現れ、有炎現象を抑える。」という原理の消火法である。

　このような理論を導入してまとめられたのが「高層建物火災防ぎょ戦術」であった。内容は、総ての開口部から攻撃することを改め、一方向から攻撃することや、排煙を兼ねた隊員援護用の噴霧ノズルと火災攻撃用のストレートノズルによる2段構えで防ぎょすること等が示された。

　排煙、排熱対策は、昭和30年代の後半から本格的に実験、研究が行われ、排煙車の試作導入や噴霧注水による排煙実験を重ねてきている。

　噴霧注水による排煙の考え方は、適正な角度で噴霧注水することにより、加圧された噴霧水と共に風を流し込み、火点室の奥深くまで噴霧水を浸透させて消火する一方、対面する開口部を開放することによって出火室内の濃煙、熱気を屋外に排出させるという原理によるものである。

　しかし、火災に伴って発生する濃煙や熱気の排煙、排熱は、噴霧注水による方法だけではな

第2節　ビル火災消防戦術の沿革と排煙

く、多角的に検討されてきているので、ここではその要点を紹介する。

第2　排煙の種別と有効性

　ビル火災における消防活動の困難性は、濃煙熱気の蓄積によるものであることから、濃煙熱気を早期に排煙・排出することで効率的に消防活動を実施することができる。
　排煙の手段としては、①自然換気　②排煙設備　③排煙車　④噴霧注水　⑤高発泡による排煙を選択又は併用して行う。

1　自然換気による排煙

　自然の気象条件と建物構造を併用する方法で、平面空間での開口部を総て開放しての自然排煙と階段部分等での煙の上昇力（ドラフト効果）を利用した給気口と排気口を設定する方法とがあり、給気に伴う燃焼助長と隣接建物への影響を検討して行う必要がある。

2　換気設備による排煙

　専用の換気設備以外の使用は、構造によって他への延焼の媒体となり、煙を各階に拡散させる等逆効果となるおそれもあり、専用の換気設備で防火ダンパーが完全な場合のみの活用とし、不完全な場合は使用しない。

3　排煙車による排煙

　アパート、事務所等の1室程度の排煙には有効である。
　排煙車による方法は、煙の排気と送気の2つの方法があり、室内の燃焼状況により使いわける。
　排気による場合は、排気口をできるだけ天井面近くに設置する。送気による場合は、排気法とは逆に送気口をできるだけ床面近くの煙のない位置に設置する。

4　噴霧注水による排煙

　噴霧注水による排煙は、筒先からの放水により消防隊が簡易に行える最も効果的な手段である。この方法は消火能力を有するほか、空気の清浄化に役立って隊員の疲労を軽減する。
　原則的には、風上の給気側（攻撃側）に噴霧ノズルを揃え、風下の排気側の排出口から噴出する火煙と熱気を警戒する筒先を配備して行う。この際の給気側と排気側の注水は、前節第2、2「基本戦術」の(1)と同様の方法によるものである。
　噴霧による排煙は、廊下の場合、その断面を覆うに必要な筒先を揃え、21型改良ノズルを使用する場合は、噴霧開度は60度、筒先圧力0.6MPaで実施する。

5　高発泡による排煙

　高発泡の効果は、排煙、排熱を併せて燃焼熾烈な火災室に対する消火効果も大きく有効な

第3章 ビル火災の消防活動

手段の一つである。

油脂貯蔵施設や地下室等の小区画室は、室の出入口を送気口として、噴霧注水の援護を得て送風チューブをセットし、排煙口は、出入口と相対する最も遠い位置に選定して送泡を行う。この場合、泡は水により容易に破壊されるので、送泡チューブを設置して送泡を開始した後は、噴霧による注水は行わない。

高発泡による排煙は、消火・排煙効率と消火後の泡処理を考慮して選択する必要がある。

第3 放水器具による消火と排煙要領

ビル火災の消火では、濃煙熱気の活動環境下で水損を最小限に抑えつつ安全かつ効率的に注水する技術が求められ、火災室の延焼状況等に応じてストレート注水、噴霧注水、フォグ注水等を使い分けて効果的に消火と排煙を実施する。

1 放水器具(消火ノズル)

現用の消火ノズルには次のような種別がある。

○21型ノズル ○ガンタイプノズル ○フォグガン ○ロータリーノズル
○アプリケーターノズル ○プロテクターノズル ○スムースノズル(16,19,22,25) 等

(1) 21型(改良)ノズル

一般ポンプ車に積載されている標準的なノズルであり流量曲線上は、ストレート注水でノズル元圧力が0.3MPs時、500ℓ/分の放水量を確保できストレート注水及び噴霧注水の切り替えが可能なノズルである。

21型(改良)ノズルの排煙能力は、ノズル圧力0.6MPa 展開角度60度で風量190㎥/分の能力を有する。(平成11年 東京消防庁消防科学研究所報36号)

(2) ガンタイプノズル

ガンタイプノズルは、近年導入が進んでいるノズルで、燃焼力に対応してノズル圧力0.7Mpa(0.5Mpa仕様もある。)、流量切替ダイヤルを選択して4段階(115、230、360、475ℓ/分)に放水流量を切替えることができ、容易な操作でストレートと噴霧の切り替えも可能な21型ノズルとフォグガンの特性を併せ持つオールラウンドな放水器具である。形状から一定程度の高圧放水でも一人保持が可能であり、木造・耐火建物を問わず使用できる。

写真4 ガンタイプノズル

ガンタイプノズルの排煙能力は、21型ノズルとほぼ同じである。

ガンタイプノズルの構造は、写真4のようになっている。

2　噴霧消火装置

前項で述べた消火器具の他に次のような装置も開発されている。

(1) インパルス消火システム

　容量12ℓの水タンクと高圧空気ボンベ（15～30Mpa）、インパルス銃（容量1ℓ）及びこれに接続するホース類によって構成され水タンクの水を銃に充填して加圧し引金を引くことによって筒内にある水が微細な粒子（5～120μm）となって瞬間的に噴出して燃えている物質に打ち込まれ、燃焼物を冷却消火するシステムである。

(2) ハイドレックス（超高圧消火装置）

　救助工作車、ワゴン車等に積載し、放水圧力24.5Mpa、放水量20～50ℓ／分、粒子径50～100μmの噴霧水により消火する装置で、住宅の屋内消火、油火災、特殊可燃物火災等に有効とされている。

3　ビル火災における放水活動上の注意点

(1) 最先着隊の放水

　最先着隊が延焼中の火災室に放水する場合は、放水前に中性帯の有無を確認し、中性帯が形成されている場合は、中性帯下部の低い位置から内部を見通し、要救助者の有無、燃焼実体を確認することが重要である。要救助者が確認できた場合は、むやみに燃焼実体に直接放水することなく、要救助者の保護のための援護注水に努め、要救助者の救助を第一とする。燃焼実体に放水をしてしまうことで、発生する大量かつ高温の水蒸気により要救助者を危険に晒し、救助のための視界を奪うことになる。

(2) 濃煙熱気が充満する火災室への放水

　マンション火災等で濃煙熱気が充満している火災室に不用意に放水すると吹き返しにより筒先担当の隊員が受傷する危険がある。

　激しく燃焼している火災室に放水する場合は、攻撃側（給気側）の反対側に排気口を設定し、警戒筒先を配備する。攻撃側筒先は、開口部正面の部署を避け、燃焼状況に応じて二段構え筒先（攻撃筒先と援護筒先）等とし姿勢を低くし、必要に応じて援護注水を受けながら燃焼実体に向けてストレート放水し、一気呵成に放水することで攻撃筒先の隊員に対する吹き返しによる受傷を防止する。火勢に応じて適宜、注水を停止するなどして注水効果を確認し、下階の水損防止に努める。

(3) 水損防止

　「第3節　消防活動指揮　第8　水損防止措置」参照

第3節　消防活動指揮

第1　情報活動

　ビル火災の全容はつかみにくい。早期に多角的に情報収集し、それを分析して活用しなければならない。

1　百聞は一見にしかず
　　重要情報は、最前線にある。
　　情報は、自らが現場に臨んで全貌把握に努め重要情報の分析と判断に努めることが基本である。

2　情報検索
　　重要情報の情報源は、現場で火傷を負っている人達、異常に興奮している人達、最先到着の消防団員・警察官、他の方向から進入してくる消防隊員が把握していることが多い、早く接触して収集に努めることが大切である。

3　火災情報の特性
　　消防活動に関係する情報は「0ゼロ」から始まる。情報収集すべき重要情報を事前に隊員、関係者に示し、収集に努めることが大切である。

4　人命に関する情報
　　人命に関する情報は、何らかの根拠があって流れてくるもので、若干不明確な部分があってもこれを軽視することなく、徹底して追跡調査をしなければならない。

5　情報専従員の指定
　　ビル火災は、情報収集が困難なことが多い、情報専従員を指定して専従させることが望ましい。

6　自動火災報知設備等による確認
　　自動火災報知設備の受信盤又は防災センター等の総合操作盤で、出火箇所や延焼範囲が推

定できる。ただ、ダクト火災やパイプスペース内の火災は確認が困難なことがある。関係者に配置図等の提供を早期に求め対応することが肝心である。

7 共同住宅等の情報
　共同住宅や雑居ビルの居住者、勤務者等は、全般情報を把握していないことが多いが、局部的な情報は持っていることがある。管理会社からの情報を総合して全貌把握に努めることが大切である。

8 情報の伝達、報告
　情報は、結論を先に、簡潔で具体的に報告、伝達等を行う。

第2　指揮判断

1　出動途上の判断
(1)　出動途上に、自己隊の到着順位を予測し、任務を再確認する。
　　（一般的なビル火災の到着順位による任務の例）
　ア　最先着隊の任務
　　　直近部署、関係者からの情報収集（人命・作業・延焼危険）、火点室対応、人命救助最優先、延焼拡大危険大なる面から進入、隊長は指揮本部長代行等
　イ　2〜3着隊の任務
　　　最先着隊への応援・連携、隣室・上階への延焼阻止、避難誘導、特殊車・後着隊の進入を考慮した部署等
　ウ　後着隊の任務
　　　中継送水、上階等への延焼阻止（警戒）、資機材集結等後方支援業務、水損防止等
(2)　出動途上火煙を認めた時は、煙の色、量、上昇状況（火勢）から延焼程度を判断するとともに状況を本部に報告する。

2　火点と延焼範囲
(1)　火点（出火階）が不明の時は、煙が

写真5　雑居ビルの火災

出ている階の最下階が火点であり、その部分が延焼していることが多い。煙に眩惑されて上階のみにこだわらず、火点は煙噴出階の最下階以下にあることを想定する。
(2) 窓の全面から煙が噴出している時は、他に開放されている窓があると判断する。
(3) 煙が窓の上半分から噴出し、その窓の下方がクリーンの時は、その窓しか開いていないと判断する。
(4) 煙の噴出が強くない時は、火点まで遠いと判断する。
(5) ビル火災の延焼範囲は、状況が現認現示されている場所にこだわらずに、建物全般を対象として検討せよ。出火点と煙の現認現示場所が異なることもある。
(6) ビルに看板が多数出ている時は、雑居ビルと判断する。

3 状況不明時の留意事項
(1) 火災の状況が不明確な時は、煙の噴出状況及び関係者情報等により総合的に判断し、推測する。
(2) ビル全体又は複数階に煙が充満している時は、ダクトを介して拡散している事が多い。空調機械室の確認を行い、運転を停止する。空調機械室は最上階又は最下階にあることが多い。
(3) 風俗営業店、ディスコ、キャバレー等は、内部に専用階段がある場合があるので注意する。

第3 進入指揮

1 クリアゾーンの設定
避難経路や消防活動拠点となる廊下や階段は、早期に屋上ペントハウス等を解放し、屋外から新鮮な空気を供給して濃煙を屋外に排出してクリアゾーンを設定し、避難経路及び活動拠点の安全を確保する。

2 屋内進入
ビル火災では、濃煙熱気に阻まれ進入個所が限定され、迅速な内部進入が困難なことが多い。
(1) 危険な場所への進入は、進入管理者を指定して、隊員の入・退出現況と時間管理等を徹底する。
(2) 進入隊員の交替又は脱出の際は、内部の延焼状況等を進入管理者に報告させ、情報収集に努める。

3 開口部の設定
(1) ドアや窓の開閉を勝手にすると延焼状況や濃煙熱気の挙動が急変して、開口部から離れた活動隊を危険に晒すことがある。開口部の開閉は必ず他隊と連携して指揮者の判断で実

施する。
(2) 開口部を開放する時は、空気の流入により吹き返しが予想される。開放に際しては、警戒筒先を整え、隊員はドアの側面に位置させてドアを徐々に開放する。
(3) ガラスの破壊は、直下及び周囲の安全を確認して行うと共に、警戒テープ、ロープ等で警戒区域を設定した上で行う。

4　濃煙内の活動
濃煙内では、方向感覚を失うことがある。進入に際しては脱出手段を確実に確保して進入させる。
(1) 進入に際し、警戒筒先を保持させ、着装すべき装備、器具を完全に着装させる。特に空気呼吸器の面体は、進入直前に着装して進入させ、濃煙内では絶対に外させない。
(2) 緊急脱出の連絡は、携帯無線機、確保ロープによる合図、投光器ブザー及び拡声器の活用等、2つ以上の連絡方法を確保する。

第4　救助活動指揮

1　検　索
火災の規模にかかわらず、トイレ、浴室、ベランダ、階段室、屋上等は生活動線であり逃げ込みやすい場所である。必ず検索させる。

2　役割分担
人命救助は、消防活動上最も重要な任務であり、ビル火災では、火点階、火点直上階、火点両側、最上階が特に重要である。この部分は、具体的に担当隊を決めて行わせる。

3　進入管理者の指定
(1) 活動危険区域での人命検索は、進入管理者を指定し、その下で2名1組で実施させる。
(2) 隊員の進入後は、活動環境及び経過時間に注意し、緊急連絡方法を確保しておく。

4　救出手段
(1) 窓やベランダで助けを求めているときは、内部からの救出は困難なことが多く、外部からの救出手段を検討する。

写真6　ホテルニュージャパン火災

(2) 屋外への救出は、一般的に屋内階段、屋外階段、はしご車、積載はしご、救助ロープの順とし、最も安全な方法を選択する。

(3) 救助活動は、防ぎょ隊の注水による援護が条件であり、防ぎょ隊との連携を密にして行う。

5　飛び降り、飛び付きの防止

(1) ホテルや旅館の火災では、避難の時機を失して取り残された人達が、客室から飛び降りる例が多い。

昭和57年2月8日に起ったホテルニュージャパン火災では、死者32名の内12名もの宿泊客が飛び降りによって死亡している。

消防隊は、早期に救助する旨の安心情報を提供し、飛び降り防止の呼びかけを行うことが大切である。

(2) 事務所ビルや雑居ビルの火災では、避難できなかった人が救いを求めて、はしご車や積載はしごで接近してくる消防隊員に飛びついてくる事がある（**写真7参照**）。

指揮者は、隊員が要救助者に接近する前に拡声器等により、飛び付き防止の呼びかけを行うことが大切である。

写真7　火煙に追われて飛び付く要救助者

6　活動上の留意事項

(1) 共同住宅でドアーチェーンのかけてある部屋は、内部に人がいると判断し、必ず確認・検索する。

(2) 雑居ビル、ホテル、旅館等の火災では、逃げ遅れ者がいるという前提で検索を行う。

第5　消火活動指揮

1　筒先配備の基本（攻撃側）

筒先は、内部の区画、延焼状況及び要救助者の有無等を考慮して配備することとし、注水活動によって、現場が危険領域に一変することがあるので注水は必ず指揮者の指示によって開始させる。

(1) 竪穴、開口部への配備

　ビル火災は、屋内階段、エスカレーター、エレベーター、パイプシャフト及びベランダ等からの延焼危険が大きい。この部分に優先して配備する。

(2) 無窓構造の建物

　大区画の場合を除いて延焼は緩慢である。攻撃の準備及び警戒筒先を配備した上で一挙に攻撃する。

(3) 多窓構造の建物

　到着時、窓の全面から煙を噴出している時は、他に給気個所がある。その給気側を探して筒先を配備する。

(4) マンション等

　ベランダに要救助者がいる場合は、ベランダ側に援護用の筒先を、玄関側に警戒筒先を配備する。（ベランダ側要救助者の救助が完了するまでは玄関側警戒筒先の注水は厳禁とする。）

(5) ２階層以上で延焼している場合

　スパンドレルを越えて窓側からの延焼とともに竪穴が延焼経路となっている場合がある。窓側と竪穴の２段構えの筒先配備を行う。

(6) 効果の確認

　火災の進展に応じて投入消防力と注水の効果を確認し、延焼拡大危険箇所への筒先移動、無効注水・過剰注水（放水量、ノズル選択）による水損防止に注意する。

(7) 注水時の留意事項

　① 注水の開始及び停止時は瞬間的に衝撃があるので、安定した注水姿勢を確保すること。

　② ホース延長線に対し直角方向に注水すると、反動力が大きくなるので注意すること。

　③ 積載はしご上の注水は、確実な作業姿勢を確保し、努めて積載はしごの横さん上にホース延長し、地上にホース確保補助者をつけること。

2　警戒筒先の配備

ビル火災は、延焼危険のある上階及び竪穴になっている部分、隣室等に警戒筒先を配備する。

(1) 上階への警戒筒先

　屋内階段、パイプシャフト等の竪穴部分及びスパンドレル等から上階への延焼危険がある。この部分を確認し警戒筒先を配備する。

(2) マンション等及び多窓型構造のビル
　　スパンドレル部分及び開口部から上階への延焼危険があり、迅速に警戒筒先を配備する。
(3) 竪穴等への警戒筒先の配備
　　迅速に竪穴チェックを行い警戒筒先を配備する。
　① 階段室に通ずる防火戸やシャッターが開放されていると、階段が煙突状態になり上階への延焼危険が大きい。防火戸等を閉鎖すると共に警戒筒先を配備する。
　② 竪穴貫通部の工事ミス等により、埋め戻しが不完全のものや可燃物が使われていると、この部分から延焼する危険がある。この部分を確認して警戒筒先を配備して体制を整えておく。
(4) 隣棟への警戒
　　隣棟が木造又は防火造の場合、開口部から隣棟に延焼した例もあり、警戒しなければならない。

3　間接注水による消火要領

○間接注水とは、燃焼実体に直接注水することなく、高温の火災室天井部分等に間接的に噴霧注水することにより、気化潜熱による高温気体の冷却と有炎抑止効果により消火する方法をいう。

◎ 成 長 期 火 災

○成長期火災とは、本稿では部屋の一部が燃え、炎が天井に達しない状態のフラッシュオーバー以前の場合をいう。

　ア　成長期火災への注水は、ガンタイプノズルを使用する場合は流量切り替えダイヤルで放水量230ℓ/分を基本としたストレート又は噴霧注水により消火する。噴霧注水による場合は、図9のように炎を覆うようにして燃焼実体に直接注水する。

図9　成長期火災の注水要領

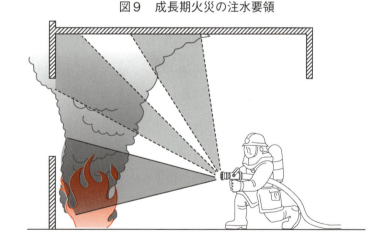

　イ　有炎現象の終息をみて必ず一時注水を停止して火災室の状況を確認し、残存火炎にスポット注水をして消火する。

◎ 最 成 期 の 火 災

○最盛期火災とは、本稿ではフラッシュオーバー後、火災室全体が炎に包まれた状態、又は火災室の全ての開口部から炎が噴き出している場合をいう。

最成期火災の消火の流れは、①間接注水又は集中（直接）注水→②注水の停止→③火災室内の状況確認→④内部進入→⑤残存火炎の消火等となるが、ここでは噴霧注水による①間接注水の要領について説明する。

ア　注水位置は、吹き返しによる受傷防止のため火災室開口部の正面を避け、ドア、壁体等の施設物を放射熱からの盾として利用する。
　　また、隊員は火炎及び蒸気の噴き返しから身の安全を確保するため低い姿勢をとること。

イ　注水は、ガンタイプノズルの場合は噴霧角度調整ヘッド9ラッチによる噴霧とし、**図10**のように火災室の天井全体を掃くように間接注水を行う。（間接注水であっても放水量が多い方が消火効果が高いことから流量は360ℓ／分が望ましい。）

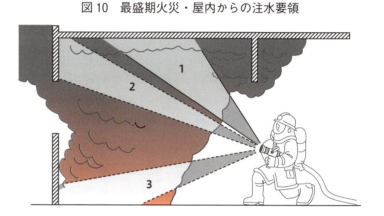

図10　最盛期火災・屋内からの注水要領

ウ　こまめに噴霧注水とシャットを繰り返し、水損防止と効果の確認を継続する。

エ　間接注水は火勢制圧まで行うこと。
　　火勢制圧の判断は、火災室の煙の色が白濁し、蒸気の噴き出しが弱くなった時点とする。その後、燃焼室全体に注水して有炎現象の再発を抑止すること。

オ　最成期の火災には、間接注水によりある程度の火勢を抑えた後、進入時に燃焼実体に注水し、完全消火する。

第6　はしご車による消防活動

1　指揮の要点
(1)　はしご隊等特殊車の活動スペースを考慮した消防隊の部署
(2)　情報収集に基づく消防用設備等を活用した避難誘導と人命検索、救助

2　指揮判断
(1)　はしご車、屈折放水塔車等を要請した場合は、接近道路、部署位置の確保及び送水隊の指定等の活動態勢を確保する。
(2)　人命救助は、人命危険の切迫している階層を最優先に行う。
(3)　収集した情報は、指揮本部及び出動各隊へ提供し情報の共有化を図る。
(4)　要救助者が混乱状態の時は、車載拡声器等を使用し、わかりやすく呼びかけて、飛び降り防止を図る。

(5) 危険が切迫していない屋上で救助を求めている者の救出は、一時的に屋上の安全な場所へ避難誘導し、地上への救出は火災の状況により屋内階段又ははしご車で救出する。
(6) はしご隊
① 建物の構造、階層及び要救助者の状況を把握し、はしご車の性能を最大限に発揮できる場所に部署する。
② 初期の活動は、人命救助を重点とする。
③ 現場到着時、窓際等に多数の逃げ遅れがいる場合は、「複数階同時救出架てい法」(建築物の一面対応部署、二面対応部署) 及び「てい体掛け替え架てい法」等により救出する。
④ 要救助者多数いる場合は、はしご車のリフターの使用を避け徒手により大量救出を行う。
⑤ 排煙口、進入口設定のため開口部を破壊する場合は、指揮本部長の指示で行う。
⑥ 内部進入のための窓際の活動拠点は、原則として濃煙、熱気の噴出の少ない風上又は風横側に設定する。
⑦ 「てい上放水」の場合、水平注水は障害物等により効果が少ない。仰角をつけて天井を目標に、必要によりてい体を移動させて筒先を上下又は左右に移動注水を行い、効果を高める。

3 複数階同時救出架てい法

(1) 間口が広い建物の場合(図11)
・建物前面に部署する。
・ターンテーブルを建物にできるだけ近づける。
・はしごを建物に平行に伸ていし救助を行う。
・状況に応じ順次伏ていして救助を行う。
・片面終了後180度旋回し、前同様に救助を行う。

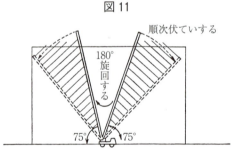

図11

(2) 間口が狭い建物の場合(図12)
・建物の端に部署する。
・建物に平行に架ていする。
・順次伏ていして救助する。

(3) 両面に架ていできる建物の場合(図13)
・建物の隅に部署する。
・前②の方法により前面の救助を行う。
・前面の救助終了後270度旋回し、同様の方法で側面の救助を行う。

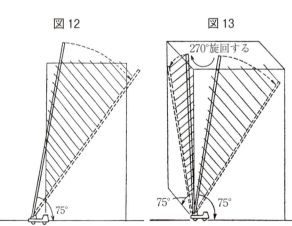

第7　ダクト火災の消火活動

　昭和30年代から我が国のビルは、空調設備の普及に伴い、様々なダクトが使用されるようになり、昭和40年代からダクト火災が発生し始めた。

　当初は、ダクト火災に対する消火手法がわからず、手探りの状態で火点不明のまま長時間無駄な動きをし、過剰破壊、過剰注水を繰り返していた。

　ダクト火災は燃焼範囲の把握が困難で厄介な火災とされ、ダクト火災の処理ができれば指揮者として1人前と云われた。

　ダクト火災の基本的な消防戦術について述べる。

1　ダクト火災の特性

　ダクト火災は、消防活動上次のような特性がある。
(1)　ダクトを延焼経路として、予想外の階・部屋に延焼拡大する。
(2)　ダクトを経路として、各階・各室に煙が拡散するので、建物全体に人命危険が生じ、その点検確認が困難である。
(3)　ダクトの構造が複雑で、しかも、多くの部分が隠ぺいされているため実態把握が困難であり、注水効果が挙がらない。
(4)　人命検索、救助、筒先配備等が複数階に及ぶため、消防力が分散し混乱しやすい。
(5)　排気ダクトは、ダクト内に溜まっている埃（厨房ダクトでは油脂分）や古いビルでは可燃性の吸音材、断熱材がダクトに巻かれている場合もあり、それらの燃焼によりダクトや防火ダンパーが作動前に変形し、作動が不完全になることがある。
(6)　厨房用ダクトは、内部に溜まった油脂分の燃焼により延焼が早く、発生熱も強いのでダクト周辺の可燃物に着火し、延焼拡大しやすい。しかも、これらの場所は殆んど隠ぺい部分のため発見が遅れがちである。

2　指揮判断

(1)　火点の推定

　　煙の最下端以下の階が火点である。屋上からの噴煙は、ダクトスペースか排気ダクトの吸入口が火点である。

　　天井裏点検口等から熱画像直視装置等を活用し、ダクトの高温となっている部位を辿り、火点方向を推定する。

(2)　延焼範囲

　　自動火災報知設備の受信機又は防災センター等の総合操作盤、ダクトの点検口、防火ダンパーの作動状況等を確認する。

　　空調ダクトの内部燃焼は殆んどないが、厨房用のダクトは内部に溜まった油脂分により燃焼する。ダクト内部の燃焼経路と範囲を追跡して先端の火源をつきとめる。吹き出し口から噴煙している時は全館を確認する。

(3) 図面等による確認
　　情報を過信せずに図面及び技術者を立ち会わせ確認をする。

3　消防戦術
(1) 空調設備、排煙設備の停止
　　排気口から屋外に火煙が噴出又は屋内に煙が流入している場合は、ダクト火災を疑い、空調設備、排煙設備を直ちに停止させる。
(2) 必要部隊の早期確保
　　ビル全体が消火活動の対象区域になるので早期に必要部隊を集結させ、各階に分配して警戒配備する。
(3) ダクトの破壊
　　ダクト火災は破壊が伴う、エルボ部分は切断して、吹き返しに注意しながら切断個所から効果的に注水する。
(4) 厨房室の火災
　　厨房室の火災は、鎮圧状態であっても排気ダクト内に火が入っていることがある。ダクト経路と排気口の残火確認を徹底する。
(5) ダクト内への注水
　　ダクト内への注水は、その効果は少ない。隠ぺい個所への注水は過剰になりやすいので注意する。

第8　水損防止措置

　火災による直接の損害には、焼失によるものの他、煙による汚損、消火活動に伴う破壊や水損がある。
　消火活動に附随する水損、汚損等による損害を軽減するために放水量を必要最小限とし、過剰注水を防止するため、次の事項を実行する。
① 注水は、シャットオフを小まめに行い、注水効果を確認しながら行う。
② 小破壊を併用して効率的な消火を行う。
③ 燃焼実体を確実に把握して注水する。

1　水損防止措置の原則
　　火点階に水を溜めないことであり、特に中高層建物の火災では、効率的な排水路を作ることが水損防止に効果的である。

2　水損防止措置の方法
　　火災の初期段階では、原則的に火災防ぎょが優先するため、水損防止措置は困難な場合が多いが、指揮本部長はできる限り早いタイミングで隊を指定して実施させる。

なお使用資器材は、防水シート、吸水性ゲル水のう及び残水処理機等があるが、初期の活動では出動各隊が積載している防水シートを展張して水損防止を図る。

3　防水シート活用時の留意事項
(1)　迅速確実に防護物件等を被覆する。
(2)　被覆する場合、防護物件等に破損、汚損等を生じないようにする。
(3)　店舗火災等で防水シートが不足する場合は、高価な物品、傷み易い物品を先に被覆する。
(4)　突起物等によるシートの亀裂、損傷に注意するとともに、延焼のおそれのある部分への使用を避ける。
(5)　防水シートによる被覆、取り外しは努めて2人1組で行う。

4　防水シートの展張要領
(1)　防水シートの展張は、努めてしわを作らないように張り、周囲は折り返しを作り漏水が広がらないようにする。
(2)　下層階の物品には防水シートで被覆を行う。物品があまり重くなれば水損の影響がない場所へ移す。
(3)　火災が小規模で消火水が比較的少量で漏水が少ない場合、又は構造的に漏水が少ない場合は、漏水する場所のみ防水シートで水受けを作る。
(4)　漏水が激しく広範囲の場合は、新聞紙、残余防水シートや毛布等をまるめて堤をつくり、防水シートを凹状に敷き、他に流さないようにする。
　　　防水シートが満水になったらバケツ等で外部に排出する。排水作業は、消防団員、関係者に行わせる。
(5)　床上の物品等へ浸水のおそれがある場合は、適当な台などに移してから防水シートを展張する。
(6)　防水シートを天井等に釘打するか、タンス、ロッカー等高さのある物品を利用して漏水を窓から屋外、玄関、風呂場、ベランダ等低い場所や排水口へと導く。
(7)　火点直下階の場合、天井裏の漏水が他に広がらないように、状況によっては、天井に穴をあけ、漏水を前(6)の要領で屋外等に導く。
(8)　壁際のタンス等は、壁伝いの水から守るため、壁から離してから防水シートを展張する。
(9)　電子機器等重要で容易に移動が困難なもの、又は水損により社会的、経済的に損害の大きい物品に対しては、防水シートで十分保護する。
(10)　階段から流下する水に対しては、階段に防水シートを敷いて、水を階上から階下戸外へ流す。なお、階段排水は次ぎの要領で行う。
　①　2名の隊員で2枚の防水シートを展張する。初め1枚を階段下部に広げ、階段の形に合わせる。
　②　2枚目は階段上部から同様に広げ、1枚目の防水シートに約30cm重ねる。
　③　手すりがある場合は、防水シートを手すりにかけ、手すりがない場合は縁を巻き上げ

堤を作る。
(11) 被覆する物品が大きい場合、又は長い排水路を作る場合等で防水シートを重ねてつなぎ合わせる場合は、次の要領で行う。
　① 上になる防水シートは約50cm折り返し、下になる防水シート約25cmをその下に重ねる。
　② 上になる防水シートの半分を、下になる防水シートの下にさらに折り返す。
　③ 2枚の防水シートの重なり部分を下になる方に折る。

図14　防水シートによる防護例

 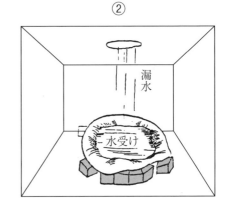

図15　階段の防水シートによる導水法

 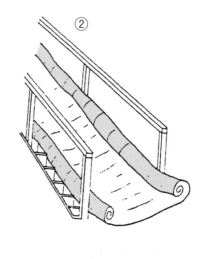

5　防水シート以外の水損防止措置要領
(1) スプリンクラーが作動し、消火の目的が達した後は、速やかに止水する。止水の要領は、

スプリンクラー設備の制御弁の閉塞、木栓挿入又は止水金具により行う。
(2) エレベーターシャフト、エスカレーターピット等への浸水防止は、防水シート、古毛布、新聞紙等により行う。
(3) 吸水性ゲル水のう等で、地下室への消火水の流入を止め、屋外に排出する。
(4) 階段、エスカレーター等から地下室へ流れ込んだ消火水の排出方法は、地下最下階の雑廃水槽のマンホールの蓋を開いて流入させ、建築物に設備されている排水ポンプ又は残水処理機により排水する。

第9　隊員の安全確保

1　部下の掌握
ビル火災の消防活動は危険が伴う、各隊長は自己隊員の行動を掌握していなければならない。特に単独行動となり、掌握にもれた隊員が重大な事故を起している。

2　連携行動の実施
火点室等危険な場所には、隊員を単独で進入させてはならない。2名1組の連けい活動とし、救助（誘導）ロープ等で安全を確保しながら活動させる。

3　長時間防ぎょ隊の現場交替
ビル火災は、長時間防ぎょとなることが多く、隊員は濃煙熱気環境下での長時間活動により、疲労困憊し、脱水症状になることがある。交替要員を確保し、適宜な時間に現場交替を行い休憩させることが必要である。（夏場のビル火災では隊員の脱水症が発生しやすい。）

4　非常用エレベーターの使用
防ぎょ活動のために非常用エレベーターを使用する時は、必ず火点階の直下階で乗降し、火点階まで上昇させてはならない。（高層マンション火災で非常用エレベーターで消防団職員が火点階で扉を開放したため火傷を負う事故が発生している。）

5　ドア開放時の警戒
火点室等、燃焼している部屋のドアを開放する時は、急激な火炎の噴出やバックドラフトの発生に備えて警戒筒先を配備し、隊員を開口部正面に立たせない。

6　簡易耐火造の建物への進入
簡易耐火造建物の火災は、座屈しやすく、特に柱間スパンの長い建物は危険である。その旨を現場各隊員に知らせ、安全が確認できるまでは隊員を進入させない。

7 風俗営業建物への進入

風俗営業建物には、専用階段が設置されている場合があり、間違えると火点階に到達できず脱出困難になることがある。関係者等から内部構造を確認して進入させる。

【火災事例6】

複数の要救助者を救助した耐火造建物火災（マンション火災）

出火日時	2月15日　15時24分頃
覚　　知	15時27分（119）
鎮　　火	17時52分
焼損程度等	耐火造9階建のマンションの3階部分を焼損した火災で、3、4階の各ベランダから逃げ遅れた居住者6名を、三連はしご及びはしご車により救助し、屋上に避難した12名を誘導した。 耐火造9／1　共同住宅・事務所　延べ3,594㎡のうち3階56㎡（部分焼）

最先到着隊到着時の状況

マンションの3階301号室南側ベランダから火炎及び黒煙が激しく噴出しており、隣の302号室南側及び上階に吹きつけ、延焼危険が大であった。また、その302号室南側ベランダには、女性2名が身を乗り出すような形で、盛んに助けを求めていた。

最先到着A隊及び後着のはしご車隊の活動

A隊は、直ちに手を振って救助を求めている3階ベランダに三連はしごを架ていし、地上からの援護注水のもと、隊長に続き2番員が進入、抱え救出により2名の女性を救助した。その後、ホース線を3階火点室に延長し、室内の人命検索並びに火勢制圧にあたる。

また、はしご車隊は、407号室ベランダから1名、さらに特別救助隊が救出した1名を4階よりリフターで救助した。4階対応中に3階307号室ベランダに2名の要救助者を発見し、3階へ架てい替えして救助した。

教訓・検討事項

1. 人命救助は、人命危険の切迫している階層にいる要救助者を最優先に行うのが原則であり、援護注水のもと原則に則った活動が行われた。
2. はしご車による救助活動中は、屋内進入隊の筒先を統制し、救助側の開口部が排煙・排気口とならないように注意する。
3. マンション等区画された部屋の火災は、給気側から積極的に筒先を進入させ早期に火勢制圧を図る。

第3節　消防活動指揮

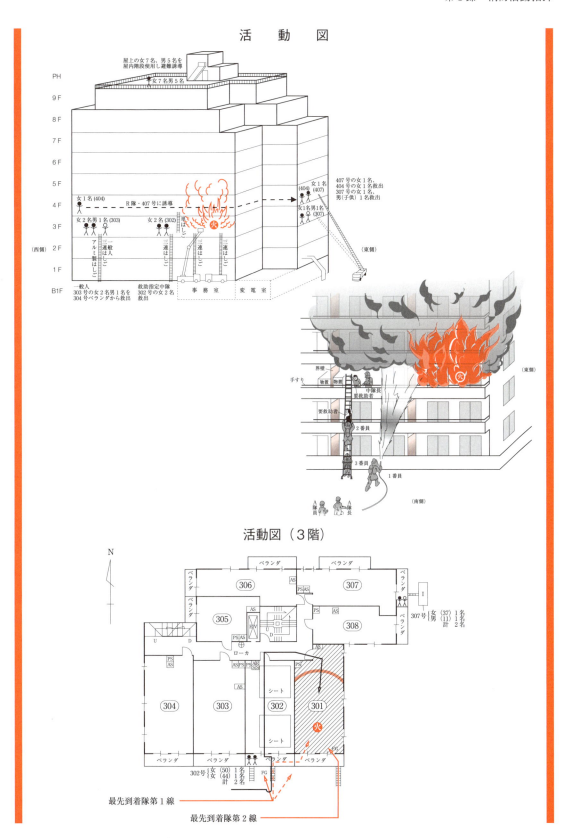

第3章 ビル火災の消防活動

活動図（4階）

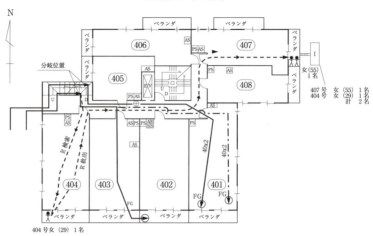

活動図（5階）

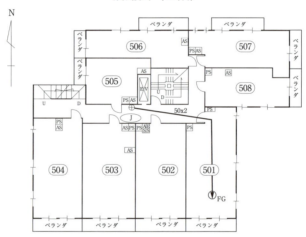

活動図（屋上）

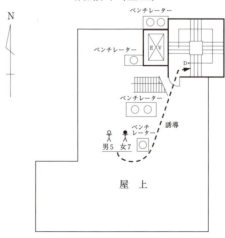

【火災事例7】

強風下耐火造1階から出火し、隣棟建物へ延焼拡大した火災

出 火 日 時　3月13日　12時37分頃
覚　　　　知　12時38分（119）
鎮　　　　火　15時17分
焼 損 程 度 等　本火災は、耐火造の1階店舗部分から出火し、店舗内のオートバイとオイル等に延焼し、おりからの強風により店舗の外に積んであった廃油等に着火したため、隣接する木造建物に延焼拡大した。
　　　　　　　① 耐火3／0　店・共住　延べ294㎡のうち98㎡（半）
　　　　　　　② 木造2／0　店舗　　　延べ334㎡のうち334㎡（全）
　　　　　　　③ 防火2／0　共住　　　延べ146㎡のうち73㎡（半）
　　　　　　　④ 木造2／1　住宅　　　延べ60㎡のうち30㎡（半）
　　　　　　　　他にぼや4棟　計8棟535㎡焼損
気 象 状 況　天候（快晴）　風位　最速（北北西9.6ｍ／Ｓ）　気温（9℃）　湿度（27％）

最先到着隊到着時の状況

　　火点建物の1階は、全面炎に包まれ西側開口部から火炎が激しく噴出し、東側開口部からは黒煙が噴出していた。また、④建物南側部分に火炎が認められた。

最先到着中隊の活動

　　1小隊は、火点建物北側公設消火栓に部署、直近部署した2小隊に送水した。中隊長は、西側路上で火点建物関係者から全員避難して、逃げ遅れた者はない旨の情報を得た。
　　火点建物内部から、小爆発音が聞こえる中、第1線を1階店舗入口から、第2線を空中作業車隊長に下命して2階に延長、人命検索と延焼阻止にあたらせた。また、第3線を火点建物北側から進入し、延焼阻止と火勢制圧を下命した。

教訓・検討事項（最先着隊の措置）

1　当該街区状況、気象状況等を考慮して早期に応援要請を行うべきであった。
2　建物正面の火炎が激しく、上階への延焼危険にとらわれて周囲の状況把握が遅延した。
3　建物密集地で背、側面への進入路がない場合は、隣接建物内に筒先配備し延焼阻止にあたるべきであった。
4　消防力が劣勢の場合は、余裕ホースを十分にとり筒先担当面を広く取る。
5　燃焼熾烈で放射熱が強く、接近困難な場合は、大口径ノズルの活用を図る。
6　強風下の活動は風下を優先とし、次いで風横、風上側の順に配備し十分余裕ホースをとる。またヘルメットフード又は防塵メガネを着装して活動する。

第3章　ビル火災の消防活動

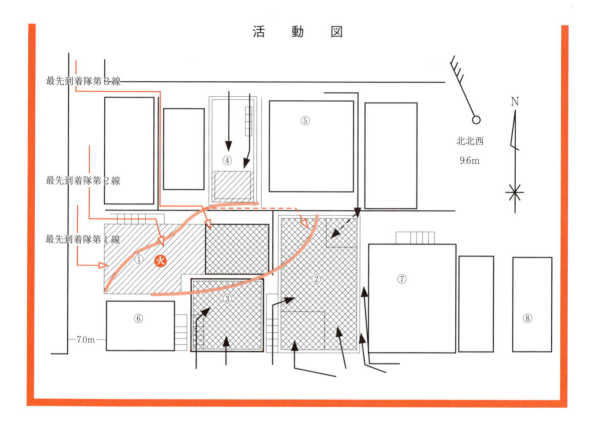

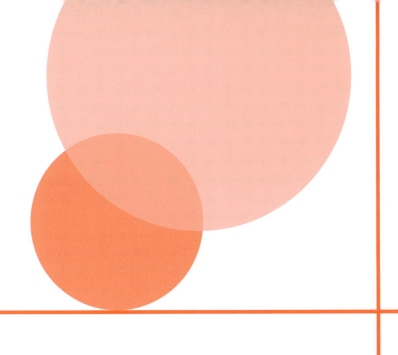

第4章

階層・用途別等の戦術

第1節　階層別による消防活動

第1　高層建物・超高層建物

1　指揮の要点
(1)　防災センター関係者からの情報収集と実態把握
　　高層ビル火災の現場指揮本部の設置場所は、原則として防災センターとするが、災害状況の確認が困難かつ狭隘な防災センターでは災害の実態把握と活動隊に対する指揮が困難な場合がある。
　　この場合は、災害の実態把握と指揮活動がしやすい防災センター以外の屋外等に設置することとし、防災センターを局面指揮所として現場指揮本部との通信手段を確保し、連携を密にして組織的な指揮活動に留意する。
(2)　法令等の厳しい防火規制に基づく防火区画と消防用設備等の設置により、建物が適正に維持管理されていれば火災の延焼危険も少なく活動は急ぐ必要はない。
(3)　立体的な活動となるために、指揮命令系統が分断されやすいことから、現場到着した中・小隊長は、現場指揮本部長と接触し、任務付与を受けた上で活動するものとし、現場指揮本部長は前進指揮・局面指揮者を指定し、指揮の一元化と各隊の連携を密にした指揮系統を構築する。

2　指揮判断
(1)　消防活動は、人命救助及び避難誘導を最優先とし、状況によっては消火活動を中止して、屋上ペントハウスの解放、各階防火戸の閉鎖による居室、廊下及び特別避難階段の煙汚染防止活動を優先し、全員の避難確認後、消火活動にあたる。
(2)　人命検索又は火点検索にあたっては、廊下・階段への煙の拡散防止措置を行い、避難完了まで特別避難階段への煙の拡散を防止する。
(3)　屋内消火栓、非常用エレベーター、連結送水管、非常コンセント等、当該対象物に設置されている消防用設備等を有効活用する。
(4)　進入は、非常用エレベーターを活用して火点直下階まで直行することを原則とし、直下階から火点階へは特別避難階段等を活用して、避難者との競合を避けながら進入する。ただし、出火室が非常用エレベーター附室から離れていて非常用エレベーターの活用が安全と判断された場合は、火点階まで非常用エレベーターで直行する。
(5)　避難者との競合を避けた火点階直下階の特別避難階段附室、非常用エレベーター乗降口

第4章　階層・用途別等の戦術

　　前室等に活動拠点（前進指揮所）を確保し、活動拠点毎に局面指揮者を指定し、指揮本部長の下で一元的な指揮組織を構築する。
(6)　最先着隊長は指揮本部長到着まで次の活動を行う。
　①　到着と同時に防災センターに直行し、関係者や自動火災報知設備、スプリンクラー、排煙設備、防火戸等の作動状況から火点の階層、延焼範囲等を把握、確認する。
　②　火点階の要救助者の有無、火点上階の在館者の状況等を把握する。
　③　自衛消防隊により次の措置がされていない場合は、当該対象物の関係者に対し次の措置を指示する。
　　ア　火点階系統の空調設備の停止
　　イ　防火区画の閉鎖等未作動設備の作動準備
　　ウ　非常用エレベーター操作員の配置及び火点階に停止するエレベーターの使用停止
　　エ　非常放送設備の機能確保
　④　水利部署位置から連結送水管送水口への早期のダブル送水を指示する。
　⑤　消防活動に必要な資器材（空気呼吸器予備ボンベ、50mmホース・50mm管そう2セット、定流量器、二又分岐金具、連用短尺ホース、投光器一式、破壊器具、救助ロープ及び防水シート等）を特別避難階段附室、非常用エレベーター乗降位置等々設定した活動拠点（前進指揮所）等に搬送を指示する。
　⑥　状況により現場周辺市街地の消防警戒区域を設定（火点階の高さの2分の1の距離）する。
(7)　消火隊
　①　火点階直下階の特別避難階段附室、非常用エレベーター乗降口前室等に活動拠点を確保し、火点室進入時の編成は、努めて筒先担当2名、照明担当1名とする。
　②　消防隊専用放口からのホース延長に際し、特別避難階段等の附室の防火戸をホースが通過する場合は、ホース通過口を通し附室の煙汚染防止につとめる。
　③　筒先進入区域外の防火区画の防火戸及びダクト・ダンパーの閉鎖等の措置をする。
　④　筒先進入区域外に煙がある場合は、警戒筒先を配備し、延焼経路を確認し、所要の措置をとる。
　⑤　筒先の配備は、延焼拡大のおそれのある通路、ダクト、エレベーター、階段、エスカレーター、パイプシャフト等の竪穴区画の延焼阻止を最優先にする。
　⑥　濃煙熱気内に筒先進入する場合は、排気口を設定し、原則として給気側からとし、排気能力を考慮し指揮本部の統制のもとで注水する。
(8)　警戒隊
　①　警戒範囲は、一時的に火点階上階とする。この上階が突破されるおそれがある場合は、更にその上階に警戒範囲を拡げ、順次ゾーンごとに警戒区域を拡げる。
　②　上階に対する進入は、進入階に煙汚染がない場合は非常用エレベーター、煙汚染がある場合は特別避難階段、給気側階段及び避難はしごを使用する。
(9)　救助隊

① 関係者より建築物内部構造、配置等を聴取し全隊員に周知させ、進入は呼吸保護器を必ず着装し進入前に点検を確実に行う。
② 延焼危険のある場所には、必ず援護筒先とともに進入検索する。
③ 検索の重点箇所は、行き止まり通路、エレベーター、トイレ、窓口、出入口、階段口、寝室、避難器具の設置されている付近とする。

(10) 避難誘導隊
① 避難施設の使用順位は、特別避難階段、屋外（屋内）避難階段及び避難はしご（タラップ）の順とする。
② 避難誘導にあたっては、避難施設が使用可能な場合、非常放送設備及び拡声器により指示する。
③ 避難場所は、原則として安全な地上部分とするが、状況により火点階より2階層以下の階又は屋上を一時的な避難場所とすることも考慮する。

(11) 送水隊
① 指揮本部より連結送水管、スプリンクラー等の送水口への送水を指定された隊は、送水口にダブル送水し、送水待機とする。
② 複数の送水口（連結送水管・連結散水設備等）がある場合は、設備の種別と送水系統・区域を確実に確認し、誤送水を防止する。

第2　地下階

1　指揮の要点
(1) 情報に基づく火点確認と検索
(2) 給・排気階段の確認とクリアゾーンの設定
(3) 内部進入時の安全確保

2　指揮判断
(1) 地下室には、機械室、変電室、不燃性ガス消火設備等がある場合が多い。内部区画、通路、用途、収容物等を詳細に把握してから行動を開始する。
(2) 給排気階段を見定め、給気階段側から進入する。なお、給気階段が不明な場合は、スプレー注水又は排煙車を活用して、階段室を加圧し進入路を設定する。
(3) 開口部が2ヵ所以上ある場合は、噴煙の多い口を排煙口とし、他の一方を進入口とする。
(4) 給気階段等から排煙車及び高発泡車を活用した送風により消火・排煙を行う。なお、送風により火勢を煽ることがあることから、上階層に警戒筒先を配備する。
(5) 隊員の内部進入等に際しては、進入管理者を指定し隊員カード等により隊員の入・退出（時間）管理を確実に行う。
(6) 延焼熾烈で内部進入が困難な場合は、上階床、隣接区画壁等の一部を破壊し、破壊箇所からの高発泡放射等による消火を検討する。

第4章　階層・用途別等の戦術

第3　地下街

1　指揮の要点
 (1)　防災センター要員、関係者等からの情報収集に基づく措置
　　　現場指揮本部の設置場所は、防災センター内にこだわることなく災害実態の把握と消防隊への指揮がしやすい場所とする。
 (2)　消防用設備等の作動状況の確認
 (3)　各隊連携による人命検索及び避難誘導
 (4)　各隊の行動は、必ず指揮本部長の下命のもと組織的に行動する。
 (5)　任務付与に基づく指揮本部長への状況報告

2　指揮判断
 (1)　消防活動は、人命救助及び避難誘導を最優先し、状況により消火活動を一時中止して防火戸、シャッター等の閉鎖を行い、共用通路及び階段等の煙汚染防止措置を優先させ、避難を確認した後、火勢の制圧を図る。
 (2)　避難者との競合を避けた進入経路と煙の影響が少ない火災室隣接区画又は特別避難階段附室等に活動拠点を確保し、活動拠点毎に局面指揮者を指定し、指揮本部長の下で一元的な指揮組織を構築する。
　　　隊員の濃煙熱気内進入に際しては、活動拠点毎に進入管理者を指定し、隊員カード等により隊員の入・退出（時間）管理を確実に行う。
 (3)　現場指揮本部、前進指揮所、防災センター及び各隊の交信は、無線通信補助設備、非常電話、消防隊用有線インターホン及び無線中継隊（伝令要員）の指定等により確保する。
 (4)　地下街と地下鉄が接続している場合は、駅の責任者に連絡をとり、地下鉄の運行を停止させる等必要な措置をとる。
 (5)　建物から直接地下街、地下鉄に接続する開口部の避難扉がない防火シャッターは、避難者の有無を確認したうえ1m程度残して閉鎖、迅速に部隊を固定配置し、注水準備を整えて警戒する。
 (6)　最先到着隊長は指揮本部長到着まで、次の活動を行う。
　　①　現場到着し、迅速に防災センターで当該対象物関係者から消防用設備等の作動状況等を確認する。
　　②　関係者に対して空調機の停止、防火戸、防火ダンパー、排煙設備等で未作動設備の作動準備又は作動操作、非常放送設備の機能確保及び操作等の措置を指示する。
　　③　進入は、避難階段での避難者との競合を避け、車路又は避難者の少ない階段を進入路として選定する。
　　④　人命検索又は火点検索にあっては、コンコース及び隣接区画への煙汚染に配意する。
　　⑤　連結散水設備及び連結送水管へ送水を行ない、消防活動を前提とした消火準備をする。
　　⑥　警防本部並びに現場到着した指揮本部長に収集した情報及び、各隊の活動概要等を報告する。

(7) 消火隊
　① 火災室の隣接区画や特別避難階段附室等に活動拠点を設置する。火点室進入時の編成は、努めて筒先担当2名、照明担当1名とすることが望ましい。
　② 消防隊専用放口からのホース延長に際し、附室の防火戸を通過する場合は、ホース通過口の活用等により附室の煙汚染防止に努める。
　③ 指揮本部の決定した延焼阻止線のうち、筒先進入以外の防火区画の防火戸及びダクト・ダンパーの閉鎖等の措置をする。
　④ 筒先進入区画外に煙がある場合は、警戒筒先を配備し、延焼経路を確認し、排煙機、所要の措置をとる。
　⑤ 筒先の配備は、延焼拡大のおそれのある通路、ダクト、エレベーター、階段、エスカレーター、パイプシャフト等の竪穴区画の主要延焼阻止点を最優先にする。
　⑥ 延焼阻止線内に進入する場合は、排気口を設定してから進入する。
　⑦ 注水は、原則として給気側からとし、排気能力を考慮し指揮本部の統制のもとで注水する。
　⑧ 警戒筒先の配備は、地下街と接続する駅舎、ビル等との接続部、地上階に通ずる出入口及び排気側付近とする。

(8) 救助隊
　① 検索範囲の指定を行い、検索順位は、火災の初期においては排煙、排気側階段付近を優先し、火点周囲の出入口付近、主要通路、補助通路の出入口及びその交差付近の順とする。
　② 排気側から救助する場合は、送風及び援護注水の筒先を配備する。
　③ 避難誘導は、非常放送設備を積極的に活用し、誘導先は消防隊の活動上支障のない地上広場とする。
　④ 誘導経路は、給気側直近の出入口階段とし、火点階の下階が安全な場合は、下階を迂回した避難誘導も検討する。

第2節　用途別による消防活動

第1　劇場、映画館

　消防用設備等が完備しており、開演、放映中は、舞台や客席は観客やスタッフが監視しており火災が発生する確率は少ないが、舞台裏（袖）、楽屋、控室では出火のおそれがあり内部構造が複雑であることから出火時の対策が必要である。

1　指揮の要点
(1)　開演、上映時の人命検索及び避難誘導
(2)　関係者からの情報収集と実態把握
(3)　隊員の安全管理

2　指揮判断
(1)　全ての非常口を開放する。施錠してある時は、破壊して迅速に開放する。
(2)　避難誘導に際しては、館内放送及び拡声器等を活用し、来館者に対するパニック防止を図る。
(3)　注水は、次に配意して行う。
　①　内部構造を把握するとともに燃焼実態に注水する。
　②　注水位置は、舞台部の袖、入口、客席と廊下の区画際とする。天井が高いので放水銃等を設置し強力放水で対応する。
　③　舞台上部の開口部は、排煙口となっている場合が多いので、ここからの進入、注水は危険であり効果が少ない。
　④　舞台部の防火シャッターが降りている場合は、通常舞台部と客席部との境界線で防火区画されているため、これを阻止線とする。
(4)　人命検索等で内部進入に際しては、舞台部、地下（特に奈落）の通路が複雑であるから、転倒、転落等安全管理の徹底を図る。
(5)　地階の防火区画は、完全でない場合が多い。複数の隊員で早期に確認する必要があるが、迷路なので進入管理を徹底し、退路を確保して対応する。
(6)　舞台部上部には、大道具が天井から吊り下げられているので、火災の初期で一気に鎮圧できる場合を除き、隊員の進入管理を徹底する。

第2　風俗店、飲食店

開店中の火災は、多数の逃げ遅れが発生している場合が多く、迅速な対応が求められる。

1　指揮の要点
　(1)　開・閉店時の人命検索及び避難誘導
　(2)　関係者からの在館者に関する情報収集
　(3)　隊員の安全管理

2　指揮判断
　(1)　開店中の火災時の要救助者の検索は、行き止まりとなっている避難困難なトイレ、更衣室等を重点とする。また、閉店直後の出火が多く、従業員等を現場指揮本部に確保して、早期に店舗構造、逃げ遅れに関する情報を収集する。
　(2)　従業員等の寝室は、木造3階の違反部分、屋上階等最も救出困難な場所が多いことから迅速に対応する。
　(3)　避難誘導に際しては、飲酒者に対する言動等に留意し、パニック防止をはかる。
　(4)　店内は、壁体一面にベニヤ、カーテン等を張り巡らし無窓階となり進入困難であるから、初期の段階で窓や屋根を大きめに破壊しての進入路の確保と排煙に留意する。
　(5)　ホール等、吹き抜け部分があり、空間容積が大きい場合が多いことから強力放水により対応する。
　(6)　増改築により、当初の防火区画が破壊されている場合が多い。内部進入及び筒先配備等に留意する。

第3　百貨店・大型物販店舗

可燃物の量が多く、間仕切り壁、パーティション等が活動障害になる。予め活動対策や警防計画を定めておくことが望ましい。

1　指揮の要点
　(1)　関係者からの情報収集と実態把握
　(2)　消防用設備等の作動状況の確認と活用
　(3)　人命検索救助

2　指揮判断
　(1)　消防活動は、人命救助及び避難誘導を最優先とし、状況によっては消火活動を中止して、屋上ペントハウスの解放、各階防火戸の閉鎖による売り場、廊下及び特別避難階段の煙汚染防止活動を優先し、全員の避難確認後、消火活動にあたる。
　(2)　煙もさほど充満せず、火点を直撃できるときは、一挙鎮圧を図る。
　(3)　売場は、開放された大空間であるが、防火シャッターによる区画があるので、防火シャッターが自動閉鎖していない場合は、燃焼範囲を確認してシャッターを手動閉鎖する。自動閉鎖するシャッターは、陳列商品等により閉鎖障害や閉鎖シャッターから接炎着火

(4) 煙が各開口部から噴出し、階段室まで進入しているような時は、火点確認に努める一方、屋上ペントハウスの解放と防火シャッター等の区画部分を防護し、避難経路及び活動拠点として階段室を確保する。
(5) 警戒筒先の配備は、エスカレーター部分等、上階への延焼危険が大きい場所に配備する。
(6) 各階の隊は、延焼範囲、煙の汚染及び活動等の状況について、逐次指揮本部へ報告する。
(7) 冷房工事等のため、旧天井の下に更に天井を張っている場合もあるので、隊員の活動に注意する。
(8) 火点階上階の避難誘導者が多い場合は、一時的に安全な屋上への避難を考慮する。

第4 旅館・ホテル

　宿泊者は、建物内部の構造に不案内であり、多数の逃げ遅れや死傷者が発生する場合が多い。延焼中の場合は、早期に消防隊の応援を要請し、救助と延焼阻止を並行して実施する。

1 指揮の要点
(1) 関係者からの情報収集と実態把握
(2) 人命検索救助

2 指揮判断
(1) 関係者から宿泊客及び火災の状況等について情報収集する。
(2) 逃げ遅れの検索は、客室やトイレ等行き止まり箇所等を重点とし、検索の重複や漏れを防止するため検索終了室は、検索済み札等を活用し、活動の効率性を高める。
(3) 要救助者は、窓から救助を求め、或は出入口まで避難してきている例が多い。建物全ての開口部を確認することが重要であり、また、出入口付近はできる限り広く検索する。
(4) ラブホテル等においては、宿泊者が偽名を使用し、又は逃避していることがあるから留意して確認する。
(5) 老朽木造旅館等が延焼中の場合は、速やかに応援要請を行い、大口径ノズルによる高圧放水により延焼拡大を防止する。

【火災事例8】

多数の死傷者が発生したホテル火災	
出火日時	2月8日（3時15分頃）
覚　　知	3時39分（119）
鎮　　火	12時36分
気象状況	天候：晴　風位風速：北北西3.1m／sec　気温：－0.7℃　湿度：40%
焼損程度等	本火災は、深夜10階建ホテルの9階から出火し、9階及び10階の宿泊客多

数が死傷した。

耐火造 10／2　延べ面積 46,697㎡のうち 7 階部分 21㎡、9 階部分 1,927㎡、10 階部分 2,153㎡、塔屋部分 85㎡　計 4,186㎡焼損　他に内壁 57㎡、天井 35㎡、外壁 387㎡焼損

発災時の宿泊者等の状況

火災が発生した 9 階には 76 名（男 53、女 23）、その上階の 10 階には 32 名（男 28、女 4）を含む 356 名（男 236、女 120）が宿泊していた。従業員は 20 名（男 18、女 2）、警備員 5 名（男 5）他に 5 名がおり、発災時 386 名が在館していた。

死　傷　者　死者 32 名（男 21、女 11）負傷者 34 名（男 28、女 6）の内、重症 7 名（男 5 のうち 48 時間以降 1 名が死亡、女 2）

被救助人員　68 名（男 47、女 21）。救助方法は、はしご車 17 名、積載はしご 6 名、救助ロープ（屋上及び 8 階）11 名、屋内階段 34 名。

筒先配備状況　66 口。配備口数 46（屋内 28、屋外 18）、転戦口数 20（屋内 12、屋外 8）

消 火 手 段　連結送水管、屋内消火栓、地上からの階段及び避難用タラップ、はしご車からの梯上注水消火

出　動　別　第 4 出動、救急特別第 2 出動、特命出動

出動車両及び人員　128 部隊（ポンプ車 49、はしご車 12、救助車 8、救急車 19、照明車 2、その他 38）、677 名。

最先到着隊到着時の状況

出動途上火点建物上空が真赤になっているのを視認した。火点建物西側中央に到着し、延焼状況を確認したところ 9 階の西側 6 室の開口部から火炎が激しく噴出し、910 号室付近から逃げ遅れた者が手を振って助けを求めていた。さらに火点建物 A 棟 9 階西側 2 室より濃煙が激しく噴出していたが、一瞬のうちに炎に変り 956 号室付近から逃げ遅れた者が手を振って助けを求めていた。一方関係者からは、「9 階全部が燃えており要救助者が多数いる」という情報をえた。

大隊長到着時等の状況

出動指令と同時に、指令建物の警防計画を確認し、途上出動各隊へ特殊消防対象物である旨、車載無線で指令した。また途上先着隊から無線情報で「延焼中」である旨傍受し、出火建物西側中央に到着した。延焼状況等を確認したところ、ほぼ先着隊と同様の様相を呈していた。さらに、北側に移動し北側の延焼状況を確認したところ、9 階の 932 号室から 948 号室までの開口部から火炎が激しく噴出し、出火建物 C 棟 9、10 階の開口部から 10 名位の宿泊客が手を振って助けを求めていた。

指揮本部長活動方針（署隊長）

消防隊到着時、既に相当広範囲に延焼拡大していたこと及び多数の逃げ遅れが確認できたことから、大量の消防部隊の投入する必要があると判断し、直ちに第 3、第 4 出動を要請し、次ぎの方針を決定した。

1　特別救助隊、はしご車隊及びポンプ車隊の連携による人命救助活動を最優先に行う。

2　各階段室（A棟、B棟、C棟）を活動拠点として、9階及び10階の延焼阻止を図る。
3　各指揮隊の任務分担は、指揮本部、A、B、C各棟の局面指揮、情報収集担当に区分する。
4　現場救護所及び現場広報本部の設置。

消防活動の状況（先着隊）

　消防隊到着時、窓から助けを求めるもの数名が視認され、既に数名の者が地上に転落していることが確認されており、初期の消防力は全て救助活動を主体に投入されている。

1　**はしご車による救助活動**

　建物の構造上架てい可能場所は、火点建物正面側と北側側面に限定されていた。はしご車による人命救助は先着の2隊により北側側面より着手し、A棟及びC棟の8階、9階から17名をはしご車で地上へ救出した。救助終了後、下命により火勢制圧のため梯上放水を実施した。

2　**特別救助隊による救助活動**

　先着した特別救助隊は、屋内階段を利用してC棟9階に至る。9階の階段室のドアは熱により変形し開放できない状況であり、10階の検索を先行することとした。10階に至ると廊下部分で濃煙にまかれている2名を階段室まで救出、さらに各室を検索しようとしたが、ドアが施錠されノックしても応答がないことから、屋上に上がり屋上から逃げ遅れの状況を確認した。

　屋上からは、10階及び9階の窓から助けを求める者が確認できた。先ず10階の2名を、救助ロープの先端に安全帯を取付け降下し、2名を吊り上げ救助した。さらに9階の7名を後着した特別救助隊と協力し客室の窓から吊り上げ救助し、8階の直下の客室に検索に入ったポンプ隊員と協力し、9階の要救助者を8階に吊り下げにより救助した。

　また、先に10階から救助した者からもう1人同じ客室にいる旨の情報を受け、屋上から単はしごを架ていし、屋上の屋内消火栓による援護注水のもと10階に進入、男1名を炎の中から救出した。

3　**消火活動**

　A棟及びB棟の階段室付近は消防隊到着時、既に注水を併行しても進入できる状況ではなかったが、C棟側への延焼は比較的遅く、逃げ遅れた者もC棟側に多かった。

　先着のポンプ車隊は、事前計画に定める消火栓に部署し、出火建物の連結送水管にホースを結合、送水を開始した。先着隊はC棟担当を下命され、直ちに特別救助隊と合同で正面玄関に至りC1階段より8階に進入し、消防隊専用放口からホースを延長、9階階段室に至った。階段室ドアは赤熱し、開放不能ため冷却注水を行いとび口を活用して開放した。内部は濃煙、熱気が充満し、投光器を使用しても殆ど視界はなかった。援護注水のもと進入し、後隊と協力して廊下で倒れていた4名、客室内を検索して発見した3名を救出した。C棟部分の消火活動は防火区画を利用しながら、かなりの消火効果が得られたが、C棟東側面については、崖地ではしご車が進入不能のため屋外からの消火ができず困難を極めた。また、第2線は、梯上放水のため自己中隊のはしご車に延長し放水、その後屋上に進入し塔屋部分の消火を行い、鎮圧後10階に転戦して消火活動に

従事した。

教訓・検討事項

1 この種の現場活動は、広範囲にわたり、しかも内容が複雑になるため、各隊が無統制な活動に陥り単独活動になる危険があるので、各指揮者は活動内容を積極的に指揮本部に報告し、指揮本部の指揮下で活動する。
2 検索活動の効率化を図るため、各室の開口部等へ検索終了の表示方法を検討する。
3 安全階への救出は、上階（屋上）への吊り上げより下層階への吊り降し救出が有利なことから、救出、吊り降し搬送等を各隊に分担して行なわせることが必要である。また救出活動はタラップ、はしご等建物設置の避難施設、器具の有効活用を図る。
4 活動拠点へのホース延長は、専用放口等建物設置の消防用設備を有効に活用するほか、避難救助活動との競合を避けるため、火点下層階まで屋外からの吊り上げにより延長を行う。
5 火勢の制圧に際しては、建物の形態及び構造による燃焼特性を把握し、階段室及び防火扉等の部分を拠点とするとともに出入扉等を楯とし建物施設を踏まえた段階的活動を行う。
6 はしご車の梯上放水は、救助活動の支援又は攻撃方向からに限定し、これ以外の箇所では、上階への警戒及び必要最小限の屋内消火に止める。

1階平面図

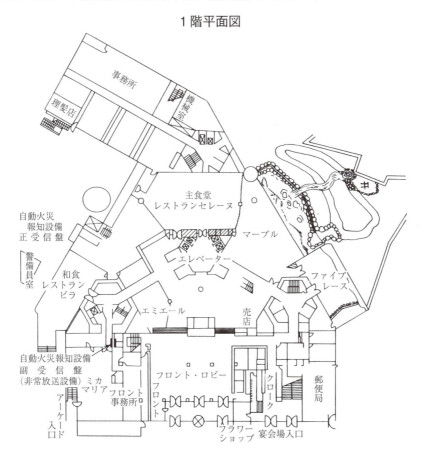

第4章 階層・用途別等の戦術

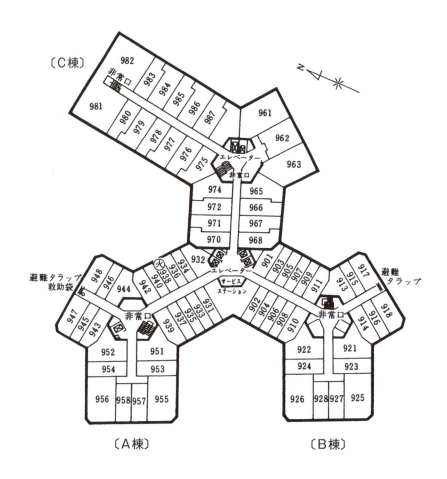

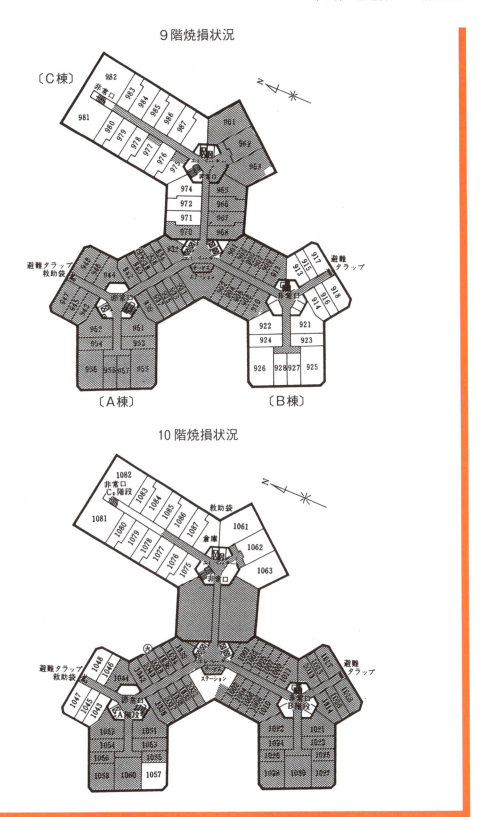

第4章　階層・用途別等の戦術

第5　共同住宅（団地・マンション等）

　個人の住居であり、各戸ごとに区画され、内部構造も類型化されており延焼も緩慢だが居室内の可燃物が多く、濃煙熱気に阻まれ、慎重な対応が望まれる。

1　指揮の要点
(1) 管理人、居住者からの情報収集と実態把握
(2) 人命検索救助
(3) 過剰注水による水損防止

2　指揮判断
(1) 排煙口をベランダ側に設定し、消火活動は階段側（廊下側）から行うことを原則とする。
(2) 耐火構造のため、火元のみで終わる場合が多いので、慌てずに落ち着いて対応する。
　しかし、火点室の屋内共用部分に面した玄関ドアが開放状態の場合、濃煙熱気が一挙に共用部分を通じて上階に拡散し、被害を拡げるので、玄関ドア、防火戸の閉鎖を早期に行う。
(3) 床が防水性でないことから水損は下層階全体に及ぶことがある。筒先の選択、放水量の配意と下層階に対する水損防止処置を早期に行う。
(4) はしご隊の活動は、要救助者の救助及び上階への延焼阻止を主眼する。
(5) 建物構造に欠陥のある場合は、思わぬ階へ延焼するので、火点直上階への警戒筒先配備は勿論、パイプスペース、ダクト等竪穴部分に接続する上層各階を早期に確認する。
(6) ガスの漏洩は、都市ガスは上階へ、プロパンガスは下階にそれぞれ滞留するので、ガスの種別を確認し対応する。

【火災事例9】

	高層マンション火災
出 火 日 時	8月24日　15時58分頃
覚　　　　知	16時02分（119）
鎮　　　　火	19時06分
焼損程度等	耐火造28／1（軒高81m）　共同住宅　建2,067㎡　延べ33,209㎡のうち 24階　2403号室108㎡、共有部分51㎡、バルコニー天井25㎡、エレベーター1基（部分焼） 25階　2504号室　布団1、物干し2、網戸1（ぼや）計159㎡焼損
被 救 助 者	消防隊による救助者4名（27階より男1、24、25、28階より女3）、他機関による救助者2名、自力避難1名。
最先到着隊到着時の状況	

　　火点建物北側から敷地内に進入、建物上層階から西側に黒煙がなびいていた。直ちに

防災センターに至り、管理人の妻から延焼階を聞き、自動火災報知設備の受信盤を確認して、非常用エレベーターで23階に到着、さらに避難階段を利用して24階に行くと階段付近は濃煙熱気で火点確認は困難であった。

指揮本部長（大隊長）到着時の状況

現場到着直前、火点建物南東側の24階部分から黒煙及び火煙が激しく噴出していた。非常用エレベーターで23階に至ると23階エレベーターホール内にも煙が漂っており、さらに24階に行くと階段付近は黒煙が充満し、先着隊のホースが延長されていた。

指揮本部長（大隊長）活動方針

1　要救助者の検索救助、2　上階への延焼阻止、3　第2出動および特殊車隊の要請、4　水損防止。

最先到着隊の活動

現場到着時、防災センターで自動火災報知設備の受信盤により火点を確認するとともに、24階の2403号室が延焼中で、部屋に2名の逃げ遅れがあるとの情報を得たことから、2403号室の燃焼実体の確認と検索救助を最優先として活動する。また、活動拠点を23階とし、消防資器材を非常用エレベーターで搬送し、23階の連結送水管を活用して屋内階段から火点階に進入した。

活動障害

1　火点が高層階の24階であり、25、27、28階の多層階に要救助者がいた。
2　21階から上層階にメゾネット方式の住戸が混在するなど、奇数階と偶数階の居室区画が異なっていた。
3　非常用エレベーターホール（特別避難階段の附室）と廊下を区画する防火戸が開放状態になっていたことから、高層階特有の強風をうけて、この部分に熾烈な火炎、濃煙及び高熱気が噴出した。
4　火点室隣室の各住戸の玄関扉がコア部分に面していたため、火炎、濃煙熱気により近づけなかった。
5　各住戸のほとんどが施錠されており、加えて鍵は個人管理でマスターキーがないため、進入困難であった。
6　最上階（28階）から屋上に通じる階段途中に施錠された鉄柵があり、人命検索のため消防ヘリで屋上に降りた特別救助隊員が早期に屋内進入できなかった。

教訓・検討事項

1　最先到着中隊長は、現場到着と同時に防災センター等で建物関係者から情報収集し、防災センターに必要人員を残し、他の隊員は火点階担当、第2着隊には火点上階の担当を付与し、それ以降の隊については一ケ所に集合させ、隊ごとに活動担当面を下命するなど指揮本部長到着まで指揮代行を行うべきであった。
2　延焼阻止及び人命救助等消防活動上緊急の必要ある場合は、必要な限度において破壊し消防活動を実施する。
3　先着した特別救助隊は火点階対応とし、効率的な救助、避難誘導を行うため、先着

中隊と連携する。
　なお、援護線として消防隊専用放口若しくは屋内消火栓を積極的に活用する。
4　警防視察は、消防活動上の問題点の把握等を主眼とし、予め図面等を活用して各隊が検討を行い、問題点を抽出し視察時に可能な限り、防災設備の作動方法、効果等実際に経験する。

現場状況図

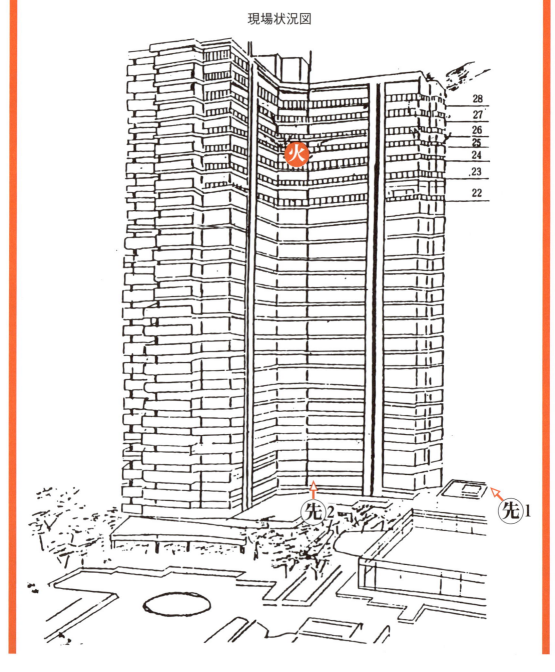

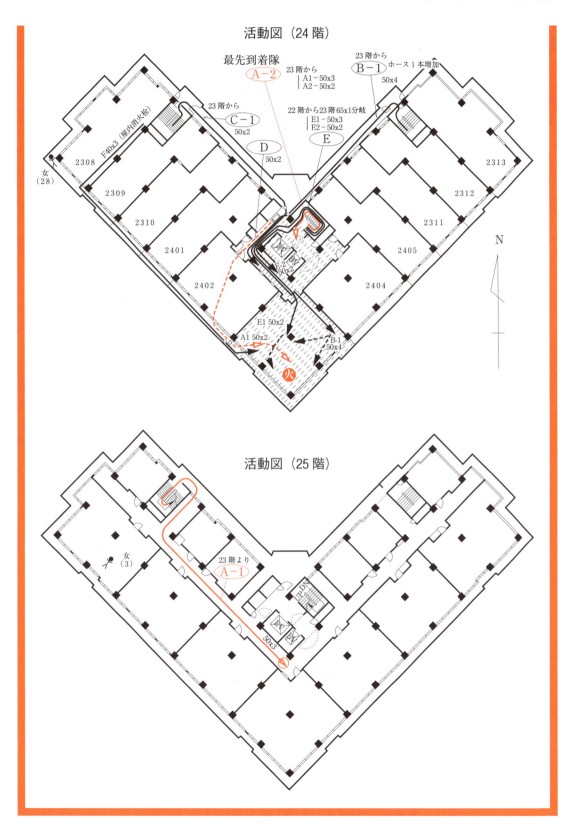

第4章　階層・用途別等の戦術

第6　病院・福祉施設

　この種の施設は、災害時に自力で危険領域から脱出や避難が困難な人たちが大部分である。早期に救助及び避難誘導体制を確立して対応することが重要である。

1　指揮の要点
　(1)　関係者からの情報収集と実態把握
　(2)　来院者及び入院者等の避難誘導と検索救助
　(3)　隊員の安全管理

2　指揮判断
　(1)　避難誘導、人命検索救助を最重点とする。
　(2)　火災初期に火勢を一挙鎮圧することが、最も有効な消防活動であるが、耐火造の場合は特にこの判断が難しく、失敗すると濃煙が一挙に拡がり自力避難困難な収容者が危険に陥る。従って、避難誘導、防火戸の閉鎖、警戒筒先による延焼拡大防止等による入院患者の安全確保を第一とした守勢的活動とし、火点が確実に把握でき、燃焼実体に対して注水して一挙鎮圧が可能な場合を除き積極的活動は慎重に行う。
　(3)　逃げ遅れの検索は、火点室と直近病室を優先し、検索箇所が多い場合は、検索の重複や漏れを防止するため検索終了室は、検索済み札やケミカルライト等を活用し、活動の効率性を高める。
　(4)　精神病棟は、鉄格子窓で開口部は施錠されているので、エンジンカッター等の破壊器具を、積載はしご搬送、ホース延長に合わせて搬送する。
　(5)　小児、重症、精薄者等の養護病棟は、自力脱出できないことから、早期に対応する。
　(6)　病原菌の培養室、放射性物質取扱室等がある病院の場合は、特に隊員の安全を期するため、医師又は病院関係者からの情報に基づき活動する。
　(7)　避難した入院患者、入所者の一時的な収容施設の確保を施設関係者に要請するとともに、重症患者搬送用救急隊を、早期に要請する。
　(8)　同一敷地内又は付近に看護師宿舎等がある場合は、これらの者の協力を求める。

【火災事例10】

特別養護老人ホームの火災
出火日時　6月6日㈯　23時23分頃
覚　　知　23時29分（119）
鎮　　火　6時01分
気象状況　天候：晴、風位風速：南3m、気温：24、湿度：64％
焼損程度等　耐火造3階建の特別養護老人ホームの2階から出火して、死者17名（男4、女13）、傷者25名（男7、女18）が発生した。

耐火造3／0　1棟、延べ2,014㎡のうち2階の部分450㎡半焼
出火当時の在館者数等　76名（寮母2名含む）。内訳　2階37名（寮母1名）、3階39名（寮母1名）
年　令　別　（60代2名、70代24名、80代35名、90代13名）平均82.3歳
出　動　別　第3出動、救急特別第2出動、特命出動
出動車両及び人員　消防署隊71隊220名、消防団13隊168名
被 救 助 者　2階から24名、3階から38名の計62名（内5名は病院収容後死亡）。

最先着隊到着時の状況

　出火建物に到着し、老人ホーム南側正面玄関前に至ると、2階から黒煙が噴出中であり、バルコニーには車いすに乗った3名が視認できた。さらに玄関から屋内進入しようとすると、関係者がきて施錠されていたドアの鍵を開け、「多数の老人が入園している」との情報を得たことから、救助優先と判断した。

大隊長到着時の状況と活動方針

　先着隊と同様老人ホーム南側に到着、南側の2階から黒煙が噴出しており、先着隊が活動中であった。先着隊長から状況報告を受け出火建物を一巡すると、全ての2階の窓から黒煙が噴出していたことから、必要部隊の応援要請と次の事項を活動方針とした。
1　人命救助及び救命処置
2　火勢制圧及び延焼阻止
3　医療機関との連携による救護体制の早期確立

最先到着隊の活動

　到着時の状況から、直ちに南側正面玄関から第1線を屋内階段を利用して2階に進入し、階段室で3階から避難してきた老人2名を発見、屋内階段より抱きかかえ救出した。さらに2階の人命検索、救助を援護注水のもとに行った。また第2線は、南側に積載はしご架ていし、バルコニーで救助を求めている救助の援護及び火勢制圧を行った。

教訓・検討事項

1　救助は、迅速かつ安全、確実に行う必要があるが、多数の要救助者がある場合には、組織活動の統制に乱れが生じる場合がある。指揮本部長を核とした活動を徹底する必要がある。
2　自力避難不能な「寝たきり」、「要介護者」等の老人が多数収容されている施設は、救出、救助に消防力が不足することから早期に大部隊を投入する必要がある。
3　検索漏れや重複検索を防ぐため、その状況を明示し効果的な人命検索を行う。
4　施設の特性から、入所者からの正確な情報収集は期待できない。早期の施設関係者の確保が重要であり、また警察と情報収集活動が競合するなど、初期における重要情報の収集に支障を生ずることから、警察等関係機関と連携した情報収集が必要である。
5　積載はしご等を活用した高所からの救助は、要救助者の状況及び地形、地物に応じた迅速安全、確実な救助方法を選択する。
6　バルコニーからの背負い救出は、手すりを越える時に不安定な姿勢をとるため、転

第4章　階層・用途別等の戦術

落危険が高い。この種施設における避難及び救助活動の迅速、安全性を図るため、施設側関係者に対し地盤の整地、手すりのスライドによる開放、積載はしごの架てい箇所の滑り止め等の改善を促す必要がある。

最先到着時の状況（南東側）

1階平面図

2階平面図

3階平面図

第7　神社・仏閣

　この種の施設は、大規模で大きな室内となっており、出火すると延焼が早く火勢が強くなり、当初から放水銃（砲）等の大口径ノズルによる高圧放水の対応が必要になる。また、宮形建築（後述）については建物倒壊危険への注意が必要である。

1　指揮の要点
(1)　大口径ノズルの活用
(2)　隊員の安全管理

2　指揮判断
(1)　天井が高く、かつ格天井であるため天井破壊が困難である場合が多いので、堂内入口部で強力放水をする。
(2)　屋根の破壊が困難で長時間活動となるので、隊員管理に留意する。
(3)　宮形建築は、火災最盛期に屋根が一挙に倒壊することがある。倒壊危険を考慮し最盛期には建物に接近してはならない。
(4)　消火活動は、遠距離からの放水銃等による高圧放水及び高所からのはしご車、空中作業車による注水、地物や太い柱を盾に注水する。この場合は、落下物により退路がしゃ断されることに注意を要する。
(5)　装飾のためのウルシ塗は、水を跳ね返し注水効果が上がらないうえ、火勢拡大を助長するので留意する。また柱、はり等は太く注水の死角となることから、筒先部署位置を考慮する。

【火災事例11】

有形文化財に指定された神社火災

出火日時	10月13日　3時20分頃
覚　　知	3時29分（119）
鎮　　火	7時33分
焼規程度等	本火災は神社部分から出火し、発見通報の遅れから延焼拡大し、隣接する結婚式場等が焼損した。 ①　木造1／0　神社　延べ133㎡のうち133㎡（全） ②　木造1／0　結婚式場　延べ1,118㎡のうち1,118㎡（全） ③　木造1／0　神社　延べ43㎡のうち43㎡（全） ④　木造1／0　神社　延べ6㎡のうち6㎡（全） 　　他にぼや1棟　計5棟 1,300㎡焼損

最先到着隊到着時の状況
　火点建物は全面火炎に包まれ、激しく延焼中であった。また、②建物は東側から西側に延焼拡大中で西側軒先から黒煙が噴出していた。

最先到着中隊の活動

1小隊は、火点建物東側公設消火栓に部署、直近部署した2小隊に送水した。中隊長は、西側路上の火点建物前で宮司と接触、内部には逃げ遅れはいないとの情報を得た。

第1線は木造大規模建物であることから65mmホースを延長、26mmノズルを使用した。さらに大隊長命令により、はしご隊が延長してきた第2線で1500型放水銃を活用した火勢制圧にあたる。一方、大隊長は出動各隊に大口径ノズル、放水銃活用の下命、第2出動の要請、倒壊危険による進入統制等実施した。

教訓・検討事項

1　長時間防ぎょとなるため、水量豊富な水利選定をする。防火水槽に部署した場合は、早期に充水隊を指定する。
2　筒先部署は、火炎伝送と隊員の輻射熱を考慮した距離とし、大口径ノズルによる高圧放水を行う。
3　注水は、建物倒壊、梁等の落下防止のため横架材の組み合わせ部分を目標とする。
4　延焼阻止線は、防火壁、階段、建物屈曲部とし、筒先を集中させる。無意味な分散は避ける。
5　内部進入に際しては、倒壊、天井落下に十分注意し、ストレート注水により落ち易いものを一掃してからとする。
6　宮形建築は、ひさしの部分が長く重量があるため、建物の中心部分が燃焼し、棟が焼き切れるとバランスを崩し一挙に倒壊することがある。過去に大事故を起こしている。注意しなければならない。

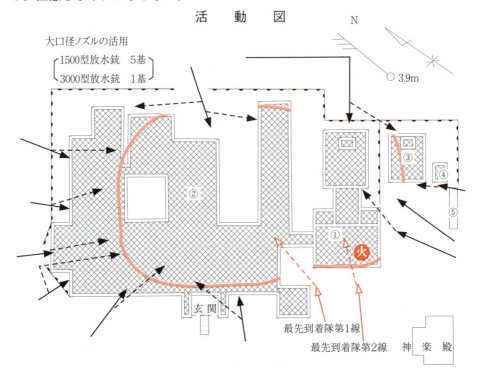

活動図

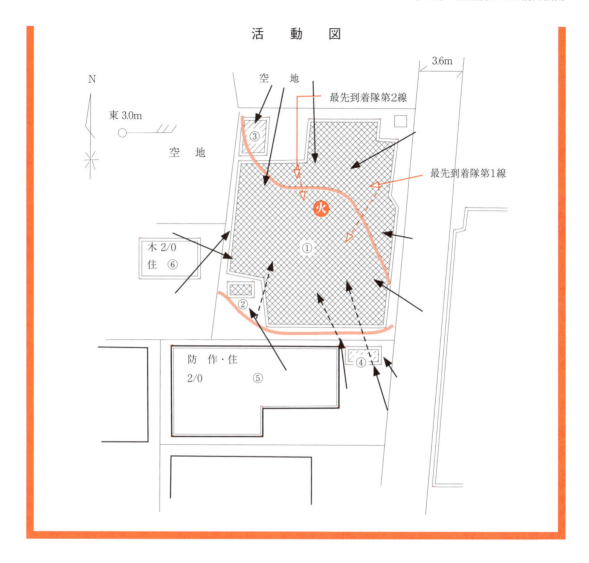

活動図

第8 工場・作業場

　工場・作業場は、業種によって活動要領が異なる。火勢の一挙拡大、爆発、毒劇物の漏洩・噴出等消防活動障害要因があり、工場関係者から取扱い内容、収納物品等を聴取し全隊員に周知して強力な統制下での活動が必要となる。

1 指揮の要点
(1) 関係者からの製造種別等の情報収集と実態把握
(2) 避難誘導と人命救助
(3) 火勢一挙拡大、爆発、毒劇物等に対する隊員の安全管理

2 指揮判断
(1) 工場での作業内容が把握できない場合、構内進入に際して必ず危険物、大量可燃物、高圧ガス、火薬類、放射性物質等の標識等を確認してから進入する。

(2) 構内への進入は、燃焼面積が小であっても、引火性蒸気等により爆発寸前の場合があるので、収容物件を確認してから進入する。
(3) 中小企業では工場２階に居住部がある場合が多い。人命検索、救助に配意する。
(4) 構内の炉には注水してはならない。（注水による爆発危険がある。）
(5) スレート等の強度が不足する屋根面を渡るときは、明り取りのガラス、グラスライト等の踏み抜きに注意し、積載はしご等を屋根面に敷いて行うことが望ましい。（下に硫酸槽、機械類等がある場合、転落すれば生命にかかわる。）
(6) メッキ工場では、注水によりシアン槽等を溢れさせないよう注意する。
(7) 溶接作業が予想される工場では、溶解アセチレンボンベに最大の注意をする。
(8) 製材工場では、機械鋸等の刃物に特に注意する。また製材機付近には鋸くず処理設備があり、穴があいているので足元に注意する。
(9) 製材場の火災に際してのホース延長は、木材倒壊によるホース損傷防止を図るため、反対側の路肩等を延長する。また隊員の受傷事故にも配意する。
(10) 合成樹脂工場では、有毒ガスの発生に留意する。
(11) 紙類等残火鎮滅には、搬出除去しながらの消火手段が効率的であり、再燃防止を徹底する。

【火災事例12】

大規模工場火災

出火日時	５月27日　３時45分頃
覚　　知	３時49分（119）
鎮　　火	７時26分
焼損程度等	木造平屋（一部２階建て）のプラスチック、パルプ等を粉砕加工する大規模工場火災で、敷地内の建物計６棟が焼損し第２出動で対応した。出火時火点建物に７名、②建物に６名の計13名（外国人12名、日本人１名）が居たが発見者の声で全員避難した。

　　① 木造１／０　工場　延べ748㎡のうち578㎡（全焼）
　　② 木造１／０　風呂場　延べ10㎡のうち10㎡（全焼）
　　③ プレハブ２／０　寄宿舎　延べ40㎡のうち10㎡（半焼）
　　④ その他１／０　変電室　延べ32㎡のうち５㎡（部分焼）
　　他にぼや２棟　計６棟613㎡

最先到着隊到着時の状況

　火点建物南側到着時、建物中央部が激しく延焼拡大中で、小爆発音が続いていた。また、東側入口付近に至ると５、６名の男性が立っており、逃げ遅れ者の有無を聞いたが、外国人のため情報が得られなかった。

最先到着隊の活動

　火元責任者の長男から、火点建物2階には寄宿舎があり逃げ遅れ者ある旨の情報を得て、直ちに1線を延長し、火点東側から内部進入して検索活動を開始した。その後火元責任者の長男から全員の避難を確認した旨の情報により、火元建物北側への延焼阻止及び火勢制圧に従事した。活動中小爆発音があり、一時退避するなどの安全管理に配意して活動にあたった。

教訓・検討事項

1　火災規模、逃げ遅れ者等の状況から、早期に部隊の応援要請を行うべきである。
2　火勢制圧には大口径ノズルの活用が効果的である。
3　外国人就労者が年々増加し、災害現場で情報提供者となる機会が増えている。しかし、言葉が通じないため重要情報を持っていても内容が得られない。また、外国人不法就労者もおり、強制送還を恐れ消防隊到着時既に逃走している場合もあり、情報収集活動に困難を来していることから、次の事項に留意して情報を収集する。
⑴　火元関係者や付近住民から、言葉の通じる者（通訳者等）を早期に確保する。
⑵　外国語に堪能な消防職員の養成又は通訳を確保する。
⑶　外国人を一カ所に集め、図面等を活用して氏名、居住場所等必要事項を記入させる。

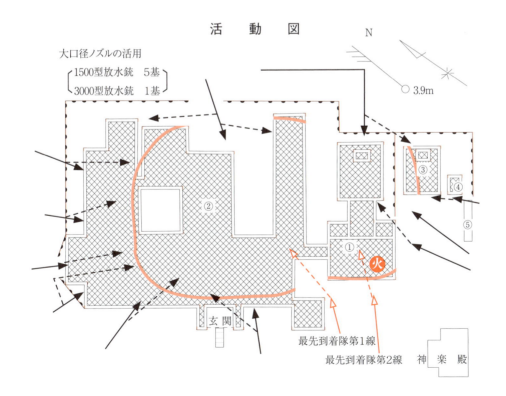

活　動　図

第4章 階層・用途別等の戦術

活 動 図

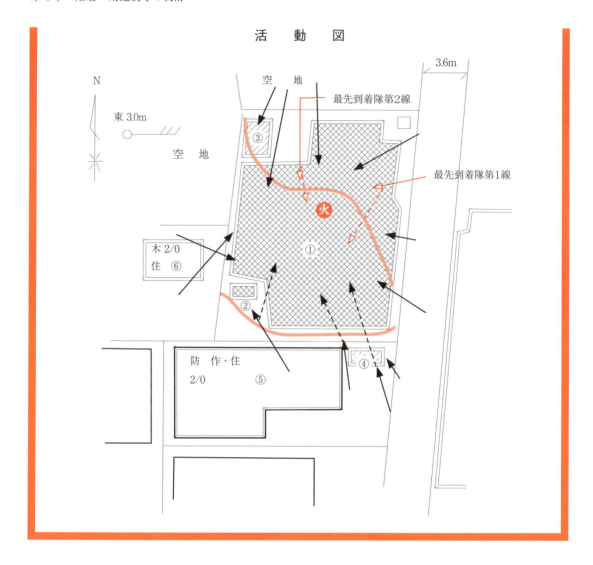

第9 倉庫・冷凍（冷蔵）倉庫

倉庫等貯蔵施設の火災は、収容物品によって瞬時に大災害となり、消防職・団員の重大事故も多く発生しており、現場到着後早期に貯蔵物品を確認し、対応することが重要である。

1 指揮の要点
（1） 関係者からの情報収集に基づく収容物の把握と延焼実態把握
（2） 隊員の安全管理

2 指揮判断
（1） 強力な統制下での活動を徹底し、収容物品を把握してから、内部進入、消火活動を開始する。
（2） 濃煙熱気が充満して、進入困難となり火点が把握できない場合が多い。空気呼吸器を着装して延焼状況の確認に努め、注水は慎重に行う。

(3) 小規模火災の場合は、天井部を開放することにより排煙と防ぎょを容易にする。
(4) 最盛期の場合は、放水銃・砲等の強力放水をする。
(5) 階層のある倉庫は、階段・ダクト等の竪穴を重点に延焼経路を抑えるものとする。
(6) 冷凍（冷蔵）倉庫では、冷媒のアンモニアガスの漏洩や断熱材から一酸化炭素等の毒性ガスが発生するので、隊員の安全管理を十分にする。消火は、高発泡消火、ドライアイス、炭酸ガスの活用を考慮する。
(7) 収容物を消火するより搬出した方が早い場合もある。その場合は、事業者所有のフォークリフト等を活用する。
(8) 大規模倉庫火災で収容物の燃焼が熾烈な場合は、大型重機等で給気側と排気側に開口部を設定し、排煙作業と同時に給気側に筒先を集中させ大口径高圧放水を行うことを考慮する。

第10　圧気工事現場

圧気工法（工事）とは、地下洞道（トンネル）工事において立坑内またはトンネル内に圧縮空気を送り込み、トンネル内の気圧を高めることで湧水を排除し、地盤沈下や土砂崩れ等を防止しながら掘削する工法をいう。

圧気工事は、地下深層部の狭隘なところで行われている。火災が発生した場合には、次のような問題が生じる。

1　圧気工事現場の災害特性
(1) 高圧気下では、可燃物が激しく燃焼する。
　① 燃焼現象は、酸素の量とその圧力に左右される。
　② 燃焼が激しくなるのは、高い気圧により燃焼物体に対する酸素供給量が増加するためである。
　③ 酸素濃度21％を超えると物の燃焼危険が格段に高まることから、高圧気下における燃焼は激しくなる。
(2) 高圧気下では、発火点の低下と火炎伝ぱ速度が上昇する。実際の圧気工事現場の多くは、0.2～0.3MPaの圧力で工事が行われており、この圧力で可燃物の発火点は急激に低下し、危険度が高い。特に坑内に収容されたポリエチレンや潤滑油（一般的に有機物）は発火温度が著しく低下し、発火しやすくなる。
(3) 工事現場では、木材類、油類、電線、ウレタン、塩ビ管等可燃物が多い。電線類は、一般的には不燃であっても、高い気圧下では容易に燃え、ビニールシート、塩ビ管類は燃えると猛煙を発する。
(4) 酸素中毒、窒素酔い、耳の障害、減圧症等体への障害が発生し易い。
(5) 消防隊の進入口が限定される。
(6) 進入．脱出の際、ロック内で加圧、減圧するため緊急脱出が困難である。
(7) 高圧気環境下のため空気呼吸器の使用時間が短縮される。

第4章　階層・用途別等の戦術

(8) 濃煙．熱気等のため、現有の装備では活動範囲が限定される。また、消防機材を坑内へ搬入することが困難である。
(9) 足場が不安定であり、作業機材や資材等により消防活動が阻害される。

2　指揮の要点
(1) 強力な活動統制と隊員の進入管理の徹底
(2) 関係者からの情報収集と実態把握
(3) 人命の検索、救助

3　指揮判断
(1) 圧気坑内への進入隊員は、潜水研修修了者（高圧気下の活動経験者）又は特別救助隊員等の適任者を選定して進入させる。
(2) 消防活動方針は、全隊員に周知徹底し、隊員の単独行動を絶対させないよう管理する。
(3) 坑内の状況を熟知している工事関係者を活用する。
(4) 空気呼吸器の使用時間が限定されるため、活動時間の再確認を指示する。
(5) 消防活動方針は、次の状況に応じて決定する。
　① 圧気坑内火災で要救助者がある場合
　　ア　進入可能な場合
　　イ　進入不能な場合
　② 圧気坑内火災で要救助者がいない場合の消火手段
　③ 圧気坑内火災以外で要救助者がある場合
　　ア　消防隊による救助
　　イ　工事関係者による救助
(6) 消防活動時における活動の限界は、原則として次による。
　① 進入可能な条件
　　　圧気坑内圧力が、概ねゲージ圧 0.1MPa 以下であるか又は 0.1MPa 以下に減圧することが可能な場合及び圧気を開放する（坑内を大気の圧力下にする）ことが可能な場合であり、かつ、二次的災害発生のおそれがないこと。
　② 活動範囲は、空気呼吸器の使用可能時間とする。
　　　空気呼吸器の使用時間短縮及び脱出時のマンロックでの減圧時間を考慮して、活動範囲、進入活動時間を設定する。

第11　電子計算機システム関係施設等

　本施設の特殊性は、火災による熱、煙、燃焼生成物及び水により、施設の中核となる電子計算機及び関連機器等への損傷危険が大きく、かつ、施設機能が停止した場合における、社会的、経済的に大きな影響を及ぼす可能性が高い。

1　指揮の要点
(1) 関係者からの情報収集と電子計算機システム及び電気通信ネットワークの稼働状況等の

実態把握
(2) 警防本部への報告と後着隊への周知徹底
(3) 隊員の安全管理

2 指揮判断
(1) 消防活動は、人命救助を最優先とし、電子計算機システム及び電気通信ネットワークの稼働に重要な電子計算機室、通信機器室等の火災被害の拡大防止を図るとともに、機能確保を重点とする。
(2) 関係者を早期に確保し、情報の収集及び電子計算機システムの機能確保に必要な措置などの情報を収集し、警防本部への報告と、後着隊への周知徹底を図る。
(3) 消火活動は、重要室への延焼防止を重点とする。
(4) 重要室の消火は、原則としてハロゲン化物消火設備、不活性ガス消火設備等の固定消火設備によるものとする。なお、固定消火設備がない場合は、火災規模により放水量に注意しながらスポット注水により行う。
(5) 重要室の上下階が火災の場合は、早期に延焼経路を確認し警戒筒先を配備する。また、重要室上階（同階）が火災の場合は、注水を統制するとともに重要室への水損防止を並行して行う。
(6) 各級指揮者は、指揮本部長からの活動方針を、隊員に周知徹底する。
(7) 固定消火設備が作動した防護区画内への進入は、火災の鎮圧が確認されるまでは人命救助、消火効果確認及び酸素濃度測定を除き、原則として禁止する。

第12 放射性物質施設

1 指揮の要点
(1) 放射線防護原則の徹底による被ばく防止（時間、距離、遮蔽）
(2) 施設関係者等からの情報収集と災害実態等の把握
(3) 放射線危険区域の設定
(4) 人命検索、救助および消火活動
(5) 隊員の安全管理（風向、施設形態等を考慮した放射線危険区域外の消防隊の部署位置、活動拠点設置位置等）

2 指揮判断
(1) 放射線防護の三原則である、時間、距離、遮蔽による活動管理を徹底し、被ばく防止を大前提とした活動とする。警防計画等関係資料の活用を図り、防護衣を着装させて隊員の行動を強く規制する。（消火活動を伴う場合は、放射線防護衣等の上に防火衣を着装する。）
　γ線、X線及び中性子線は、透過力が大きいため、防護衣等での被ばくは防げないことから、施設関係者や専門家との緊密な連携に基づく安全第一の守勢的消防活動を実施する。
(2) 消防隊の部署位置は気象状況（風向等）、地形及び建物状況等を考慮して、風上、高台

等とし、バックグラウンドレベルを超えない位置とする。
(3) 現場到着後、直ちに住民等の安全確保及び消防活動エリアを確保するため安全を見込んだ広めの範囲に消防警戒区域並びに進入統制ラインを設定する。
(4) 放射線測定器積載隊がバックグラウンドレベルを超える値を測定した場合は、バックグラウンドレベルを超えない安全な位置に移動する。
(5) 施設から火災が発生した場合は、当該施設の関係者（特に放射線取扱主任者）、関係施設（汚染検査室）、装備品及び消防用設備等を積極的に活用して活動を行う。原則として空調設備を停止する。
(6) 活動は施設関係者等から火災の発生場所、延焼状況、各種及び使用状況、要救助者の状況、関係者の措置状況等を収集するとともに、ＲＩの汚染又は拡散危険の有無を確認してから行う。また、収集した情報を警防本部へ報告するとともに各隊に周知させること。
(7) 放射線被ばく防止を図るため、現着後直ちに施設関係者及び装備品を積極的に活用して危険範囲を確認し、放射線危険区域を設定する。

（参考）

> ※ 放射線危険区域の設定（「平成28年度救助技術の高度化等検討会報告書」総務省消防庁）
> ① 現場に事業者側関係者がいる場合
>   施設又は輸送物関係の情報を得て協議のうえ定める。
> ② 現場に事業者側施設関係者がいない場合
>   ㋐ 0.1mSv以上の放射線が検出される区域
>   ㋑ 火災等発生時に放射性物質の飛散が認められる又は予想される区域
>   ㋒ 煙、流水等で汚染が認められ又は予想される区域
>   ○ 放射線等の専門家が到着した後は、当該専門家と協議の上必要に応じて変更する。
> （留意点）
> ① 範囲が後刻縮小されることはあっても拡大されることのないよう、汚染のおそれについても考慮しながら広く設定すること。（災害の状況によって、区域外の汚染の検出又は汚染が拡大した場合、放射線危険区域を拡大することが想定されることを考慮する。）
> ② 標識等により範囲を明示すること。
> ③ 区域の設定が広範囲に及ぶ場合、周辺住民の避難退避を迅速に行い、不要な混乱を避け、住民の安全を確保すること。
> ④ 避難誘導については、市町村対策本部等と連携すること。

(8) 放射線危険区域内に進入させる隊員は、原則的にＲＩ装備小隊員、放射能検出員とし、進入に際しては関係者の助言と誘導を依頼する。（進入隊員は、複数とし、複数の放射線測定器による継続的な空間線量率の測定を実施する。）

(参考)

> ※ 隊員の被ばく限度基準（平成23年3月「スタート！RI 119」総務省消防庁）
> ① 1回の消防活動における被ばく線量限度は、10mSvとする。
> ② 人命救助のために、止むを得ない場合は、100mSvを限度とすることができる。
> ③ 1年間の積算被ばく線量が50mSvに達した場合は、以降5年間、放射線災害現場で活動させてはならない。
> ④ 積算被ばく線量が100mSvを超えた隊員は、生涯にわたって放射線災害現場で活動させてはならない。

(9) 消火手段の決定は、施設関係者（放射線取扱者主任者）等と十分協議して行い、努めて施設に設置してある消火設備を活用する。

(10) 不燃性ガス固定消火設備（不活性ガス、ハロゲン化物）を活用して消火する場合は、漏洩ガスによる二次的災害の防止に十分配意する。

(11) 放射線危険区域で消防活動をした場合は、汚染検出、除染を行うこと（指示あるまで喫煙、飲食の禁止）。

また、測定資器材や無線機等はビニールに入れて使用する等汚染防止に努め、汚染された消防装備は原則として再使用しない。

第3節　危険物・爆発物等の消防活動

第1　防ぎょ一般

1　指揮の要点
(1)　関係者等から危険物の類別、品名、数量、危険性、緊急措置方法等の情報収集と測定資機材の活用
(2)　人命検索・救助を最優先とし、災害の拡大防止を主眼とした活動
(3)　火災警戒区域・爆発危険区域等の設定と避難勧告
(4)　隊員の安全確保（風向、地形、施設形態、漏洩ガス特性等を考慮した火災警戒区域外の消防隊の部署、活動拠点設置等）

2　指揮判断
◎燃えている時
(1)　施設内の火災は、建物火災と危険物火災が、同時に発生したものとして行動する。
(2)　燃えている危険物質の消火より延焼防止を優先する。
(3)　延焼防止は、未燃容器の冷却と安全地帯への搬出を考える。（事業者に非常抜き取りタンクへの抜き取り、非常抜き取りタンクがない時は、ローリー、ドラム缶等への抜き取りを要請する。）
(4)　燃焼物質の把握は、測定資機材の活用と関係者等から「爆発危険の有無」「有害ガスの発生の有無」を聴取し、火災警戒区域又は爆発危険区域を設定し、適応する消火方法を決定する。
(5)　消火は、構内に設置されている固定消火設備等を有効活用する。
(6)　燃焼ガスが有毒な場合は、空気呼吸器を着装し風上からの攻撃を原則とする。また付近住民への避難勧告を忘れてはならない。
(7)　爆発危険のあるもの、容器が飛散する危険がある時は避難勧告を行う。この場合の防ぎょは、放水銃、放水砲等で遠くから強力放水を図るともに、隊員の安全を遮へい物（コンクリート塀、場合によってはポンプ車等）により確保する。

◎燃えていない時
(1)　測定資機材の活用による危険範囲の特定。ガス漏洩は、火災警戒区域又は爆発危険区域

を設定し、まず「避難」させる。
(2) 爆発危険があることを前提に行動する。
(3) 付近の火気使用を厳禁とする。
(4) 流出範囲の極限防止を図る。(地下階、下水道等への流入防止を重点とする。手段としてはバルブ閉止、土のう積み、せき止め等)
(5) 油類に対しては、油処理剤で処理する。あるいは砂等に吸収させて処分する。

第2 危険物（可燃性液体）

消防法で指定する危険物が大部分であり、可燃性液体の流出防止と消火剤による早期消火が決め手となる。

1 指揮の要点
(1) 物質名の把握（品名、数量、危険性、緊急措置要領等）
　　事業者が保有するSDS（安全データシート）及びイエローカードの確認
(2) 消火手段の選択
(3) 流出の拡大防止
(4) 隊員の安全管理

2 指揮判断

◎泡消火要領
(1) 泡放射は風上から行うものとする。なお、泡放射の逐次投入は効果がなく、必要口数、必要消火剤が揃ってからの一斉放射が有効である。
(2) 消火した泡層の中の歩行、ホース移動等はベーパーを発生させないよう極めて静かに行動する。
(3) 消火剤の吸入ストレーナーを消火剤タンク等に入れる時機は、水が十分出るのを確認してからとする。
(4) 泡放射は、泡が出るのを確認してから風上から放射する。
(5) 泡放射は、油面上の泡被覆を壊さないようタンク側壁等に当て、油面を拡散させたり、直接油面にかけないよう注意する。
(6) 射程が短く届かないときは、噴霧筒先の援護のもとに接近して放射する。

◎5ガロン缶、ドラム缶等の火災
(1) 未燃容器の冷却と安全地帯への搬出及び建物への延焼防止を重点とする。
(2) 貯蔵庫なら、設備してある消火設備の活用を図る。
(3) 水溶性のものでも漏えいして広がったような油層の薄いものは、普通の泡でも消火可能である。
(4) 5ガロン缶は、火焔に包まれると爆発して容器が壊れて内容物が飛散し、ドラム缶は、状況によっては200m以上飛散することがあるので活動に当っては十分注意する。

(5) 缶の中の油量が多い方が温度が上昇しにくく、はねたり、飛散するまでの時間がかかるが、はねた時には被害が大きいので留意する。

◎タンクローリー火災
(1) 付近の建物や危険物施設への延焼防止を重点とする。
(2) タンクを冷却する。
(3) 流出油の拡散防止のため、土のうにより、せき止めを行う。
　　側溝、下水施設等に流入危険がある場合は、道路管理者、下水道関係者等と連携し被害拡大防止に当たる。
(4) 側溝を燃えながら流れて火面を拡大することに注意する。
(5) 可能であればローリーの非常バルブを閉鎖する。

◎屋外タンク火災（第8章第5節「屋外タンク貯蔵所火災の消防活動」参照。）
(1) 隣接タンクの冷却と建物等への延焼防止を重点とする。
(2) 燃焼ガスが有毒ガスの場合は避難勧告をする。
(3) 防ぎょは風上からとする。
(4) 水溶性のもので、液面からタンク上縁まで余裕があるときは、噴霧で稀釈してから耐アルコール泡を使用する。
(5) 地上からの泡放射での消火は困難な場合が多い。固定泡消火設備及び屈折放水塔車による泡消火活動を行う。
(6) スロップオーバー、ボイルオーバーに注意する。

◎燃えていない流出油への処置
(1) 付近の火気（裸火、衝撃火花、静電気発生源等）を禁止する。
(2) 流出範囲の極限防止のため、土のうによりせき止め、特に側溝への流出防止を図る。
(3) 油処理剤、砂等で吸収させ十分処理する。
(4) ガソリン等揮発性の高い油が広範囲に流出し、出火危険が高い場合は、泡消火剤により被覆処理する。
　　可燃性ガスが滞留しているおそれがあることから可燃性ガス測定器により安全確認を行いながら危険排除活動を実施する。

第3　ガ　ス
本節では、出動頻度の高い都市ガス、LPガス等の漏洩時の活動について述べる。
1　指揮の要点
(1) 爆発危険、有害性に対する対応
(2) 火災警戒区域・爆発危険区域等の設定及び出入り者制限

(3) ガス濃度の測定
(4) 引火危険に対する対応
(5) 隊員の安全管理

2 指揮判断

　ガス配管やガス容器から漏えいした可燃性気体に火がついて燃焼が持続している状態をガス火災といい、次の判断により確認する。

◎燃えている時

(1) ガスそのものは消火せず、周辺への延焼防止を最重点とする。
(2) 容器、配管などのバルブ、元栓を閉塞する。
(3) 容器に入っているものは、容器の冷却（容器を転倒させない、転倒している物は起こす）、未燃容器を安全地帯へ搬出する。
(4) 容器が爆発危険のあるときは、耐火造建物などを盾として遠方から強力放水（放水銃、放水砲の活用）により、容器への冷却注水と火点付近建物への延焼を防止する。
(5) 測定資機材の測定結果等に基づき火災警戒区域又は爆発危険区域を設定し、区域内からの退去、出入りの禁止若しくは制限をする。また区域内の住民等に対して火気使用の禁止、電気・ガスの一時供給停止などについて広報する。
(6) 警察、ガス会社員等と協議して、避難が必要と認められる者に対して避難を指示する。
(7) 風上又は風横から進入・水利部署する。（マンホール、覆工板上は部署しない、飛ばされる危険がある。）
(8) 下水管、溝等へ漏えいガスが流入して予想しないところで、時間的にも相当遅れて発火、爆発することが多いので注意する。
(9) ガスが減ってくると火焔が短くなるからガス供給を遮断できる適当な時期に次の要領で消火する。
　① 消火には、噴霧放水（開度60度、ノズル圧力0.6Mpa）が有効である。
　② 火炎が消えても余熱で着火するおそれがあるので放水を継続して冷却する。

◎燃えていない時

(1) 測定資機材を活用し、ガスの検出及び濃度を測定し、火災危険区域又は爆発危険区域を設定する。
(2) 爆発危険があることを前提に行動する。
　警戒筒先の配置など、引火爆発しても即応できる態勢を十分整えておくものとする。
(3) ガスの遮断（装置、配管のバルブ、元栓を止める。）
　ガス遮断は、原則としてガス事業者が行うものであるが、ガス事業者が現場に到着していない場合で、指揮者が爆発防止等のため緊急の必要があると認めた場合は、次の条件等を総合的に判断して消防隊が行う。
　① 火災が延焼拡大中であるとき。
　② 既に爆発事故があって、ガス配管が損傷している可能性があるとき。

③ 広い範囲にわたってガス臭があり、多量のガス漏えいのおそれがあるとき。
④ 漏えい個所が不明で、ガス濃度測定の結果、爆発下限界の30％に達し又は達するおそれがあるとき。
⑤ 漏えい個所が明らかな場合、又はガス臭が一つの室内に限られる場合で、かつ、その漏えい場所に近づくことが可能な場合は、そのメーターコックを閉鎖する。
(4) 室内漏えいの場合は、開口部を開放して換気する。換気要領は次により行う。
① 風下又は風横側の開口部を選定する。
② 施錠等によりガラス窓を破壊する必要があるときは、爆発による爆風等の影響のない所とする。
③ 隊員は、耐熱服や呼吸保護器具を着装する。
(5) 放水によるガスの拡散は、噴霧放水（ノズル展開角度60度、ノズル圧力0.6Mpa以上）とする。
(6) 現場付近の火気の使用を禁止するとともに、消防隊の装備・器具等の火花の発生防止に注意する。
　　電路の遮断についてもガス遮断と同様に原則として電気事業者等により実施するものであるが、指揮者の判断により緊急に消防隊が実施する必要がある場合は、電路遮断に対する重大な支障を及ぼさないよう施設関係者及び住民等に事前広報等を行い電路遮断に伴う二次的被害発生の予防措置を徹底する。
(7) 火災警戒区域又は爆発危険区域の設定、広報、避難誘導要領は、燃えている時の活動要領に準ずる。
(8) アンモニア等の水溶性ガスは、噴霧放水によりガスを希釈することができる。この場合、ガスの噴出を止めてもなおガスが残っていることがある。これは、ガスが溶け込んだ水から発散しているもので、大量の放水により速やかに洗い流す。

【火災事例13】

危険物火災	
出火日時	1月13日　18時44分頃
覚　　知	18時45分
鎮　　火	20時58分
焼損程度等	従業員Aが、工場内でアミンと次亜塩素酸ソーダを攪拌してクロム化合物を作る工程中、突然タンクが爆発し、従業員2名が顔面全身熱傷及び気道熱傷した。 簡易耐火造1／0　工場　延べ462㎡のうち100㎡（半焼）、他にメタノール1,800ℓ、アミン600ℓ焼傷。

最先到着隊到着時の状況
　　火点建物は、建物中央部から南側部分が全面に火炎に包まれ、壁体及び屋根は吹き飛

び、工場敷地内に散乱していた。また、工場の自衛消防隊8名が、屋内消火栓を延長し、2ケ所から初期消火を実施していた。

最先到着隊の活動

関係者に対し逃げ遅れの状況、傷者の状況を聴取し、警防本部への報告等を行い、特殊消防対象物の警防計画に基づき、指定水利に部署するとともに、400型泡放水銃2口を活用して消火及びタンクの冷却活動を行った。

教訓・検討事項

1　最先到着隊長は、的確かつ迅速な情報収集を行い、危険の有無について警防本部への報告と後着隊に、その状況を徹底する。
2　傷者の状況を把握し、早期に複数の救急隊を要請すべきであった。
3　危険物を伴う工場火災は、活動隊員に正確な情報と安全確保手段を明確にし、心理的不安感や恐怖心を排除する必要がある。
4　救急隊長は、負傷者からの現場処置又は搬送途上の情報収集に努め、情報を得た場合は、速やかに指揮本部若しくは警防本部へ報告する。

活　動　図

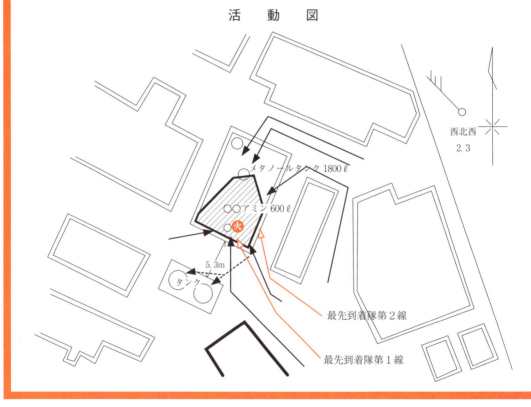

【火災事例14】

タンクローリーの事故でガソリン2,000ℓが流出した危険排除

発生日時　11月11日　5時21分頃

覚　　　　知　5時28分（110）
最 先 到 着　5時30分
火災警戒区域設定　5時31分
活動終了、火災警戒区域解除　9時29分
発 生 原 因　危険物（ガソリン及び軽油）を積載したタンクローリーが交差点（赤信号）で停車中、左側斜線を左折中（左折可信号）のトレーラーに積載されているH型鋼材の最後部が、タンク左側面（第5槽部分）に接触し破損、路上にガソリンが流出したもの。

最先到着隊到着時の状況
　事故地点手前100mに部署、タンクローリーの運転手から怪我人はなく、流出危険物はガソリンとの情報を得た。流出ガソリンは、タンクローリーから南側及び東側車道部分（20×30m）に流出していた。また、タンク左側面部（第5槽）には、長さ約60cmの亀裂があり、亀裂部より上部のガソリンは既に流出していた。

最先到着隊の活動
　パーライト5袋を使用し側溝への流入防止を行うとともに、流出範囲に泡放射（フォームショットガン）をし、引火防止を図った。また、ホース線を側溝に平行して延長、水を充満させることで、側溝への防油堤とした。さらに火災警戒区域は、風下側（南方150m東方200m）に設定し、道路を封鎖するとともに、火気使用制限について現場広報を行い、区域内の車両エンジンを停止させた。

教訓・検討事項
1　引火危険が高い危険物の漏えい災害では、流出危険物に対する引火防止措置を行うことが、流出油除去を開始するための条件である。本災害では、早期に引火防止、流入防止を図って被害の拡大防止をした。
2　出動隊は、可能な限り酸欠空気危険性ガス測定器等を活用し、測定しながらの活動を考慮する。

事故発生状況

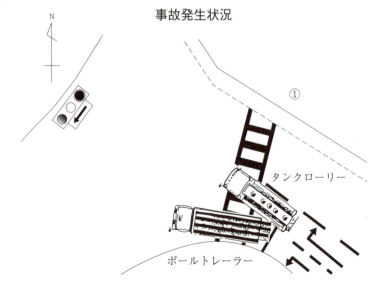

第3節 危険物・爆発物等の消防活動

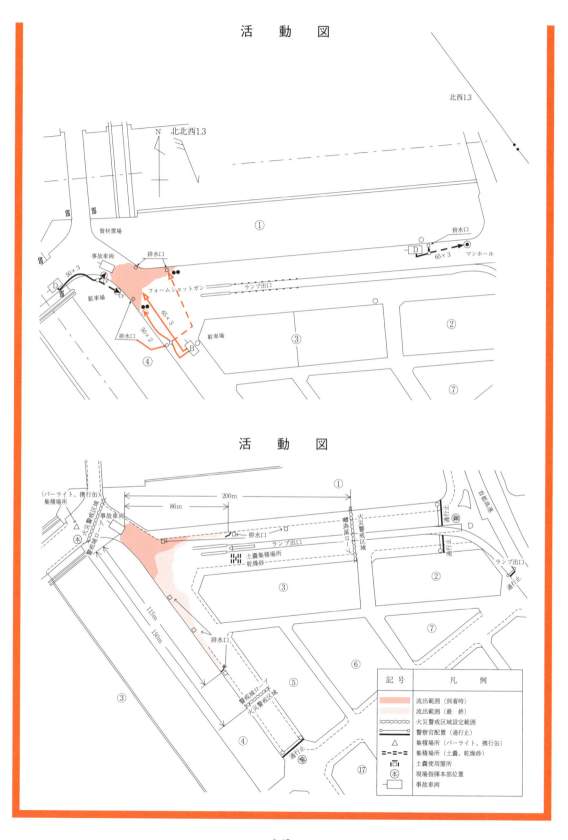

第4 禁水性物質

危険物質の中には、水と厳しく反応して発火する、ナトリウムやカリウム、水との反応熱により可燃物を発火させる生石灰、酸化カルシウム及び水と反応して可燃性ガスを発生させるカーバイド、有機金属化合物等がある。

これらの物質は、出火危険、延焼拡大危険及び消防隊員等の人的危険があり、特に注意しなければならない。

1 指揮の要点
 (1) 物質名の把握（品名、数量、危険性、緊急措置要領等）
 (2) 消火手段の選択
 (3) 隊員の安全管理
2 指揮判断
 (1) 消火には、水、泡が使用できない。物質によってはCO_2、ＣＢ粉末消火剤（器）の使用ができないものもある。
 (2) 消火は乾燥砂が最適である。大量に入手できる市、区役所、建設事務所、土建業者、建材店等から入手する。
  　湿った砂を使用すると砂の水分を分解して、水素その他の可燃性、有毒ガスが発生するので使用しない。湿った砂は、燃えている禁水物質の放射熱で乾燥させて使用する。
 (3) 建物内の活動では、換気に注意する。
 (4) 建物などへの延焼防止のため注水は、禁水性物質にかからないように注意する。
 (5) 燃焼生成ガスを吸入しないよう注意する。
 (6) 耐火造建物の中などで、周囲への延焼拡大危険がなければ、無理をすることなく遠くから継続的に注水して延焼を抑止するのも一方法である。

第5 爆発物、粉じん爆発

粉じん爆発とは、マグネシウムやアルミニウム、チタン、シリコン等の金属粉や小麦粉や砂糖などの食品等が微粉状で空気中を浮遊している場合には、単位体積当たり空気との接触面積が増加し、酸化反応速度が大きくなるため、空中に浮遊している粉塵が燃焼し、燃焼が継続して一気に伝播し、爆発を起こす現象をいう。

1 指揮の要点
 (1) 物質名の把握
 (2) 隊員の安全管理
2 指揮判断
 (1) 放水銃、放水砲などで遠距離から強力放水する。
 (2) 耐火造建物、堅固な工作物、ポンプ車等を楯にして隊員の安全を図る。特に狭い通路、吹き抜け部分は、爆風の集中通路となることから注意する。

(3) 飛散する容器などに注意する。
(4) 爆発物（爆薬、火薬、セルロイド、硝化綿、熱を受けると分解するもの等）付近の火災の制圧は、遠距離から高圧放水で対応する。
(5) 粉じんの場合は噴霧注水で対応する。ストレート注水は、粉じんを拡散することとなるので注意が必要である。
(6) 粉じん爆発による爆風を避けるため、開口部の正面には部署しない。

【火災事例15】

化学工場の爆発火炎

発生日時	5月26日　10時41分頃
覚　　知	10時42分（119）
鎮　　火	14時17分
焼損程度等	工場、住宅等の密集地域にある過酸化ベンゾイル（危険物第5類）を製造する工場で、製品（乾燥過酸化ベンゾイル）を小分け包装中、衝撃又は摩擦により爆発炎上し、敷地内建物が焼損するとともに、従業員8名（うち2名は病院で死亡。）が死亡、18名が負傷した。

① 簡易耐火造1／0　工場（製造所）　59㎡のうち59㎡（全焼）
② 簡易耐火造2／0　倉庫　152㎡のうち152㎡（全焼）
③ 簡易耐火造1／0　乾換室　65㎡のうち65㎡（全焼）
④ 簡易耐火造2／0　倉庫　98㎡のうち98㎡（全焼）
⑤ 簡易耐火造1／0　乾燥室　59㎡のうち59㎡（全焼）
⑥ 簡易耐火造1／0　工場（第1工場）　198㎡のうち198㎡（全焼）
⑦ 簡易耐火造1／0　食堂・事務所　271㎡のうち271㎡（全焼）

他にぼや1棟、車両2台、計8棟902㎡。
爆発による損壊建物33棟（工場内10、工場外23）、車両17台

最先到着隊到着時の状況

消防出張所で3回の爆発音を聞き出動する。工場北側に到着、工場敷地内の建物〔棟数不明〕が火炎及び黒煙が激しく上昇し、延焼中で要救助者の状況を聞き込むも、現場は混乱しており確認できなかった。工場東側正門で活動を開始した直後、再び爆発が起った。

最先到着中隊長の状況判断

危険物火災のため早期応援要請と隊員の安全管理を第1とし、検索救助並びに火勢制圧が必要と判断した。

最先到着中隊の活動

中隊長は、現場の状況から早期に第2出動、化学車第1出動を要請した。水利は北側

公設消火栓に部署し、構内への進入を統制し、第1線と第2線を東側路上から、第3線を構内北側の安全な位置に部署させ火勢制圧行う。進入統制解除後構内へ転戦し、①④⑦建物の火勢制圧と人命検索にあたる。活動中構内北側で要救助者1名を発見、救急隊に引き継いだ。

教訓・検討事項

1　最先到着隊長は、爆発の状況を早期に確認し、警防本部へ即報するとともに後着隊に周知徹底させ、適切に状況を判断して災害規模に応じた応援要請を速やかに行う。

　　本火災では、到着時工場内の建物6～7棟が延焼中で、北、西側に延焼危険大であり、かつ危険物火災と判断して、「第2出動」及び「化学車第1出動」を要請したことは適切であった。

2　各級指揮者は、現場の状況から爆発等二次的災害の発生危険が大であると判断した場合は、速やかに爆発危険区域を設定し、隊員の進入を統制する。

　　本火災では、指揮本部長が早期に活動統制を行い各隊に周知させるとともに、関係者を確保し「延焼中の危険物は過酸化ベンゾイルで、水で消火可能」の情報を得て、警防本部に即報し各隊に周知した。

3　本火災は、さらに爆発危険が予測されることから、付近住民への避難勧告を行うとともに、火勢制圧等の放水は、遠方から放水銃又は放水砲等の大口径ノズル等による高圧放水を下命すべきであった。

活　動　図

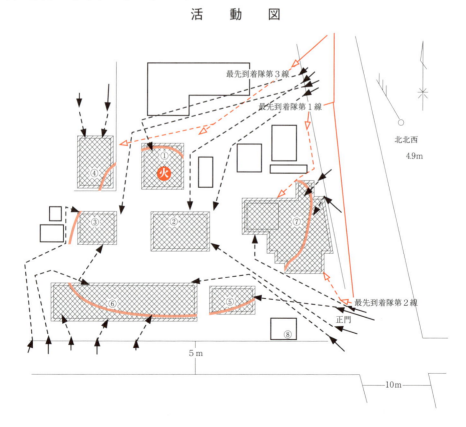

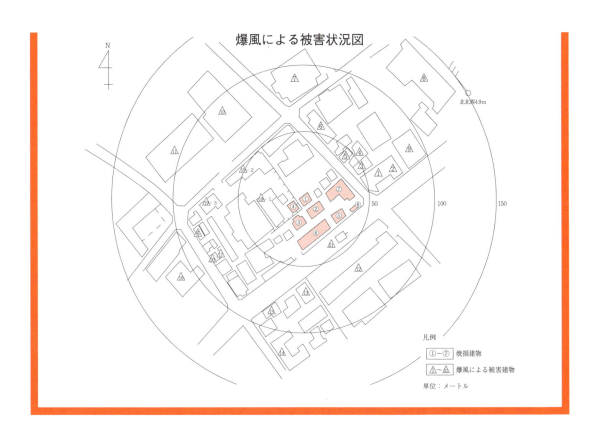

第4節　毒・劇物災害の消防活動

第1　災害時の特性

　毒・劇物災害の原因物質には、主として毒物及び劇物取締法及び労働安全衛生法で規制されている一酸化炭素をはじめ塩素、フッ素、オゾン等多くの物質があり、災害形態としては、火災、漏えい、流出等があり、形態により中毒、引火、爆発等二次的災害の発生危険がある。
　最近では、サリン等の化学剤、神経剤や生物剤の散布等によるテロ災害の発生も危惧されているが、本節ではテロ災害を除く災害を対象として述べる。

1　火災、漏えい、流出等事故の形態により、中毒、引火、爆発等の二次的災害の発生危険がある。
2　空気、水との接触、過熱及び他の物質による化学的反応並びに物理的変化が様々であり、災害が多様化の様相を呈し危険性が増大しやすい。
3　物質の性質及び災害形態により、応急措置が困難となる場合があり、災害が広域化する危険性がある。

第2　消防活動の重点

　毒・劇物災害は、人命危険、火災危険、爆発危険等を踏まえ災害の拡大防止、住民、消防隊員等の安全確保を最重点として活動する。

第3　活動の原則

1　車両部署は、風上、風横等の安全な場所とし、原則として火災警戒区域外とする。
2　毒・劇物の漏えい、流出防止の応急処置を第1とし、停止困難な場合は、流出拡大防止及び延焼防止を重点とする。
3　危険区域内の活動は、毒劇物防護衣、呼吸保護器具等の活用など、人命危険を配慮した防護措置を講じたものとし、かつ、必要最小限の人員とする。
　なお、引火危険のある毒・劇物の危険排除活動や消火活動を伴う場合は、毒劇物防護衣の上に防火衣を着装する。
4　爆発危険区域内の活動は、ガス及び電路遮断後とし、援護・拡散注水のもとで行う。

5 危険区域内の避難誘導は直接消防部隊が対応し、それ以外は自主避難とする。

第4 消防指揮

1 指揮の要点
 (1) 出動時の措置（消防資料の携行、防護服、防毒マスク、測定資機材等の積載（電源投入、立ち上げ））
 (2) 風上、風横部署と指揮者の統制下の活動
 (3) 関係者からの情報収集と実態把握（品名の特定、危険性の把握）
 (4) 警防本部等への速報と応援要請
 (5) ガス濃度の測定及び火災警戒区域等の設定
 (6) 人命救助と隊員の安全管理

2 指揮判断
 (1) 指令内容から事故状況を推測し、自隊現有の毒・劇物災害対応資器材等の積載と合わせて、活動統制、部署位置等二次的災害防止のための原則的事項を徹底する。指令内容及び災害状況に応じて、出動隊の一時集結場所を指定し、防護衣等の着装、救助・消火・測定・拡散防止隊の指定を行い、指揮本部長の統制下での活動を徹底する。
 (2) 現場到着までに得た情報、気象状況、建物状況及び毒性ガスの拡散状況等に配意し、車両部署を指示する。
 (3) 現場到着時「臭気」、「刺激臭」、「着色ガス」がある場合は、毒性又は可燃性ガスが滞留していると判断し、警防本部及び指揮本部長へ即報するとともに、二次的災害発生危険を考慮し、速やかに火災警戒区域又は毒劇物危険区域を広めに設定し、住民等の安全を確保する。
 (4) 施設関係者、毒・劇物取扱責任者を早期に確保し、品名、性状、危険性、さらには二次的災害の危険、応急措置等報告を求め、災害の実態把握に努める。なおガス等の濃度測定は、施設関係者と連携して実施する。
 (5) 現場到着時不審物を発見した場合は、警防本部及び指揮本部長に即報するとともに、化学災害専門部隊等必要な部隊を早期に要請する。なお、無闇に臭気を嗅いだり触れたり、移動することなく、警察機関と連携して措置する。
 (6) 毒・劇物の漏えい・流出停止の応急処置を第1とし、停止困難な場合は、漏えい・流出拡大防止及び延焼防止を重点とする。
 (7) 住民への広報は、車載拡声器等により中毒危険、退去命令、火気の使用禁止等緊急を要する措置について優先的、重点的に行う。
 (8) 災害現場周辺住民の避難誘導は、毒・劇物及び爆発危険区域、隣接区域の順に効率的に行う。
 (9) 毒・劇物危険区域内への進入は、人体危険に対応した呼吸保護器、防護服、防火服の着装等、身体防護措置を講じた者、また、爆発危険区域内へは、可燃性毒性ガスの漏えい、

第4章　階層・用途別等の戦術

　　　流出停止措置及び電路が遮断されるまで、原則として進入をさせない。
　⑽　爆発危険区域内の救助活動は、引火、爆発危険を考慮し、原則として援護注水のもと実施する。
　⑾　消火活動は、施設関係者と十分な連携のもと、施設関係者及び設備等を積極的に活用して実施する。
　⑿　筒先部署位置の選定は、爆発危険を予測し屋内の場合は、柱、壁を、屋外の場合は建物、塀等強固な遮へい物を楯とし、可燃性ガスの滞留、流動場所を避け爆発による被害を受けない場所に部署する。
　⒀　注水は、毒・劇物の物性により爆発又は毒性ガスを発生するものがあるので必ず確認する。

第5　安全管理

1　毒性ガスの存在が不明な場合であっても、現場の状況により毒性ガスが発生している可能性が高い場合及び体調等に何らかの異状が認められた場合は、消防警戒区域設定時に毒・劇物危険区域内に準じた身体防護措置を講ずる。
2　各級指揮者は、関係者情報や測定資器材の測定結果等により物質名を早期に把握し、人命危険、火災危険、爆発危険等を隊員に周知徹底する。また危険区域内で活動して退出した隊員には身体状況を報告させるなどして、身体の変調を掌握する。また、隊員は危険区域内で活動中、防護衣等に異状などが認められた場合は、速やかに危険区域外に退出し、その状況を確認し指揮者に報告する。
3　活動中に息苦しさ、目の痛み等異状を感じた場合は、直ちに次の措置をする。
　⑴　特段の防護器材を携行していない場合は、呼吸を浅くし、ハンカチ、上着等で口をふさぎ、風上等の危険性の少ない方向に避難する。
　⑵　空気呼吸器の面体を着装する前に異状を感じた場合は、手動補給弁を開放しながら面体を緩めに着装し、面体内のガスを除去した後、面体を確実に着装する。
　⑶　空気呼吸器の面体を着装した状態で臭気等の異状を感じた場合は、手動補給弁の開放操作を行い速やかに危険性のない場所に避難する。
4　防毒マスクは、吸収缶が毒性ガスに対して有効であることを確認したうえで使用する。
　　ただし、次の場合は防毒マスクを使用せず、空気呼吸器を使用する。
　⑴　毒性ガスが不明の場合
　⑵　火災の場合
　⑶　酸素濃度が18％未満の場合
　⑷　使用する防毒マスクに対して、環境空気中の有毒ガス等の平均濃度（推定される個人ばく露濃度）が防毒マスクの性能限界濃度を超えている場合
5　要救助者に対する救出、救護措置は要救助者の衣服等に直接触れないよう手袋等を着装し、二次的災害の防止に留意する。

6 関係者に協力を求める場合は、消防隊員と同等の安全措置を講ずる。

第6 除染措置

危険区域で活動した隊員及び資器材の除染は次による。
1 除染位置は原則として毒・劇物危険区域外とし、除染による二次汚染の及ばない場所とする。
2 除染は原則として噴霧注水で、一の部位に対して10秒以上放水するものとし、洗浄もれのないよう大量の水で行う。
3 酸性物質の除染には、中和剤散布機も併せて活用する。
4 水滴等により故障するおそれのある資器材は、水による洗浄をしない。
  無線機等の水的除染ができない資器材は使用時にビニール等による保護をする。
5 除染作業を行う者は、二次汚染防止のため毒・劇物用防護衣を着用する。
6 身体防護措置を解く場合は、危険区域外の安全な場所とし、原則として呼吸保護器の離脱は最後に行う。
7 防護衣等を離脱後、うがい、洗眼及び汗の溜まりやすい部分の洗浄を行う。

第7 装備品の点検

各級指揮者は、災害現場で使用した消防資器材については速やかに点検を行い、毒・劇物等が付着しているおそれがある場合は、除染措置を完全に行った後収納する。

第5節　航空機・船舶火災の消防活動

第1　航空機火災の消防活動

　航空機は、離着陸時の事故により火災になると人的被害が他の火災とは比較にならないほど甚大になる。

　そのため、国際空港（国管理空港（東京国際空港等））については、空港の規模等に応じて国際民間航空機関（ＩＣＡＯ：International Civil Aviation Organization）が定めるＩＣＡＯ基準によって、初動対応に必要な空港用化学消防隊が配備され、この他に空港所在都市の自治体の消防が対応する体制になっている。国管理空港以外の空港（会社管理空港、特定地方管理空港等）についても、国はＩＣＡＯ基準に準じて消防体制を整備することを指導・助言している。

　火災等の大きな事故に遭遇した航空機は再使用されることはない。したがって航空機火災の消防活動は、機体や装置をどのように処分してでも機内に取り残されている搭乗者を迅速に一人でも多く、安全な機外に脱出させることが消防活動の主眼となる。

　そのために飛行場内での航空機火災の消火は、航空機火災の全面消火ではなく、機内の乗員乗客を迅速に救助することを主眼とした胴体に隣接する区域の火災だけを制御する構想で活動が組み立てられる。

航空機火災の消火活動

1 航空機火災の特性

(1) 航空機には、高放射熱のジェット燃料が大量に搭載され、国内線は約10万ℓ、国際線のB747型機は約24万ℓ、エアバスA380に至っては32万ℓ（いずれも最大燃料搭載量）もの燃料を主翼内に収納して飛行している。（国内の旅客機の航空機燃料は、jetA-1が主である。）

このため墜落等の際は、この燃料が漏洩流出して出火し瞬間的に火面が拡大して事故機全体が火煙に包まれて消防隊の接近が極めて困難になる。

(2) 機体の胴体等は、マグネシウム合金、ジュラルミン、アルミニウム合金等のため高放射熱を受けると容易に溶解したり燃焼して燃料タンクを破壊し大量の燃料が機外に一挙に流出して機内の乗客等の脱出を困難にする。

(3) (2)の理由から航空機火災の消火は、救助隊員の機内進入に迅速な救助体制の確保を図ることとされている。このため、国際空港については、ＩＣＡＯにより国際空港として整備すべき消防力の基準が定められている。

(4) 空港用消防力整備の考え方は、空港内で航空機事故が発生した場合のレスポンスタイム（応答時間）を3分以内とし、覚知から3分以内に事故機に接近して消火・救助活動の開始できる体制（必要消防力の泡放射50％量の放射能力を有する化学消防車が現場の適切な放射位置に到着するまでの時間）に消防力を整備することを基本としている。

機体を被覆している外板のジュラルミン、マグネシウム合金等が火災で溶解し、燃焼する時間は約90秒であり、溶解すると機内温度は一挙に370℃前後に上昇し機内では生存できなくなる。機内の搭乗者を救出するために火災を早期に消火して外板等の溶解を抑え、有効な救助活動を行うために基準を定めている。

(5) 航空機火災は、事故の状態によって対応を異にする。

① 垂直に近い状態で激突した場合は、主要構造部が破壊して火災が飛散し、火炎は中心部付近で起こっていて、搭乗者はほとんど死亡する場合が多い。

② ゆるい角度で激突した場合は、破片は進行方向に飛散し、小火面が数箇所におよぶことがある。

③ 離陸直後に激突した場合は、胴体と主翼が折れ300m以上の帯状火面となることが多い。

(6) 航空機事故の大部分は、空港周辺で起こる。アメリカの民間航空機事故統計によれば、事故は、着陸時50％、空港内走行中20％、飛行中20％、離陸時10％で空港内及び空港から8㎞以内の地点で全事故の70％以上発生している。

(7) 事故情報の収集

災害活動に伴う一般的な情報活動については、既に第1章第2節及び第3章第3節第1で述べたが、航空機火災は、一般火災と対応を異にするところが多い。その要点と優先して収集すべき情報は以下のとおり。

① 事故機及びその周辺の延焼状況
② 機内乗客の数及びその動静

第4章　階層・用途別等の戦術

　　③　燃料の漏洩状況と機内への延焼の有無
　　④　出入口及び非常口の位置と状況
　　⑤　積荷の状況（特に爆発物、危険物、ＲＩ等）
　これらの情報は、可能な範囲で到着前に出動各隊に周知するとともに現場の空港関係者及び航空会社に情報収集員を派遣して収集に努め、現場にいる関係職員からも収集し、その情報を活用して対応する。
　搭乗者名簿と傷病者の照合に長時間を要することが多い。搭乗者名簿は、空港事務所内の所属航空会社に提供を依頼する。

2　航空機の構造

　航空機の構造は機種によって異なるが、消防活動面から見ると使用部材、胴体、翼、各種装置及び出入口、非常口に分けられ、概ね図16のようになっている。

図16　航空機構造図（概念図）

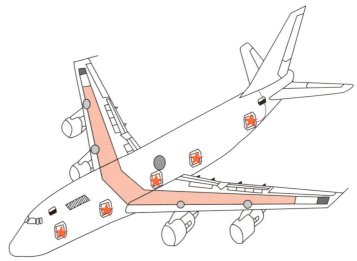

3　消火活動

（1）既に述べたように、航空機火災は、最初の数分間でその運命を決するもので、胴体に近

いエリアの火勢を早く抑えることが先決である。

　空港事務所消防隊との連携を図るとともに、消火用水は、水槽付消防車と化学消防車をペアーで出動させて水槽車からの送水を得ながら化学消防車により泡消火剤による消火を行う体制とし、耐熱服を着装して火勢を一挙に鎮圧させる。

(2) 救助隊の機内進入を最優先にした胴体部分と翼部分の消火活動を最優先とし、泡消火剤又は粉末消火剤を主体としたターレット放射銃による主力火勢の制圧をはかり、常に胴体部分の火勢制圧を主眼とする。

(3) 前(2)による活動が困難な場合は、救助隊と消火隊が一体となって泡消火しながら進入路の確保に努め、早く胴体部分と翼部分の火炎分断を図る。

(4) 利用可能な総ての消防力を胴体部分に集中し、進入口及び翼の付け根の火炎の消火を確実に行い、胴体下部の燃料の被覆及び洗い流しを行う。

(5) 消火は、風上側又は機首側から行い、風向きと機体の向きが異なる時は、風上から行い、軍用機は、風向きに関係なく尾部から行う。

(6) 泡消火薬剤以外の消火水によるストレート又は噴霧注水は、現場の上級指揮者による場合以外は行ってはならない。

(7) 隊員の安全を確保するためジェットエンジン運転中の場合はエンジンの空気取入口から少なくとも前方10m、後方60m以内には絶対に接近してはならない。（この危険区域は、機種やエンジンパワーの状態により異なるので注意を要する。）

　また、プロペラ機の場合はプロペラ圏内には接近せず、プロペラが静止していたとしても触れないこと。

(8) 航空機燃料が漏洩している場合は、引火防止とともに皮膚への付着による化学熱傷防止に注意する。

図17　航空機火災の消火活動基本図

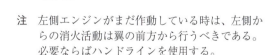

注　乗客の避難を主眼とするため胴体部を保護する。必要ならばハンドラインを使用する。
　　　　　　　　　　　　　　（火災便覧より）

注　左側エンジンがまだ作動している時は、左側からの消火活動は翼の前方から行うべきである。必要ならばハンドラインを使用する。

4　救助活動

　救助活動は、消火隊と救助隊が一体となって、火勢の制圧に努め、これと並行して風上の可能な箇所から胴体に接近して、非常口、出入口を開放して進入口を作り、次により救助活動を行う。
　なお、非常口の開放が出来ない時は、外板を破壊して進入口を設ける。
(1)　救助隊員は、耐熱性のある防火衣及び呼吸器を着装し、2人1組で進入する。
(2)　機内への進入は、機首又は尾部の風上側非常口を開放又は破壊して行う。これが困難な時は、カットコーナー部分（座席の肘掛より上で荷物棚の下の部分（飛行機によってはCut in と表示されている。））を切り開く。
(3)　航空燃料が地面に流出している時は、泡又は炭酸ガスのハンドライン等による援護のもとに機内に進入する。
(4)　乗客は、搭乗時に利用した出入口から避難しようとする。したがって、救助の主力はこの開口部に注がれるのが一般的であるが事態を的確にとらえ強力な規制を行い実施する必要がある。
(5)　乗客等の救出は、非常口に近い者から、また、傷病者は重傷者から行う。ただし、重傷者の救助に手間取る時は、救出容易な者から行う。
(6)　非常用シューターが使えない時は、積載はしごを可能な限り多く架梯し、救出する。B747型機等非常口が高い位置にある時は、はしご車等を活用して救助する。
(7)　救助活動の役割分担は、機内から地上への脱出までを救助隊が、機外で救護所への搬送は、関係企業等の協力者や消防団員による担架隊を編成し救護所への搬送を行い、救護所の応急救護及びトリアージは救急隊及び地元医師会等の担当とするのが効果的である。

5　救急、救護活動

(1)　事故機の風上で火煙に曝されない、救急車の接近可能な安全な位置に空港関係者の協力を得て膨張テント等によって現場救護所を設置する。
(2)　現場救護所には、救急隊のほか医師、看護師等の派遣を要請し、適切な医療措置に努める。
(3)　救護活動に際しては、傷病者の氏名、所持品等を確認し、救急救命士又は医師がトリアージを行い、その区分に従って次により対応する。
(4)　搭乗者名簿と傷病者の状況を照合して傷病者一覧表を作成し、傷病者管理と報道発表に備える。

第2　船舶火災の消防活動

　船舶は、その使用目的によって商船（旅客船、貨物船（コンテナ船、油槽船（油送船）等））、漁船、軍艦、特殊船に区分され、更に細分化されているが、消防活動の面から検討すると類似部分も多いので、ここでは大型船（貨物船、客船）及び油槽船の2種に大別して述べる。

1　大型船の消防活動（貨物船、客船）

　船舶の火災は、接近・進入箇所や活動スペースが限定され、船室は、濃煙、熱気が充満するため人命危険が大きく消防活動が困難である。

　しかし、大型船は隔壁で区画され、自衛用の消防設備が設置され、冷凍船等はその特性から化学消火剤を準備している。

　また、船長等上級船員は、当該船舶の構造や非常の際の対応手法を熟知していることから消防活動に際しては、船長等と協議して対応することが大切である。

(1) 船舶には、次の図書が備え付けられており、消防活動に際しては、この資料の提示を求め、区画、構造等を確認して対応することが有効である。
　① 火災制ぎょ図
　② 消火活動等の手引き
　③ 非常配置表
　④ 船舶案内図
　⑤ 積荷表

　船舶の備え付け図書は、操舵室、船長室、通信室、海図室等に保管しているので上級船員等の同行を求め、提示を受けて活動することが有効である。

(2) 大型船の場合は、設置されている固定消火設備を積極的に活用する。また船舶の隔壁は、鉄板で水密ドアになっているものが多く、火災を局部的に押さえることが容易であり、効果的に消防活動を進められる利点がある。

(3) 消防活動は、乗客、乗員の海上又は海面への飛び降りに注意し、人命の安全確保並びに救助活動を最優先に行う。

(4) 乗客の避難後は、速やかに開口部の閉鎖を行うことが最も有効な延焼防止の手段である。

(5) 出火室の確認に努め、他への延焼状況に細心の注意を払い、噴霧注水等による冷却注水を行い火勢の制圧を図る。出火室への噴霧注水は吹き返しによる受傷防止に十分注意する。

(6) 他区画等への延焼は、隔壁の加熱、配管集束ケーブル等の貫通個所等を通して発生する。特に上部船室の延焼危険を警戒する。

(7) 機関室での油火災には、泡消火剤、高発泡、粉末消火剤等の化学消火剤により一挙に鎮滅を図る。

(8) 全面火災に拡大した時は、開口部をできる限り閉鎖し、タグボート等により被災船を風向に直角になるように曳航し、船首又は船尾等より挟撃して消火を図る。

(9) 船倉火災は、可燃物が多種多様であり、その火災特性把握に努め、化学消火剤の投入や多くの筒先による噴霧注水等により対応する。

　この場合船舶への過剰注水による、船舶の沈没等に注意して行う。

(10) 消火に海水を使用するときは、船長等とその可否を協議する。

2　油槽船（タンカー）火災

　油槽船は、用途により種々の種別に分かれるが船舶の構造は、同じ形態になっている。

第4章 階層・用途別等の戦術

　本船（大型船）は、船尾に機関室、中央に船橋を有する三島型が多く、比重の軽い液体を多量に輸送することから船内の自由表面を極度に縮小させた構造で隔壁により区画され槽ごとに密閉が可能である。

① 油槽船火災を覚知した時は、消火剤、特殊装備、流出油の警戒手配をすると共に応援要請を行う。

② 初期の段階に、ハッチ、通気口等より火炎の噴出が1ケ所程度の時は、槽内圧力を考慮して噴出個所を密閉し、不活性ガスを圧入するのが有効である。

③ 火炎が数個所から噴出している時は、その個所に大量の泡消火剤を一斉に放射して消火する。この場合、可能な限り泡放射砲又は放射銃を使用し遠距離から行うのが安全である。

④ 甲板上の火災は、泡消火剤により消火して開口部の閉止を行う。

⑤ 水面火災となっている場合は、陸上施設物、他の船舶等への延焼防止、周辺の状況により潮流、風向を利用して注水する。

　なお、小規模な重油流出の水面火災の場合は、高圧ストレート放水により消火できることもある。

⑥ 可燃性ガスの滞留・爆発に注意し、可燃性ガス測定器により安全確認を行いながら消火活動を実施する。

【火災事例16】

停泊中の外国船火災

出火日時 3月25日　8時51分頃

覚知 9時08分（119）

鎮火 11時14分

焼損程度等 本火災は、停泊中（沖合800ｍ）の原木を運搬する貨物船（総トン数3,814ｔ）の空調機械室から出火し、空調機械室及び倉庫20㎡が焼損した。

最先到着隊到着時の状況

　停泊中の貨物船船尾から白煙が噴出中で、船員が消火活動しているのが確認できた。

最先到着隊の活動

　現着して被災船に船首を達着、単はしごを架ていして隊員2名が乗船、右舷にも達着し舟艇をもやい綱で固定した後、二連はしごを架ていするとともに横さんをロープで結着し固定する。さらにフォグガン、40mmホース等の資機材を甲板上に搬送し、第1線を火点室に延長し消火に当る。第2線は、後着隊が火点室隣室の機械室に投光器を活用し進入、人命検索及び火勢制圧に当った。

教訓・検討事項（最先到着隊の措置）

1　船舶備付図書、乗客、乗船名薄の提出を求める。

2　外国船籍の場合は、船長に対して消防活動を行う旨の意思表示を行う。

3 通訳の確保が必要な場合は、海運代理店の職員の派遣を関係者又は警防本部に要請する。
4 被害状況、進入・達着場所、船舶消防設備、後着隊に対する行動規制等について警防本部に要請する。

　本火災は、外国船籍の貨物船であったが、乗組員からの情報収集が的確に行われ、早期に要救助者の有無、積載物等が判明し以後の消防活動がスムーズに行われた。

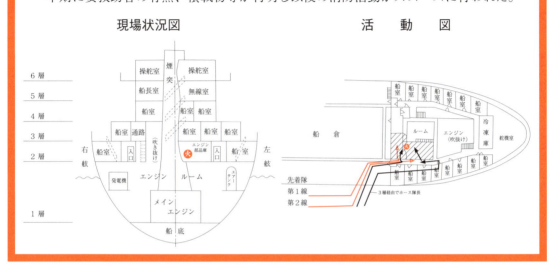

第5章 救助活動

第1節　救助活動の概説

第1　救助活動の意義

　救助活動とは、災害により生命又は身体に危険が及んでおり、かつ、自らその危険を排除することができない者（以下「救助を要する者」という。）について、その危険を排除し、又は安全な状態に救出することにより、消防法（昭和二十三年法律第百八十六号）の規定による人命の救助を行うことをいう。（「救助活動に関する基準」昭和62年9月21日　消防庁告示第3号）

第2　救助活動上の災害・事故の分類

　本章では、以下の各々の災害分類に従い、全国的に発生件数の多い救助活動を取り上げ、述べることとする。

1　火災
　　火災による行方不明、逃げ遅れに対する検索、救助、避難誘導

2　交通事故
　　自動車、鉄道事故による閉じ込め、挟まれ、下敷き等

3　水難事故
　　海、河川、湖沼への転落、遊泳中の溺水

4　風水害等自然災害事故（本書では災害発生頻度の高い土砂災害について述べる）
　　土砂崩れ、がけ崩れによる生き埋め、埋没、建物倒壊（崩壊）による下敷き

5　機械関係事故
　　昇降機（エレベーター等）、印刷機、その他動力機械の閉じ込め、挟まれ、巻き込まれ

第5章　救助活動

6　建物等による事故
建物内、施設、工作物に閉じ込め、挟まれ

7　ガス・酸欠事故
有毒ガスによる中毒、酸素欠乏空気又はガスの置換による窒息

表6　救助活動件数　　　　　（消防白書より）

	昭和55年	平成5年	平成10年	平成15年	平成20年	平成25年	平成28年
火　災	6,609	5,215	6,373	6,418	6,402	4,547	3,982
交通事故	4,143	16,259	17,814	20,414	15,688	15,828	14,774
水難事故	736	1,146	1,763	2,143	2,285	2,670	2,681
自然災害	166	267	286	118	102	349	333
機械による事故	501	772	996	1,066	1,001	959	1,126
建物等による事故	544	1,642	6,033	13,432	18,065	22,220	23,529
ガス及び酸欠事故	214	98	105	125	776	359	397
破裂事故	40	9	2	3	6	3	7
その他	1,042	2,695	4,869	8,091	8,970	9,980	10,319
合　計	13,995	28,103	38,241	51,810	53,295	56,915	57,148

第3　災害・事故の特性

1　拡大危険性
　いったん発生した災害は、時間とともに急速に拡大し、同様に被災した要救助者の容態も悪化に向けて進行していく。
　したがって、救助活動は、状況に即座に対応し、かつ、迅速な行動が要求される。

2　活動危険
　救助活動を行う現場は、災害に伴う危険要因（濃煙・熱気、転落、倒壊、爆発等）が無数に存在する。
　したがって、指揮者は、常に隊員の安全確保に配意して、指揮活動にあたらなければならない。

3　活動環境の異常性
　災害現場は修羅場の様相を呈し、当事者、関係者はもとより、現場にある者も異常心理状

態に陥り錯乱状態にある。
　したがって、救助隊員は、厳正なる規律のもと確固たる信念を持って現場を統制し、活動にあたらなければならない。

第4　事前対策

1　管轄区域内の災害発生危険事象の把握
　管轄区域内で災害・事故等が発災生した場合、人命危険が予想される対象物や地域について調査把握し、必要により計画を樹立しておく。
(1)　交通上要注意箇所
(2)　がけ崩れ危険箇所
(3)　多数収容施設
(4)　工場・作業場・その他

2　隊員の教育訓練
　複雑多岐にわたる災害に対処する隊員は、常に社会の動向に着目し災害事象の分析検討を行ない、旺盛な気力と強い責任感を持って、自己の任務を遂行し得る能力と必要とする知識、技術を習得するよう努めなければならない。

（参考）

> 　救助活動に関する基準（昭和62年9月21日　消防庁告示第3号）では、救助隊員の資格を次のように定めている。
> 　第6条　救助隊員（消防団員を除く。）は、次の各号のいずれかに該当する消防職員をもつて充てるようにしなければならない。
> 　1　消防大学校における救助科又は消防学校の教育訓練の基準（平成十五年消防庁告示第三号）に規定する消防学校における救助科を修了した者
> 　2　救助活動に関し、前号に掲げる者と同等以上の知識及び技術を有する者として消防長が認定した者

(1)　精神的能力
　修羅場と化した災害現場で適正に任務を遂行するためには、沈着冷静な行動がとれる安定した精神力を持っていなければならない。
(2)　身体的能力
　強靭な肉体を持ち、敏捷性、柔軟性、持久力に優れており、危険を察知したとき素早く回避できる反射神経を持ち合わせていることが望ましい。

(3) 知　識

　　救助活動に必要な専門的な知識と、物理、化学、気象、地質等で、災害に関係する内容科目についても学習しておくことが必要である。

(4) 技　術

　　徒手による基本的な行動技術に加え、各種資器材の諸元、性能、取り扱い要領に精通し、いかなる場合にも適正に操作し、使用目的を達成できる技術を習得しなければならない。

第5　機器・資器材の整備

　救助活動に際しては、大型重機から各種機械、器具、工具、道具に至るまで様々な資器材を効果的に使用しなければならない。

(1)　救助器具の整備

　　救助器具については、「救助隊の編成、装備及び配置の基準を定める省令」（昭和61年10月1日自治省令第22号）に基づいて地域の実情に応じて整備するとされている。

(2)　機能保持

　　整備された救助器具は、いついかなるときでも直ちに使用でき、しかも性能を完全に発揮できるよう維持管理しなければならない。そのためには、保管場所や積載場所にも配意し、日常における点検、手入れを怠ってはならない。

第6　救助活動の基本

　救助活動は、要救助者の救命のため指揮者の統率の下、安全、確実、迅速に行われなければならない。

1　情報収集

　活動の前提となるものは、災害の実態を正確に把握することにある。そのためには、自分の目で実態を確認し、関係者から情報を聴取し、さらに五感（視覚、聴覚、臭覚、触覚等）をフルに活用して早期に情報を収集する。

(1)　災害実態、事故状況、発生原因、拡大危険予測

(2)　要救助者の数、被災の状況・症状、受傷程度

(3)　活動障害となる物件または事象

(4)　二次的災害の発生要因の有無

2　状況判断

　情報収集によって得た状況を基に、目前の災害の状況と過去に体験した類似事例を勘案し、これに自己隊の装備、戦力等を総合的に判断して、救出方法及び手順、応援部隊の要否、医師の現場への招請の要否等について判断し、決断の資料とする。

3　決　断

(1) 決　断

　　決断は、要救助者の救命と隊員の安全を最優先とし、遅疑逡巡することなく、最善策を望まず次善策でも良いから即決することが重要である。以後状況の変化や時間の推移により適宜修正する。

(2) 命　令

　　命令は、決断した内容について、その意図を明らかにして受命者に明確に示すものであるが、細部にわたって拘束することなく受命者に判断の余地を残すよう配意する。

　　また、任務を指定するときは、実施内容から隊員の年齢、経験、性格、技能等を考慮する。

4　活動着手

(1) 救助の優先順位

　　救助活動は、要救助者の救命を究極の目的とし、その手段として救出活動、症状の悪化防止、精神的・肉体的苦痛の軽減処置をする。併せて過剰な破壊等を避け、財産の保全に配意する。

(2) 障害物件の排除

　　救助活動に障害物件（群集・野次馬を含む。）がある場合は、これらを最初に排除する。

(3) 活動スペースの確保

　　災害現場は、狭く、足場が悪く、物が散乱する等により活動に支障をきたす状態の場合が多い。安全で効果的に作業が進められるよう、これらの障害となる物件を排除して活動スペースを確保する。

(4) 活動中の状況確認と報告

　　活動中は、一点に集中すると全体の状況把握ができないので、特に指揮者は、要救助者の状態、作業の進捗状況、周囲・周辺の状況に配意し必要な指示をする。

　　隊員も担当任務実施中に作業の進捗状況、変化等を指揮者にその都度報告する。

5　関係者・関係機関との連携

　　災害・事故種別によっては、専門的な知識、技能・機械類を必要とする場合や活動協力、支援、あるいは助言が不可欠な状況がある。

　　次のような場合は、積極的に協力を要請し、協議して任務分担等を定め作業の円滑効率化を図る。

①	交通事故（列車・電車事故）	➡　当該鉄道会社の技術者　大型機械
②	建物工作物関係事故	➡　当該建物・設備管理保全技術者
③	動力機械（昇降機・印刷機事故）	➡　当該機械製造会社・保守管理技術者
④	崩壊・倒壊（土砂崩れ・がけ崩れ）	➡　土木技術者　土木機械　大型機械
⑤	ガス・酸欠事故	➡　ガス会社技術者

第5章 救助活動

6 医師の現場への派遣要請
　要救助者の容態、内容から医師の助言や処置が必要と判断される次のような場合は、DMAT 等医師の現場派遣を要請する。
(1) 救出までに長時間を要すると判断されるとき
(2) 複数以上の重傷者が発生しているとき
(3) 搬送することが生命に危険であると判断されるとき
(4) 搬送の可否の判断が困難なとき
(5) 要救助者の容態から医師による現場での救命処置が必要なとき
(6) 事故の内容から、救助隊員自身の安全管理上の助言が必要なとき

第7 活動中の安全確保

　いったん災害が発生すると、現場の環境は平常時の良好な管理下とは異なり、完全に不安全状態となっている。このことを前提とした行動をとらなければならない。

1 安全確保の基本
　安全確保の基本は、まず自己防衛である。自己の安全は自分自身で確保する。さらに隊員相互で確認し合い、指揮者は、全体をチェックする。

2 組織活動
　指揮者の掌握から離脱した独断的行動は、重大な事故につながる。常に積極的に指揮者の掌握下に入って統制ある行動をとる。

3 危険情報の周知
　危険要因を発見又は情報を察知したときは、速やかに全員に知らせ徹底する。

4 機器の適正使用
　機器を使用するときは、目的に合致した器具を選定し、器具の性能限界内で適正に取り扱う。

5 技能向上
　安全に救助活動を遂行するには、強固なる意志と強靭なる体力が要求される。平素からの教育訓練によって、これら技能の取得と維持向上に努める。

第2節　活動要領

第1　初動処置

1　覚知時の対応

　　救助活動は覚知から始まる。覚知時に考慮し処置すべき事項は次のとおり。
(1)　覚知時　＝　季節、気象条件、時刻
(2)　現場の状況　＝　発災施設、屋内・外、地形、道路、交通事情
(3)　事故内容　＝　事故の概要確認と予測

2　出動

　　次により必要な処置をし、迅速出動する。
(1)　出動順路の選定
(2)　所要資器材の確認、迅速出動

第2　出動途上の処置

出動途上においてなすべき事項は、次のとおり。

1　交通事故防止

　　早期に現場に到着するための配意と途上における交通事故防止

2　新情報への対応

　　本部からのその後の状況、指示等の確認と対応

3　途上の情報を本部へ報告

　　出動途上に自己隊において収集・確認した災害活動上必要な情報を本部へ報告

第3　現場活動

1　停車（部署）位置の選定　＝　災害の推移により移動しない、後着隊に配意
　　　↓
2　実態把握　＝　早期に情報収集活動
　　　↓
3　状況判断　＝　情報収集により得た内容の分析
　　　↓
4　救助手段の決定　＝　救助方法、手順の決定、下命
　　　↓
5　使用資器材の選定　＝　救助方法に合致する器具選定
　　　↓
6　隊員に対する任務付与　＝　主作業、協力、補助、監視等任務分担下命
　　　↓
7　活動開始と状況監視　＝　活動状況、要救助者の状況、周囲の状況監視

第4　撤収・現場引揚げ

1　人員・資器材の点検と撤収

　　隊員の状態（受傷の有無、疲労度）を確認、資器材の数、損傷の有無等の現場点検をした後、本部に報告して現場を引き揚げる。

2　引揚げ途上における事故防止

　　活動後の疲労と安堵感から注意力が散漫となりやすい。十分緊張し交通事故防止の万全を期する。

第5　帰署（所）後の処置

1　再出動準備

　　帰署（所）後直ちに資器材を点検し、修理、交換、積み替え等を行い次の災害出動に備える。

2　活動結果の反省と検討

　　実施した活動体験について、今後の活動に反映させるため、お互いに反省、検討する。

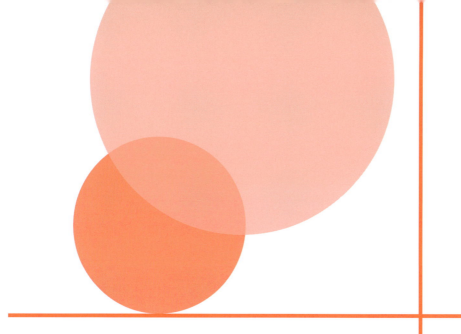

第6章 事故別救助活動

第1節　火災救助

第1　火災救助の態様と特性

本節では、建物火災を対象とした救助要領について述べる。

1　木造・防火造建物火災

(1) 危険度の急速進展

　　燃焼速度が速いため、要救助者に対する危険が切迫し、最優先での迅速な人命検索・救助活動が必要である。

(2) 気象条件の影響大

　　湿度が低く風速大であるほど延焼速度が速いため、気象条件により大きな影響を受ける。

(3) 燃焼特性

　　防火造建物は、木造に比べ燃焼速度は緩慢であるが、内部に濃煙や熱気が充満し活動障害となる。延焼形態は、壁間を火炎が伝送し建物全体に拡大する。

(4) 崩壊・倒壊危険

　　火災の最盛期以降は、梁の落下、床の抜け落ち、柱、壁の落下や崩壊、防火造建物はモルタルの剥離による落下や外壁の倒壊危険がある。

2　耐火造建物火災

(1) 立体的活動

　　中高層建物では、延焼形態が上下階に延びることから、部隊の活動全体が立体的となる。

(2) 濃煙・熱気充満

　　密閉された空間であるため、濃煙・熱気が充満して活動障害が大となる。

(3) 組織活動

　　建物の直通階段やはしご車を進入・救出手段として活用し、援護注水、資材搬送、要救助者搬送等の作業を分担し、各隊の連携を密にした組織的な活動が必要となる。

第6章　事故別救助活動

第2　初動処置

1　覚知時の処置
建物の構造、階層、用途、活動計画の有無、要救助者の有無等を確認し、必要な処置をとる。

2　出動
必要資器材を確認し、出動順路を選定、迅速出動する。出動途上、自己隊で入手又は本部から得た情報を全隊員に周知し、交通事故防止に留意して現場に向かう。

第3　実態把握

1　要救助者を視認した場合
建物の窓、ベランダ、屋上などに要救助者を外部から確認できる場合は、視認できた要救助者を最優先として救助に当たる。

2　要救助者を視認できない場合
通常の現場では、要救助者を視認できない状況が一般的である。直ちに情報の収集に着手しなければならない。

第4　救助活動

火災の規模や対象物に関係なく、火災現場には人命危険有りを前提として行動する。

1　聞き込み
検索に先立ち（検索中を含む。）関係者、居住者から聞き込みを行い、要救助者の有無、要救助者がいる場合は、所在・人数・状況等を聴取する。
また、救助した者からも他に逃げ遅れ者の有無、状況等について聴取する。

2　検索行動
聞き込みの結果又は火災の状況から検索行動を実施したが、発見に至らなかった場合は、緊急時の「避難習性（行動特性）」を考慮し、検索重点箇所等の検索を行い要救助者の発見に努める。

表7　避難習性（行動特性）

生活導線	日常使い慣れた通路・設備を使う
走光性	明るい方向に向かって進む

帰巣性	入ってきた経路を逆に戻ろうとする
追従性	大勢の人が動く方向について行く
閉じこもり	なすすべもなく自室、狭い場所に閉じこもる

(1) 班の編成

　濃煙内に進入する検索班は、進入隊員2名、確保（管理）者1名の3名とし、進入隊員は防火衣の完全着装、注水のための筒先、照明器具の携行及び空気呼吸器の着装を徹底する。

(2) 検索・救助活動に使用する機械、器具

　① 進入・救出・脱出
　　はしご車、屈折はしご車、空中作業車（ヘリコプター）
　　積載はしご（三連はしご、かぎ付はしご）、救助ロープ類
　② 放水
　　ポンプ車
　③ 排煙、送風
　　排煙車
　　破壊器具（エンジンカッター、ハンマー）
　④ 照明
　　照明車、車両付照明装置
　　投光機、懐中電灯
　⑤ 呼吸保護
　　空気・酸素呼吸器
　⑥ 命令伝達、通信連絡、緊急通報
　　車両拡声装置
　　携帯無線機・携帯拡声器、携帯警報器、警笛
　⑦ 破壊
　　エンジンカッター、削岩機、ハンマー、とび口、バール
　⑧ その他
　　検索棒、ケミカルライト、検索済標識

(3) 進入手段

　放水体制を確保し、原則的には、建物の入口・玄関から進入し、階段を使用して上下階へ、廊下を通って目的場所に到達する。

　状況により以下の方法をとる。

　① はしご車又は積載はしごを使って進入する。
　② 隣室のベランダから、又は隣接建物から進入する。
　③ 付近の塀、電柱、樹木等活用する。（2階建て以下）

第6章　事故別救助活動

(4) 救出路及び退路の確保

内部進入時には、あらかじめ救出経路及び緊急時の退避経路を確認しておく。

(5) 検索優先順位

火災発生場所 ➡ その周辺 ➡ 直上階層 ➡ 最上階 ➡ 下階層

(6) 検索重点箇所

① 出入り口、窓際、部屋の隅、寝室
② 階段口、廊下の角、行き止まり
③ エレベーター内、前面ロビー
④ 避難器具の設置箇所付近
⑤ トイレ、風呂場、その他熱気や煙から逃れようとすることが考えられる、区画された場所

(7) 検索漏れ防止

検索範囲が広く、また、検索を必要とする箇所が多い場合は、検索漏れや重複することのないよう分担し、順序だてて実施、必要により検索済みの標識（ケミカルライト等）を使用する。

(8) 援護注水態勢

延焼中又は延焼危険のある部分へ進入する場合は、扉の正面を避け側方に待機し、援護注水の筒先の配備を待って内部進入し、援護注水の援護を受けながら行動する。

写真8　援護注水

3　救助方法

(1) 部屋の窓やベランダ又は屋上で救助を求めている場合

① 進入手段

高層階は、はしご車を活用し、2・3階は、積載はしごを活用して、次により進入する。

ア　要救助者のいる場所に直接架梯する。
イ　隣戸のベランダに架梯、隔壁を破壊、要救助者のいる場所に進入する。
ウ　直上階又は直下階に、あるいは屋上に架梯して進入し、かぎ付はしご又は救助ロープにより降下・登はんし要救助者のいる場所に進入する。
エ　要救助者に対し、はしごへの飛びつき防止と火煙を避けて待つよう強く指示する。

② 屋内進入隊との連携

上級指揮者は、屋内進入した隊がいるときは、救助活動が終了するまで、急激な火煙

の拡大を防止するため、当該居室やフロアの開口部を開放しないよう統制する。
③ 援護態勢
　要救助者と進入隊員を火勢から援護するため必ず注水態勢を確保する。
④ 救助要領
　ア　はしご車により救助する場合
　　・　先端搭乗隊員が誘導してリフター又はバスケットにより収容制限人数内で救助する。
　　・　要救助者が多数いる場合には、隊員の誘導・統制により、てい体上を歩いて降下させることを考慮する。
　イ　三連はしごにより救助する場合
　　・　はしご角度75度で前①により架梯し、歩行可能な要救助者は隊員が声かけを行い自力で降下させる。
　　・　要救助者の状況と切迫度に応じて、要救助者を後からかかえ、あるいは前から抱く形で、隊員が補助をしながら降下させる（**かかえ救出**）。

図18　かかえ救出

　　・　三連はしごによる高所からのかかえ救出は、危険を伴うことから他に救出方法がない場合に選択する。
　エ　三連はしごの救助で、歩行不能者に対しては、背負って降下するか、又は、救助ロープ・簡易縛帯等を使用して要救助者を吊り下げ、三連はしごの横さんを支点とし、地上で隊員が確保しながら降下、救出する（**応急はしご救出**）。
　　応急はしご救出は、危険を伴うことから階段等の生活動線からの救出が困難な場合等、他に救出方法がない場合に選択する。

(2) 検索により要救助者を発見した場合
① 救出順位
　要救助者が複数の場合、重症者、子供、老人、婦人等弱者から順次救出する。
② 救出手段

写真9　応急はしご救出

第6章　事故別救助活動

　　救出（搬送）方法は、要救助者の容態、現在位置（高所低所）、救出（搬送）距離等を考慮し、最良の方法を選択する。
　ア　徒手により背負う、担ぐ、抱える、引きずる。
　イ　担架に収容して搬送する。
　ウ　救助ロープにより吊り下げ・引き上げ。
　エ　三連はしごにより背負って降ろす。
　オ　はしご車によりリフター等又は、てい体歩行により降ろす。
　　なお、建物設置の避難器具が使用可能な状態であれば活用を考慮する。
③　救出要領
　ア　要救助者のいる場所から緊急に室外に救出、救出（搬送）は、2名で要救助者の後ろ襟をつかみ、一気に引きずりだす（**ひきずり救出**）。
　イ　火煙が少なく又は、救出（搬送）距離がある場合は、2名で上体と足部を抱えて1名が要救助者を背後からかかえ、他の1名が要救助者の下肢を交差させてかかえ、足の方向へ進行する（**かかえ搬送**）。
④　救出場所
　　救出（搬送）場所は、安全な屋外の地上を原則とするが、困難な場合は屋上、煙に汚染されていないロビー、バルコニー等に一時的に搬送し、必要な処置を施した後、早急に地上に搬送する。

図19　ひきずり救出

図20　かかえ搬送

(3)　避難誘導
　　切迫した危険はないが、放置することによって避難できなくなる自力避難可能者に対し、安全な場所に誘導することであり、要領は次のとおり
①　避難者は、不安と恐怖のため混乱状態にあることから、安心感を与えるとともに毅然とした態度で統制して誘導する。
②　誘導には、努めて対象物の放送設備を活用し、避難方向、非常口、避難場所等を示して誘導する。
③　誘導員は、拡声器、照明器具、救助ロープ等を用い、階段口、踊り場、曲がり角など避難が渋滞するおそれのある場所に配置し、円滑に誘導する。
④　避難者が火炎に包まれるおそれのある場所を通過する必要がある場合は、筒先を配備し、噴霧注水により防護する。

(4) 救助（避難誘導を含む。）後の処置
① 救護処置
　　救出後、救急隊員又は現場派遣の医師によって容態観察を行い、必要により応急処置を施し病院搬送を行う。
② 情報聴取
　　救助された本人以外の逃げ遅れ者の有無、その他の状況について聴取する。
③ 面通し
　　救出された要救助者に意識がない場合は、関係者の面通しによる人物確認を行う。

4　活動上の留意事項
(1) 聞き込み
　　重要な情報は、火元関係者が持っているので、火元関係者から聴取する。彼らは態度、服装（パジャマ姿、裸、下着、裸足）など正常を欠き又は、怪我をしている等が見受けられるので、確保して、情報収集を行う。
(2) 支援態勢
　　延焼火災における検索活動は、突然の火炎の噴出に備え、必ず援護注水隊の支援の下に行う。
(3) 救助方法
　　火災の様相、建物の構造、要救助者の位置等から総合的に判断して、最も安全な屋内階段からの救助方法を選択すべきで、救助ロープ、積載はしごによる救助方法は、他に安全な方法がない場合に行う。

第5　対象別特性と救助要領

　次の対象物における火災時の救助活動は、最高指揮者（指揮本部長）の統率の下に展開される組織的な、火災全体の消防活動の一環として救助活動する。
　対象物の特性から見た救助活動上の要点は次の通りである。

1　百貨店
(1) 多数の避難者、要救助者が予想される。早期に所要部隊を要請し任務指定をして対応する。
(2) 屋内進入は、避難者と競合する場合があるため、使用階段を指定する。
(3) 屋上に避難した要救助者に対しては、はしご車の対応を考える。
(4) 避難橋がある場合は、避難橋を利用する。

2　ホテル・旅館
(1) 責任者及び関係者から客室の状況及び宿泊者の状況を聴取する。

(2) 検索に際しては、宿泊者名簿と部屋の配置図等を照合して確認する。

3 病院・養護施設

(1) 医師・看護師等から入院（所）患者などの自力歩行困難者の状況を聴取し、これらの者を優先的に対応する。
(2) 救助は、重症患者、乳幼児、子供、老人等の弱者を優先する。
(3) 救助・避難した患者等には、医師や看護師に必要な救護処置を受けさせる。

4 劇場・映画館

(1) 多数の避難者、要救助者が予想されることから、早期に所要部隊を要請し任務指定をして対応する。
(2) 劇場の場合は、楽屋、トイレ、通路の曲がり角、行き止まり等を重点検索箇所とする。
(3) 舞台部及び舞台裏は、複雑な構造となっており、奈落への転落危険や舞台の天井部分にある大道具や照明器具の落下危険があるので、確認して安全を確保する。

第1節　火災救助

【救助事例１】

事故の概要等	事故分類	火災・ビル火災で３階から２名を救出	
	発生状況	発生時期	３月　　　９時
		発生場所	耐火造７階建　事務所・居室
		気象その他	晴れ
	事故概要	事務所と住居の混在するビルの住居部分３階から出火し、居室にいた母と娘が逃げ遅れた。娘は、窓際まで出て助けを求め、母親は室内で倒れて逃げ遅れとなったもの。	
活動概要	到着時の状況	１　３階の北側の窓から濃煙が噴出していた。 ２　東側の窓枠に寄りかかっているパジャマを着た女性の姿が視認された。	
	状況判断	１　視認できた窓際の女性の救出を最優先とする。 ２　建物内へは、消火と併せて援護注水により内部進入して検索する。	
	救出要項	１　建物直近に車両を停車し、車上から三連はしごを架梯した。 ２　隊員が三連はしごを登はんし、指示を与えながら、はしごの先端に誘導し、背後から補助し車上に降ろし、さらに鈎付きはしごにより地上に救出した。 ３　屋内に進入した隊は、援護注水のもと居室内を検索し、室内に倒れていた母親を発見し、屋内階段から地上に救出した。 ４　救出後、救急隊によりCPRを実施し、病院搬送した。 主な使用資器材 　三連はしご、鈎付きはしご、空気呼吸器、放水用器具	
留意事項	１　ベランダ、窓際にいる要救助者に対しては、飛び降り防止その他必要な指示を与え、強く統制しながら速やかに救出する。 ２　屋内進入隊と外部からの救助活動隊は、連携を密にして火煙の噴出による等の二次災害防止に配意する。		

第6章　事故別救助活動

第2節　交通事故

第1　自動車事故の態様と特性

　自動車事故の態様は、自動車と自動車の衝突・追突、崖上やビル屋上駐車場からの墜落等による車内への閉じ込め、挟まれ等が主な内容である。
　自動車事故の発生場所は一般道路や高速道路上が多く、現場は事故車両の他に後続車両、対向車両との接触による二次的災害の発生危険や交通渋滞を生じ、また、多くの人々（野次馬）が集まるなど、事故に付随する活動障害が発生する。

1　初動処置
(1)　覚知時の処置
　　指令内容から可能な範囲で現場の状況、周囲の状況を確認し、推定し処置する。
　①　一般道路か高速道路か、道路幅員、舗装・未舗装の別、交通量、一方交通等
　②　地形、高低差、市街地か住宅街
　③　警察官・道路公団の先着、交通規制の有無
(2)　出動
　　出火危険があることを前提として必要資器材を確認し、出動順路を選定、迅速出動する。出動途上、自己隊で入手又は本部から得た情報を全隊員に周知し、交通事故防止に留意して現場に向かう。
　　停車位置は、原則として事故車両の手前とし後方に事故防止灯を設置する。警察官等が既に到着し、交通規制・整理等をしている場合は、事故車を出越して停車する。

2　実態把握と判断
　到着後直ちに現場確認及び関係者等から情報収集し、実態を把握する。
(1)　事故の規模
　　単独事故か複合事故か、要救助者の人数、脱出不能者の有無、事故現場の範囲
(2)　要救助者の状況
　①　状　態
　　車内（外）挟まれ、圧迫、受傷、下敷き、閉じ込め、その他
　②　部位・程度

頭部、上・下半身、腕、脚部、意識レベル、苦痛の状況
(3) 活動障害の有無
　燃料漏れ、オイル漏れによる出火危険、積載物の散乱、落下危険
(参考)

> ※　ハイブリッド自動車について
> 　近年、普及しているハイブリッド自動車は、高電圧のシステムを使用していることから、災害対応に際しては、ハイブリッドシステムを停止させないとエアバッグの突然の展開、高電圧システムによる重度の火傷及び感電危険がある。ハイブリッド自動車関連事故の安全対策及びハイブリッドシステムの停止要領については、メーカー、車種毎に異なるのでメーカー資料等による事前の研究が必要である。

(4) 周囲の状況
　現場付近の交通量、一般人の人数と動向
(5) 上記のほか、関係者、目撃者及び警察官からの情報聴取
　① 発生原因とその後の経過
　② 関係者の取った処置とその結果
(6) 応援部隊等及び医師要請の要否
　救出まで時間がかかる場合や重症者が複数以上発生している場合はDMAT（災害医療チーム）等医師の要請を判断

3　救助方法の決定
　前2の各事項について総合的に検討判断して、安全、確実、迅速に救出できる方法を決定する。
(1) 救出手段
　切断、破壊、拡げ、押し上げ、牽引等の救助方法と使用資器材の決定
(2) 使用資器材等
　① 切断・破壊……エンジン・カッター、エアーソー、油圧スプレッダー等
　② 拡げ、押し上げ……油圧ジャッキ類、マット型空気ジャッキ
　③ 牽引、吊り上げ……可搬式ウインチ、車両
　④ 小破壊、分解……金てこ、大ハンマー、各種工具類
　⑤ その他……当て木、敷板、楔、要救助者保護用毛布、タオル
(3) 救出手順
　① 二次的災害防止処置をとる。
　　ア　警察官等に交通規制を依頼、三角標識、ロープ等を用いて作業エリアを確保する。
　　イ　事故車両のエンジンを停止し、キーを抜き取り、バッテリーからターミナルを取外す。
　　ウ　消火準備をする。

第6章　事故別救助活動

　　エ　事故車両の移動防止処置（車両ブレーキ、車輪止め等）をする。
② 資器材を準備する。
③ 隊員の任務分担（主作業、補助、支援、監視等）を具体的に指示する。
④ 活動上の障害を排除し、救出作業に着手する。

4　救出手段

(1)　閉じ込め

衝撃によるドア変形等により自力脱出不能となったもの
① 人力でドアのノブを持って一気に引く。
② 窓ガラスを部分破壊し、ドアロックを解除する。
③ ドアの蝶番部又は、ノブのロック部分を切断・破壊して開放する。
④ 屋根を支えるピラーを切断し、屋根を開放又は取り外す。
⑤ 前面又は、後面のガラスを破壊する。

(2)　挟まれ

車両同士の衝突・追突あるいは車両が建物、塀、ガードレール、電柱又は樹木等に追突し、ハンドルと座席、ダッシュボードと座席の間に上体を又は、座席とペダル部分に脚部を挟まれたもの
① 座席をレバー操作により後方への移動を試みる。又は分解する。
② 器具を使用して、拡げ、押し上げ、又は牽引により挟まれた部分を押し拡げる。

(3)　下敷き

歩行者又は自転車で走行中の者が、トラック等の大型車両に轢かれて車体の下に挟まれ、脱出不能となったもの
① 事故車両に移動防止処置をした後、油圧器具を使用して押し上げる。
② クレーン車等大型車両により事故車両を吊り上げる。

表8　救出手段と使用資器材

	救出手段		使用資器材	留意事項
閉じ込め	ドアの開放	ドア取手部分の破壊・切断 ドア蝶番部分の破壊・切断	エンジンカッター 油圧スプレッダー エアーソー 万能斧・バール等	出火・引火防止 振動・火花から要救助者の保護
	屋根の開放	ピラーの切断・ガラスの破壊		
	窓の開放	ガラスの破壊・取り外し		ガラス破片に留意
挟まれ	切断・破壊 拡張 引き離し	挟まれた部分の切断・破壊 押し広げ 車両の牽引	可搬ウインチ、エンジンカッター、エアーソー各種ジャッキ	滑り、外れに注意
下敷き	押し上げ 吊り上げ 移動	車両の押し上げ 車両の吊り上げ 車両を移動	各種ジャッキ類、可搬ウインチ、クレーン車両	滑り、外れに注意

(4) 救助方法手段の例
　① ドアの開放（図21）

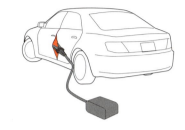

ドアの開放　1

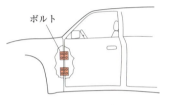
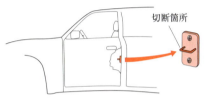

ドアの開放　2　　　　　　　　　　　　ドアの開放　3

　② 屋根の開放（図22）

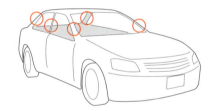
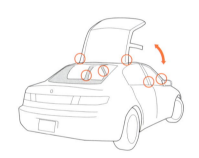

ピラーの切断による全開放　　　　　ピラー及び屋根の切断による半開放

　③ 車内の拡張（図23）

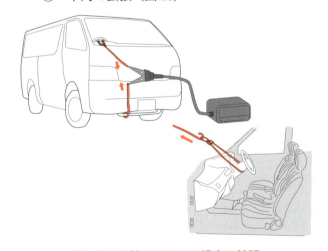
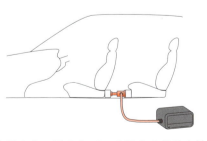

ハンドルに挟まれている場合の拡張　　　後部座席に挟まれている場合の救助方法

第6章　事故別救助活動

5　活動上の留意事項

(1) 二次的災害の防止
　　高速道路上等の事故で交通規制前の渋滞が発生していない状況下では隣接車線等を高速で走行する車両と活動隊等との接触、衝突危険があることから、後方・周囲に事故防止灯を設置するとともに安全監視要員を配置し、警察官等に早期に交通規制を依頼する。

(2) 要救助者への配意
　　使用する器具の操作により要救助者に衝撃を与えないよう慎重に行い、作業中は適時励ましの言葉をかけるなど要救助者の保護に努める。
　　また、要救助者のプライバシー保護のため衆人からの目隠し等にも配意する。

(3) 使用する器具の設定上の注意
　　押し上げ等に使用する器具は、操作途中のズレ、外れ、あるいは揚程不足による設定替えをすることのないよう、設定箇所は当初から慎重に選定する。また、敷板、枕木等を活用して揚程を短縮し、作業の効率化を図る。

(4) 出火防止
　　燃料漏れの有無に関わらず、出火に備えポンプ車積載水等による放水を準備する。
　　燃料漏れのある現場では、切断器具に火花を発する器具を使用しない。

【救助事例2】

事故分類		交通（自動車）事故・大型トラックにライトバンが追突1名救助	
事故の概要等	発生状況	発生時期	6月　17時
		発生場所	高速自動車道
		気象その他	晴れ
	事故概要	高速道路トンネル内を走行中の大型トラックのタイヤがバーストしたため急停車し、これに後続していたライトバンが追突、トラックの後部に食い込み、運転手（男21歳）が受傷、脱出不能となったもの。	
活動概要	到着時の状況	1　要救助者は、運転席でダッシュボードとハンドルに下腹部と両足を挟まれ、顔面から出血が見られた。 2　他の後続車両は、走行していたが、徐々に渋滞の様相を呈していた。	
	状況判断	1　他の走行車両による活動障害、出火等二次的災害防止処置をとる。 2　要救助者の保護処置をとり、車両を引き離す。	
	救出要項	1　救急隊により要救助者を観察し、止血し、毛布を使用し保温をした。 2　大型トラックを固定し、救助工作車のフロントウインチのフックをライトバンの後部に掛け、徐々にウインチを操作し大型トラックからライトバンを引き離した。 3　救出時の障害となるライトバンの天井部分を除去するため、大型油圧スプレッダーでフロントピラーを切断して天井部分を開放した。 4　要救助者の下腹部の圧迫を開放するため、可搬ウインチを使用しウインチのワイヤーをライトバンのハンドル部に掛け、大型トラックを支点として慎重に操作して、間隙を作り要救助者を救出した。	

第2節　交通事故

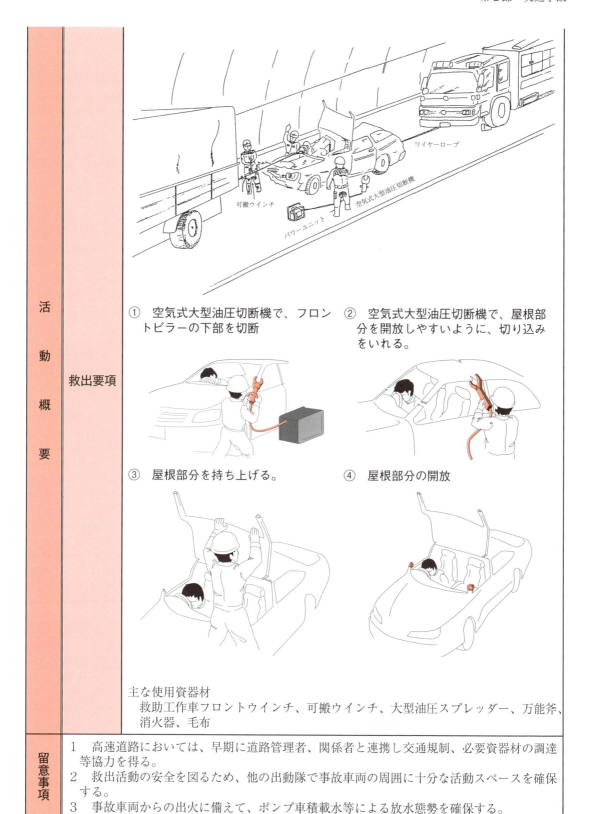

活動概要	救出要項	① 空気式大型油圧切断機で、フロントピラーの下部を切断 ② 空気式大型油圧切断機で、屋根部分を開放しやすいように、切り込みをいれる。 ③ 屋根部分を持ち上げる。 ④ 屋根部分の開放 主な使用資器材 　救助工作車フロントウインチ、可搬ウインチ、大型油圧スプレッダー、万能斧、消火器、毛布
留意事項		1　高速道路においては、早期に道路管理者、関係者と連携し交通規制、必要資器材の調達等協力を得る。 2　救出活動の安全を図るため、他の出動隊で事故車両の周囲に十分な活動スペースを確保する。 3　事故車両からの出火に備えて、ポンプ車積載水等による放水態勢を確保する。

第2　鉄道事故の態様と特性

　本節では、駅構内で発生した比較的小規模な人身事故を対象とし、内容としては乗客が、転落又は飛び込みによって、列車とプラットフォームの間に挟まれた事故及び進行してきた列車に巻き込まれ、挟まれ又は下敷きになった事故について述べる。

　過去に鉄道軌道敷内の救助活動中の消防隊員2名が走行してきた列車に接触し、1名が殉職し、1名が重傷を負うという痛ましい事故等が発生していることから、鉄道軌道敷内での活動は列車運行停止の確認等の安全第一とした特段の注意が必要である。

　鉄道関係業務については、環境、施設、業務内容等、専門的な事項が多く、安全かつ効率的な救助活動を行う上で鉄道関係者からの助言、技術援助は不可欠であり連携を密にした活動が必要となる。

1　初動処置
(1)　覚知時の処置

　　指令内容から、事故発生現場の位置（ホーム番線、ホーム設置階、軌道敷上、高架線上、地下部分等）と列車の運行状況を確認する。

(2)　出動

　　必要資器材を確認し、出動順路を選定、迅速出動する。出動途上、自己隊で入手又は本部から得た情報を全隊員に周知し、交通事故防止に留意して現場に向かう。

　　事故発生場所（ホーム、線路）への進入経路と負傷者の搬出経路に至便な位置に部署する。

2　実態把握と判断
　現場を確認し、駅職員から状況聴取し、必要事項を要請する。

(1)　事故の規模、要救助者の人数、状態
　　① 列車とホームとの間に身体を挟まれた状態
　　② 列車の車輪又は台車に身体の一部を挟まれ、下敷き状態
　　③ 列車の電源遮断の有無

(2)　他の電車の運行状況
　　隣接ホーム・路線等への入線・運行停止を要請・確認

(3)　乗客及びホーム上の乗降客の動向

(4)　駅関係者が実施した処置と現状
　　ターミナル駅の場合は、雑踏対策を兼ねた消防隊及び負傷者誘導のための駅員の配置を要請

(5)　応援部隊、医師の現場派遣要請の要否

3 救助方法の決定

前2の状況と鉄道関係者の助言を得て、安全、確実、迅速に救出できる方法を選定する。

(1) 活動障害となる要因の排除

事故発生路線及び隣接路線の運行停止が行われていない場合は、軌道敷内での活動は行わない。

① 一般乗降客

駅構内の一般乗客には、先を急ぎ早期復旧を望む者、あるいは無責任に見物し、野次を発する者があり、活動の支障となるので、消防警戒区域を設定するとともに駅係員の協力を得て構内拡声器により、事故の概要、作業の進捗状況、復旧の見通しその他について広報し、理解と協力を得る。

② 事故車内の乗客

列車とホームの間に挟まれている事案では、到着時に事故車内に乗客がいた場合は、状況確認し救助方法が決定するまで現在の位置を移動しないように指示する。

③ 列車の電源遮断

安全確保のため列車の電源遮断を鉄道関係者に要請する。

(2) 使用資器材の選定

事故の内容から、押し上げ、拡張、吊り上げの作業が主体となる。列車は、重量が鋼鉄車両で概ね40トン前後、最近のステンレス・アルミ車両でも30〜35トン前後ある。この重量に対応できる機材を選定し、2台以上を同時使用する。

なお、鉄道会社側には、これに対応できる専門の機器を備えている場合があるので、協力を要請し効果的に使用する。

① 使用資器材等
　ア　油圧ジャッキ
　イ　マット型空気ジャッキ
　ウ　可搬式ウインチ
　エ　ガス溶断器

② 鉄道会社側、現場調達資機材
　ア　列車専用ジャッキ
　イ　クレーン車
　ウ　牽引車
　エ　その他専用工具
　オ　枕木、敷板、補助材

4 救出手段

(1) プラットホームと列車との間の挟まれ事故

① 車両自体のブレーキを作動させ、さらに鉄道事業者に車輪止めを実施させ、車両移動防止処置をとる。

第6章　事故別救助活動

② 作業中に要救助者の転倒、落下防止のための保護処置をとる。
③ ホームと車両の間隔を拡げる
　ア　プラットホームと車両の側面または地盤面と車両の下部に油圧ジャッキ等を使用し、隙間を広くする。枕木を有効に活用する。
　イ　人力で反対側に押して、間隔を広く取る。
　　※この方法は、大きな力を同時に集中して出されなければならず、反動で揺れがこちら側に戻ってはならない。実施時期の判断が重要である。
　ウ　乗客を挟まれている側の反対側に移動させる。
　　※車両の緩衝用バネの方式は、金属バネ式と空気バネ式があり、バネの方式を確認して行う。金属バネ式が有効、空気バネ式は効果がない。

図24　一般的台車の構造、名称例

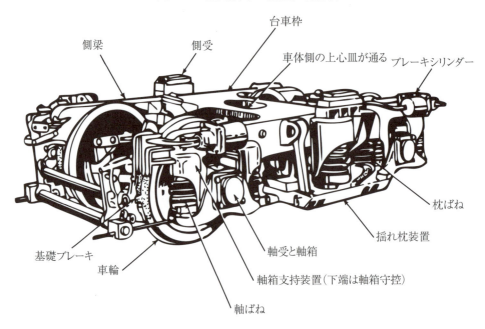

(2) 車両の下敷き事故
① 車輪止めにより車両の移動防止処置をする。
② 乗客全員を列車等からホーム上に降ろす。
③ 地盤面と車輪の軸箱の間に油圧ジャッキを設定し、押し上げて間隙を作る。
④ 鉄道会社側の大型機械により車両を吊り上げる。

5　活動上の留意事項
(1) 使用する器具の設定上の注意
　　押し上げ、拡げ等のために器具を設定するときは、操作中にズレたり、外れたりするこ

とのないよう、鉄道事業者に車両ブレーキ操作と車輪止めを確実に実施させ、設定場所の選定には細心の注意を払い、かつ、操作中は状況を監視しながら慎重に行い、車両の変形や反動による被害を拡大させないよう留意する。

(2) 要救助者の保護

使用する器具の操作により要救助者に振動等による苦痛を与えないよう注意し、火花やガラスの破片などが触れないよう毛布等で保護する。また、ショック防止のため患部を見せないように目隠しをする等、要救助者の保護処置に配意する。

また、要救助者のプライバシー保護のための衆人からの目隠し等にも配慮する。

【救助事例3】

事故の概要等	発生状況	事故分類	交通（電車）事故・電車とホームの間に挟まれた1名救助	
		発生時期	2月　21時	
		発生場所	駅構内	
		気象その他	曇り	
	事故概要	保線工事中の作業員（男51歳）が線路からホームに登ろうとしていた時に電車が入線し、電車とホームの間に挟まれたもの。		
活動概要	到着時の状況	1　要救助者は、電車の前から2両目の車両の中間部とホームの間に挟まれ、意識混濁状態であった。 2　駅係員による救助処置はされておらず、乗降客が見守っていた。		
	状況判断	1　後続電車に対する停止要請とホーム上の乗降客（野次馬）を整理する。 2　車両押し上げにより間隙をつくる。		
	救出要項	1　駅係員に対し、後続電車の運転停止と当該電車のパンタグラフ降下について確認、指示した。併せてホーム上の乗降客の整理を依頼する。 2　医師の現場派遣について要請した。 3　油圧ジャッキ（20t）を線路上の搬送し、設置面を安定させるため敷石を除去した。 4　地盤面と電車下部フレームとの間隔が広かった（1.4m）ため、携行したあて木と現場から調達したH鋼と枕木を使用し、この上にラムシリンダーを設定した。 5　状況を確認しながら慎重にジャッキ操作を行い車両を押し上げた。 6　一方、ホーム側で、乗降客にも協力させ車両をホームの反対側に押しホームとの間に間隙を作り、要救助者をホーム上に救出した。		

概要図　要救助者

第6章　事故別救助活動

活動概要	救出要項	救助活動状況図 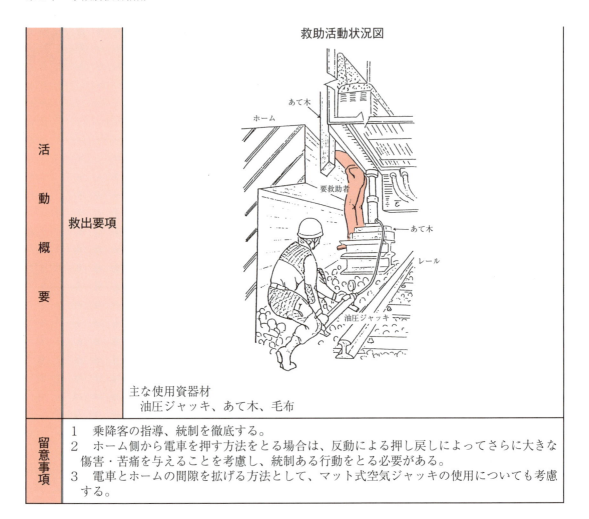 主な使用資器材 　油圧ジャッキ、あて木、毛布
留意事項	\multicolumn{2}{l	}{1　乗降客の指導、統制を徹底する。 2　ホーム側から電車を押す方法をとる場合は、反動による押し戻しによってさらに大きな傷害・苦痛を与えることを考慮し、統制ある行動をとる必要がある。 3　電車とホームの間隙を拡げる方法として、マット式空気ジャッキの使用についても考慮する。}

第3節　水難事故

第1　水難事故の態様と特性

　海、河川、池、プール等へ誤って転落、遊泳中の溺水あるいは自動車の河川への転落事故等を対象とし、船舶の転覆・沈没、洪水、高潮及び津波等にかかわる災害・事故は本節では対象外とする。

　水難事故の特性は、現場が水上又は水中という特殊な環境下の活動となる。また、消防機関が通報を受けた時点では、発生からすでに長時間経過しており、要救助者が事故発生箇所から流され又は水没している場合が多い。

第2　初動処置

1　覚知時の処置

　　覚知時に指令内容から、次の事項について確認、推定する。
(1)　発生場所
　　①　海　➡　岸壁、海岸からの距離、現在時の干満（上げ、下げ）の別
　　②　河川、湖沼　➡　流速、水量、川幅、川底の状況
　　③　プール、池　➡　水深、広さ
(2)　事故の概要
(3)　要救助者の状況
　　　流されているのか、水没しているのかを確認する。河川下流域の場合は、当日の潮の干満時刻に基づき、潮の上げ、下げによる流され方向を推定する。
(4)　通報者の位置

2　出動

　　必要資器材を確認し、出動順路を選定、迅速出動する。出動途上、自己隊で入手又は本部から得た情報を全隊員に周知し、交通事故防止に留意して現場に向かう。

第6章　事故別救助活動

第3　実態把握と判断

1　状況確認
(1)　発生場所の状況
　　① 進入経路の状況、岸壁、川岸、堤防の形状、高さ等、舟艇の接岸の可否
　　② 川幅、流速、透明度、川底の状況（砂地、ヘドロ）
(2)　要救助者の状況
　　消防隊による視認の可否と目撃者、通報者の目撃情報の入手

2　状況聴取
(1)　発生時分
　　事故の発生時刻、要救助者を見失った時刻
(2)　発生位置
　　要救助者を見失った位置を複数の目撃者から聴取
(3)　要救助者の状況
　　性別、大人・子供の別、人数、服装、服装の色

第4　救助（検索）方法の決定

　救助（検索）方法は、現場到着時に要救助者を視認できる場合と、流され又は水没して視認できない場合に分けられる。

1　要救助者が視認できる場合の救助（検索）方法
(1)　岸等から近い場合は、浮き輪、木材を投げ、一時的にこれにつかまらせる。
(2)　直近の場合は、竹竿、ロープ、とび口等につかまらせる。
(3)　水泳により直接救助する。
(4)　舟艇、ボートを使用する。

2　要救助者が視認できない場合の救助（検索）方法
(1)　水難救助隊による潜水活動により救助する。
(2)　舟艇によりすばりを使用する。

3　使用資器材
(1)　陸上・水面上からの救助
　　舟艇、ボート、救命浮環、すばり、救命胴衣、ロープ、鳶口
　　木材・竹竿（現地調達）
　　※橋上からの救助

　　　　積載はしご、ワイヤーはしご、バスケット担架、救命胴衣、ロープ等
(2) 潜水による救助
　　潜水器具……ボンベ、ハーネス、調整器
　　個人装備……マスク、ウエット・スーツ、足ひれ、重錘帯
　　携行器具……水深計、時計、磁石、鋭利な刃物
(3) 作業用具浮環（ブイ）、錘索（下がりロープ）、沈錘（アンカー）、信号旗
(4) その他
　　照明器具、拡声器、警笛

第5　救助（検索）方法

◎視認できる場合
1　岸から近い場合
　　ロープをつけた救命浮環を要救助者より遠く（上流）に投げ、これにつかまらせ、ロープを手繰り寄せる。直近の場合は、竹竿やとび口を差し出し引き寄せる。

2　岸から離れている場合
(1) 舟艇を使用し、流速、風を考慮し原則として下流から要救助者に接近する。
(2) 救命浮環を要救助者に投げて引き寄せる。
(3) 要救助者に近接し直接艇上に引き上げる。
(4) 艇上への引き上げは、原則として艇尾からとする。

3　水泳による救助
　　泳いで救助する方法は、河川等の水温、流速等を考慮し、隊員の選定には、遠泳力、立ち泳ぎ、素もぐり、搬送法、離脱法等水難救助法に熟達した隊員を選定する。
(1) 後方から接近し、溺者搬送法（ヘアー・キャリー、ヘッド・キャリー、クロスェスト・キャリー）により搬送する。
(2) 前方から接近し、要救助者の手前1.5～2ｍの位置で潜水し、背後に回って前(1)の方法で搬送する。

◎視認できない場合
1　潜水による検索・救助
(1) 潜水救助の可否要件
　　潜水（スクーバ）は、専門的技能を持つ有資格者によって行われるものであり、潜水活動実施の可否については、隊員の技能と現場の安全の確保状況を勘案し、水難救助隊長の意見に基づき現場指揮本部長が総合的に判断する。
　　原則として、次の条件による。

① 水流、潮流の速さ2.0ノット（1.0m／秒）以下
② 水深22m以内（東京消防庁の例）無減圧潜水の範囲内とする。
③ 波の高さ2m未満
④ 水温、摂氏7度以上（ドライスーツ着用時はこの限りでない。）
⑤ 潜水時間帯は、終日とするが、夜間は水面上の十分な照明及び水中照明を確保する。
⑥ 潜水活動は、無減圧潜水での活動を原則として1回の救助活動でボンベ2本程度までの活動とする。

(2) 要救助者の位置の確認
目撃位置の異なる目撃者数人から、目撃位置から要救助者を通し対岸の目標物を結ぶ線の交点を検索の中心点とする。

(3) 検索範囲の決定
流速、水深、川底の状態、事故発生からの経過時間等の各種要素を加味して検索範囲を決定する。

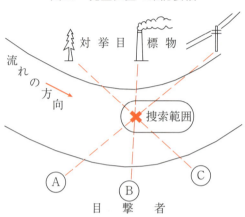

図27　発生位置の確認要領

(4) 事前点検・処置
① バディ（2人1組）の編成状況を確認する。
② 器具を点検する。ボンベの空気充填圧力は、最低でも15MPa以上を確保する。
③ 合図、信号等連絡方法を再確認する。

(5) 検索要領
① 隊員の労力軽減と空気消費量を少なくするため、検索場所直近で水に入る。
② 水に入る時は、水中の障害物を考慮し慎重を期し、飛び込みは避ける。
③ 沈錘、錘索、浮環、信号旗（※）をセットする。

図28　検索活動に設定する資器材

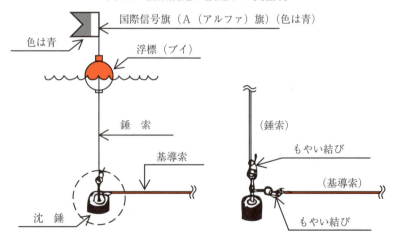

※ 信号旗・船舶が航行する水域において潜水活動を行う場合は「潜水中」を示す国際信号旗A旗（アルファ旗）を掲げる

④ 検索法
　ア　直（線）状検索法
　　　要救助者の水没位置が護岸や堤防付近である場合に、ロープの両端に重錘をつけ、護岸等に平行して直線状に延して沈め、このロープに沿って検索し、検索後ロープを順次平行移動する、少数の潜水員で行える方法である。
　イ　半月状検索法
　　　河川や潮流のある水域で用いる方法で、ロープの両端を上流側の陸上または船上に定めておき、順次ロープを延ばして検索範囲を広げてゆく。
　ウ　環状検索法
　　　沈錘を中心として、これに細索を結着し、その一端を持って環状に検索する。この方法は、水底が泥土で濁りやすく遠望不可能な場合等に用いる。
　エ　ジャックスティ検索法
　　　両端に沈錘をつけた基準索を水中に沈め、それぞれの沈錘に垂索により浮標をつける。別の細索を基準索に直角になるように展張し、基準潜水隊員の合図で第1沈錘より前進し、検索を行いながら第2沈錘を回り第1沈錘に戻る。この方法は、視界が不良で、広範囲の検索をする場合に用いる。

図29　検索方法

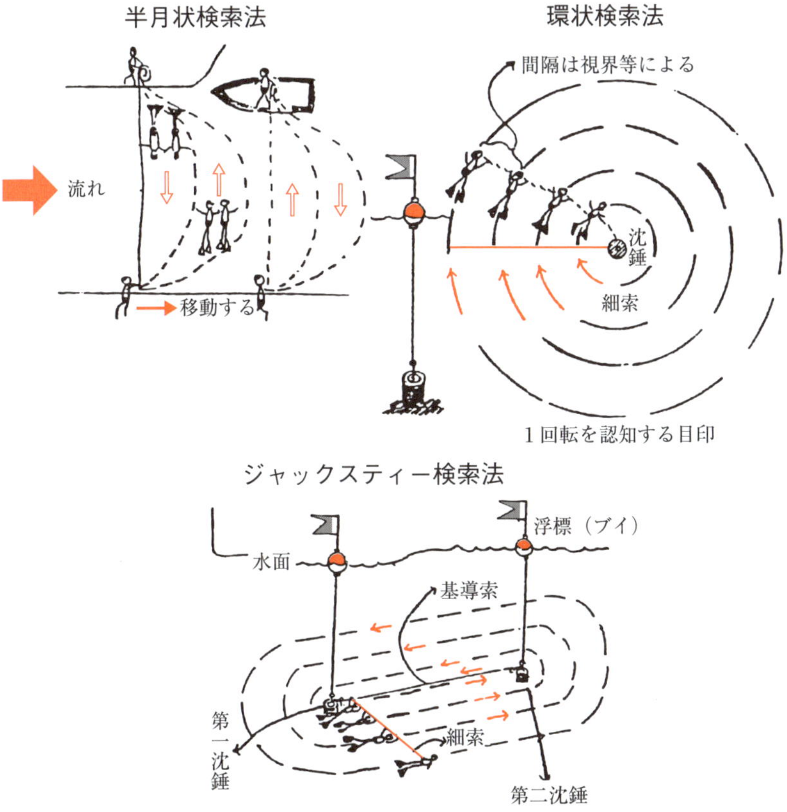

第6章　事故別救助活動

⑤　その他

曳航検索法……視界が比較的良好で、流れのある水域で広範囲の検索を行う場合に、舟艇により潜水隊員を曳航する方法

目視検索法……視界良好、水流、潮流がすくない場合に、細索を横一線に展張し、これにつかまり前進しながら検索する方法

2　すばりによる検索

目撃者から聴取した情報により検索範囲を決定し、舟艇を使用し、次により行う。

(1)　複数隊で範囲を指定し、検索漏れのないよう格子状に静かに曳く。

流れが速いときは、流れに平行に曳く。

(2)　引き綱は、舟艇に結着せず手に持って操作する。

(3)　手ごたえがあったときは、舟艇を停止し、引き綱を静かに連続的に引く。

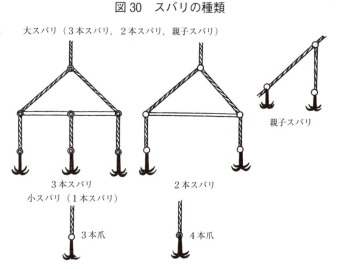

図30　スバリの種類

第6　活動上の留意事項

1　共通事項

(1)　水難救助活動に従事する者は、潜水、舟艇上、陸上を問わず、救命胴衣を着用する。

(2)　水没している船舶や車両内に進入する場合は、スタンバイダイバーを待機させ救護態勢を確保する。

(3)　長時間かつ過酷な活動となることが予想されるので交代要員を確保する。

(4)　油の流出、水質汚染が予測される場合は、ドライスーツ、感染防止手袋の着装を考慮する。

(5)　要救助者を舟艇に引き上げる場合は、船尾からとし船のバランスに留意する。

(6)　活動が夜間に及ぶと予想されるときは照明車等を要請する。

(7)　救助した傷者を最も迅速かつ安全に水難救助隊から救急隊に引き継ぎ可能な桟橋、護岸等を選定しておく。

2　潜水による検索・救助

(1)　各種信号、合図の方法は、完全にマスターしておく。

(2) 潜行、浮上速度は毎分 10 m を遵守する。
　　浮上は、呼気の上昇気泡よりゆっくり浮上し、肺破裂を防止する。
(3) 潜水活動中は、気泡、命綱、浮標の動き等を監視し、潜行隊員の動向を察知・推測する。
(4) 関係法令に定められた事項を遵守し、安全適正な潜水業務を行う。
　　水深 10m 以上の潜水後は、体内ガス圧減の法定休息時間を遵守する。再圧治療に備えて、処置可能病院を調査しておく。

3　すばりによる検索

(1) 船外機つき舟艇を使用する場合は、速度を落として（１ノット）で曳航する。
(2) 要救助者を舟艇上に引き上げるときは、毛布等で覆って艇内に入れる。

【救助事例４】

事故分類		水難事故・海中へ入水自損を図った女性１名を救助	
事故の概要等	発生状況	発生時期	４月　　14 時
		発生場所	埠頭バース付近の海中
		気象その他	晴れ
	事故概要	女性１名が1.3ｍの柵を乗り越え、３ｍ下の海中に自損目的で飛び込んだ。偶然、付近にいた消防職員により確保、水難救助隊に救助されたもの。	
活動概要	到着時の状況	1　写真撮影をしていた男性が、近くで飛び込んだ女性を目撃し、偶然、管内調査に出向中の消防職員４名に知らせた。 2　要救助者は、海中でうつ伏せになって浮いていた。	
	状況判断	消防本部への通報と水難救助隊の要請、即時に救助活動に移行する。	
	救出要項	1　消防職員４名の行動 　Ａ＝状況を消防本部に通報、水難救助隊の要請をした。以後、４名で協力して救出活動に当たった。 　Ｂ＝バースに停泊中の船舶から救命浮環、ロープを借用し救出に協力した。 　Ｃ＝救命浮き輪、ロープを操作し救出に協力した。 　Ｄ＝海中に入り要救助者をチンキャリーで岸壁まで搬送した。 　　　岸壁が高く陸上への救出ができないので、要救助者を海中で確保し消防艇の到着を待った。 2　水難救助隊の行動 　　海中で確保されていた要救助者を消防艇の甲板に引き上げ救助し、救急隊に引き継いだ。（中等症）	

第6章 事故別救助活動

活動概要	救出要項	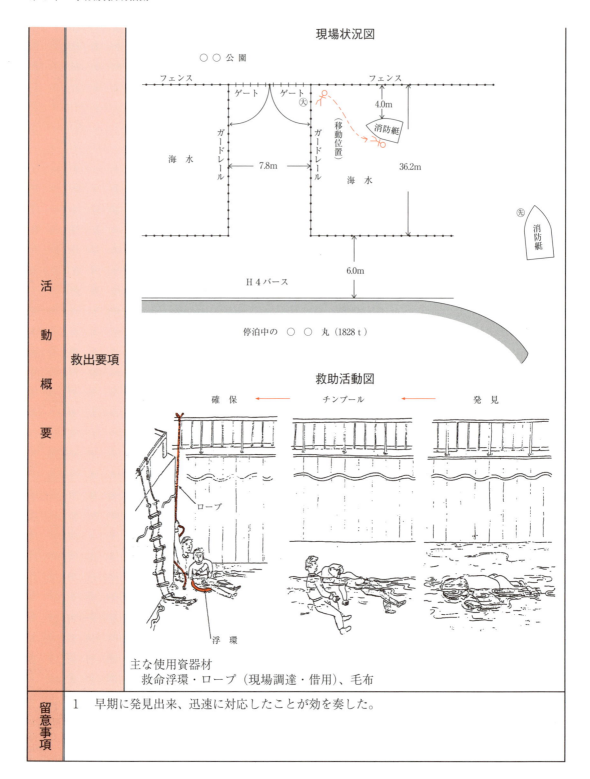 主な使用資器材 　救命浮環・ロープ（現場調達・借用）、毛布
留意事項	1　早期に発見出来、迅速に対応したことが効を奏した。	

第4節　土砂災害・倒壊事故

第1　土砂災害の態様と特徴

　土砂災害には、山・崖・土砂崩れ、地すべり、土石流があり、本節では、比較的小規模な崖崩れ及び掘削工事に伴う土砂崩れ、建物の倒壊、建設・土木用資材の倒壊による下敷き等について述べる。大規模な山崩れ、地すべり、土石流等の災害については本節では対象外とする。
　この種の事故による要救助者は、埋没により窒息、打撲、骨折等の危険の切迫した状態にあり、救出作業には大型重機やツルハシ、スコップなど手作業用の資器材が必要となり、多数の人員を必要とすることが多い。

第2　土砂崩れ

1　初動処置
（1）覚知時の処置
　　指令内容を確実に把握し、これに各種の条件を加味して、事故の内容を推定して事前の判断をする。
　①　発生場所の地形、地盤の硬・軟、土質
　②　事故発生前及び現在の気象状況、降雨量等
　③　部隊数、特殊車両、大型重機等の要否
（2）出動
　　使用資器材の点検、増載、積載替え等を行い、二次的災害を考慮した現場への進入方向、停車位置等を考慮して順路を選定し、迅速出動する。
　　出動途上、自己隊で入手又は本部から得た情報を全隊員に周知し、交通事故防止に留意して現場に向かう。

2　実態把握と判断
（1）視認による確認
　①　事故の規模（範囲、土砂等障害物の量、要救助者の埋没位置・深さ）
　②　周辺の状況（地質、地盤、山側上方の状態）
　③　応援部隊の要否、使用機材の要否

第6章　事故別救助活動

　　④　医師の現場派遣の要否
（2）　関係者からの聴取による確認
　　①　要救助者の埋没位置・深さ・人数等
　　②　作業内容、発生時刻、発生状況、原因等
　　③　現在までにとった処置とその結果
　　④　現場の使用可能な資器材
　　⑤　避難した者がいる場合は、その者から他の要救助者の状況（人数、位置、深さ）
　　⑥　その他必要事項

3　救出方法の決定

　土砂崩れ事故の救助は、要救助者の上部の土砂、樹木等の障害物を早期に排除することにある。救出方法は、周囲の状況、降雨の状況、斜面の変動等十分確認し、再崩壊に等による二次的災害の発生に細心の注意を払いながら必要に応じて土木技術等に精通した専門家の意見を聴取し、決定する。

(1)　救出手段
　　①　スコップ等の手作業器具を使用する。
　　②　ブルドーザー等大型重機を使用する。
　　③　放水により土砂を排除する。
　　④　手掘り、手探りによる。

　以上、場所、時期、状況により選択し作業分担して段階的に又は併行して行う。

写真10　土砂崩れの現場

（2）　使用資器材
　　①　土砂の掘削、排除
　　　　ア　ショベル、スコップ
　　　　イ　ツルハシ

ウ　パワーショベル
② 土砂の除去、搬送
　　ア　ブルドーザー
　　イ　ベルトコンベアー
　　ウ　放水水流
　　エ　土砂排出ポンプ
③ 障害物除去
　　ア　可搬ウインチ
　　イ　エンジンカッター
④ 捜索用器具
　　画像探査装置（ファイバースコープ等）、音響探査装置、電磁波探査装置、早期地震警報システム等
⑤ 夜間の場合は、照明電源車を要請する。

4　救出要領

(1) 消防警戒区域の設定

　　再崩壊発生時の影響範囲を考慮した広めの消防警戒区域を設定し、住民の立入り禁止・退去を求め、安全確保を徹底する。

(2) 監視体制

　　監視警戒員を指定し、再崩壊の兆候、その他全体の状況の変化等を監視させる。
　　再崩壊等の危険を把握した場合は、上級指揮者は直ちに作業の中止と退避を指示する。

(3) 要救助者の捜索

① 現場全体を静粛にさせ、埋没箇所付近で名前を呼びかける。返事、うめき声が聞こえ、又は土砂の表面がかすかに動く場合がある。
② 画像探査装置等を使用して確認する。

写真11　画像探査装置を活用しての捜索状況

第6章　事故別救助活動

(4) 掘削等の要領
① 消防隊ごとに任務を及び担当範囲を指定する。
② 大型機械等による掘削、排除作業は埋没場所から離れた位置から順次行う。
③ 埋没箇所に近づいたら、ショベル等は慎重に扱い、素手掘りに切り替える等、要救助者の保護に配意する。

5　活動上の留意事項
(1) 消防警戒区域は警戒テープ、ロープ等で区画し、関係者以外の者の立ち入り禁止を徹底する。
(2) 活動は、上級指揮者の命令により、統制ある行動をとる。
(3) 活動は、監視警戒員の配置、再崩壊等二次的災害発生時の連絡・退避要領等緊急措置の全隊員への周知後に実施する。
(4) 再崩壊の前兆現象を把握した場合は、即時に原則として横方向に隊員を退避させる。
(5) 掘削した土砂や除去した障害物は、埋没場所から離れた場所に搬出する。
(6) 前各号のほか、道路等の掘削工事に伴う土砂崩れ事故については、下記による。
　① 車両部署位置及び隊員の待機場所は、再崩壊が発生しても安全な場所とする。
　② 現場の木材、矢板等を使用し、周囲から再崩壊が起こらないよう処置する。
　③ 掘削に際しては、ガス管、水道管、地中配電線に注意する

【救助事例5】

事故分類		崩壊事故・土砂崩れによる生き埋め4名の救助	
事故の概要等	発生状況	発生時期	8月　14時
		発生場所	ゴルフ練習場造成工事現場
		気象その他	曇り
	事故概要	ゴルフ練習場造成工事に伴う水道管防護のためのコンクリート打ち工事中に発生した。高さ50m、幅50mの土砂が下方100mにわたり崩壊し、作業員7名が生き埋めとなり、そのうち3名が自力脱出、1名が同僚に救出され、残る3名が生き埋めとなったもの。	
活動概要	到着時の状況	1　現場は、広範囲にわたり崩壊し、中央にブルドーザーが埋れていた。 2　自力脱出した3名と同僚に救助された1名の作業員から3名が生き埋めになっていること、事故発生前の作業位置等の情報を聴取したが、その時点では視認出来なかった。	
	状況判断	1　不明者の早期発見、救助 2　二次崩壊による事故の未然防止処置	
	救出要項	1　二次崩壊による事故防止のため、監視警戒員を配置し、救出作業の安全確保を図った。 2　事業者が手配したショベルカーによる機械力と、スコップ、ショベル等による手作業を有効に活用し、効率的に作業を進めることとした。	

活動概要	救出要項	3　現場が広範囲であることから、3区域に分割して担当を定めて救出作業に着手した。 4　発見。救出活動の状況 (1)　おおむね1時間後に土砂の中から1名を発見救出した。 (2)　さらに2時間後に1名を発見救出した。 　　以上の2名は、現場の医師により死亡が確認された。 (3)　他の1名は検索したが発見できず、崩壊が続いていること、活動が長時間に亘るため隊員の疲労と安全を考慮し、作業を打ち切ることとした。 現場状況図 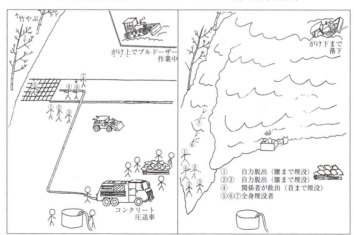 主な使用資器材 　パワーショベルカー、ベルトコンベアー（業者調達）、ショベル、スコップ、エンジンカッター、照明器具
留意事項		1　二次災害（再崩壊）防止に万全を期す。 2　土砂の掘削、除去して検索する場合は、要救助者に損傷を与えないよう十分配意する。特に大型機械の操作は慎重を期する。

第3 倒壊事故

1 初動処置、実態把握と判断
処置及び活動については、土砂崩れ事故に準じて行う。

2 救助方法の決定
建物、工作物の倒壊事故は、要救助者が重量のあるコンクリート床、壁及び梁、屋根等の下敷き又は埋没状態になっているので、これらの障害物を効率的に取除く救助方法を選択する。

(1) 手　段
　① クレーン車等の大型重機で吊り上げる。
　② 救助用ジャッキ類により持ち上げる。
　③ 金てこ等の手持ちの器具により間隙を拡げる。

(2) 使用資器材
　① 大型重機
　　ア　クレーン車
　　イ　レッカー車
　　ウ　フォークリフト等
　② ジャッキ類
　　ア　油圧ジャッキ
　　イ　マット型空気ジャッキ
　　ウ　可搬式ウインチ
　③ その他の器具
　　　エンジンカッター、金てこ、バール、てこ用角材、矢板等

3 救出手段
(1) 再倒壊のおそれある箇所及び不安定な部分を確認し、作業前に安全な位置に落下させ、又は固定処置をとる。
(2) 技術者に依頼し、大きく重量のある倒壊物をクレーン車等で除去する。
(3) 要救助者のいる場所又はいると思われる付近は、ジャッキ等を使用し慎重に行動する。
(4) 障害となる柱、梁等の木材は、必要によりエンジンカッターで切断する。

4 活動上の留意事項
(1) 倒壊物により足場が悪いため、歩行及び器具の搬送時に滑ったり、転倒しないよう注意する。
(2) 器具の使用に際しては、性能限界内を厳守することはもちろん、ジャッキ等を使用するときは、設定箇所、設定面、下部地盤状況を十分確認し、操作中に滑り、外れ等のないよ

う留意する。
(3) 一部倒壊等で残存部分が倒壊する危険がある場合は、ショアリング※等により残存部分の倒壊防止措置を行った上で活動を実施する。
(4) 重量物の切断、吊り上げ等を行う場合は、倒壊物のバランスを失い、再倒壊する危険があるので、切断箇所、吊り上げ支点等の選定は慎重に行う。

（参考）

> ※ショアリング（Emergency Building Shoring）＝倒壊建物等の安定化技術
> 　地震等により建物構造にダメージを受けて余震や自重による二次倒壊の危険性がある建物の危険度を評価し、建物内での救助活動中の二次倒壊による危険を未然に防ぐために、ダメージを受けた外壁、天井及び窓やドアなどの開口部をショアという支柱で支えて安定化する米国都市型捜索救助隊（Urban Search & Rescue Task Force）で採用され、わが国にも普及してきた救助技術を言う。このショアリング技術は、平常時の火災により倒壊危険がある建物の安定化にも活用できる。本書ではショアリング技術の詳細については省略する。

第5節　機械関係事故

第1　機械による事故の態様と特性

　機械事故は、エレベーター、ダムウエーター及びエスカレーター等の昇降機事故、印刷機、製麺機などの回転機械事故、その他の動力機械等にかかわる事故を言う。
　機械事故は、動力により強い力で高速回転又は移動しているものに誤って挟まれ、巻き込まれ、閉じ込められる等の形態の事故が発生する。
　本節では、発生頻度の高いエレベーター、エスカレーター及び印刷機について述べる。

第2　エレベーター事故

1　事故種別と発生原因

　　エレベーター事故の種別は次のとおり
　(1)　閉じ込め
　　①　停電により階の中間に停止
　　②　定員オーバー、過重量による故障発生
　　③　非常停止ボタン、その他操作盤上のボタン、スイッチの誤操作
　　④　子供がかご内で、とびはね、暴れ、ボタンのいたずら
　(2)　挟まれ
　　①　乗り場の戸に触れ、引き込まれ・挟まれ
　　②　点検作業者、工事業者が誤ってかごの天井・床と階の天井・床の間に挟まれ
　(3)　昇降路の底部（ピット）への転落
　　　以上であるが、事故件数は、圧倒的に閉じ込めが多いことから本節では、閉じ込めについて述べる。

2　エレベーターの構造概要

　　安全で効率的な救出活動を行うためには、機械の構造・機構等を把握することが必要である。
　(1)　エレベーターの構造と駆動方式
　　　エレベーターは、駆動方式と機械室の有無の違いから「ロープ式」、「油圧式」、「機械室

なし」に大別され、その特徴は次のとおりである。
① ロープ式エレベーター（図31参照）
　トラクション方式による駆動方式が多く、カゴとつり合おもりをロープで結び、かごをロープと綱車間の摩擦力によって昇降させる方式。
　低層建物から超高層建物まで高さに関係なく設置される。
② 油圧式エレベーター
　油圧によりプランジャーを駆動してかごを昇降させる方式。
　ジャッキの長さに制限があるので5～6階位までの建物に設けるのが一般的である。
③ 機械室なしエレベーター
　ロープ式エレベーターの機械室に設置された巻上げ機や制御装置等を全て昇降路内に収めた機械室なしエレベーターであり、主流になりつつある。
　構造上、超高層用としては一般的に用いられない。
(2) 機械室の主要機器
① 巻上機（トラクションマシン）
　電動機、電磁ブレーキ、減速機、綱車等で構成されている。
② 制御装置盤
③ 調速機（(6)安全装置の項参照）
④ 油圧ポンプ
　油圧式エレベーターの油圧を発生させる装置で、作動油を油圧ジャッキへ圧送する。
(3) かごの構造
① かごは、不燃材で造られ、室内の人が外のものに触れない構造となっているが、気密構造ではないので、閉じ込められても窒息の心配はない。
② 側壁には、操作盤とかご位置表示板が、天井には照明灯、停電灯及び非常救出口があり、自動開閉式の戸の端には人や物に触れると戸を反転させるセーフティシュウが取り付けられている。天井の上に戸開閉装置が付けられ戸の自動開閉を行う。非常の場合、電源を切れば戸を手で開けることができる。
(4) 昇降路の主要機器
① レール
　かご、つり合いおもり昇降を案内するもの
② ロープ
　かごと、つり合いおもりを吊っているメインロープ、調速機とかごを結ぶガバナーロープがある。
③ つり合いおもり
　かごと、つり合いおもりはロープでつるべ式に結ばれている。
④ リミットスイッチ及びファイナルリミットスイッチ（(6)安全装置の項参照）
⑤ 緩衝器（(6)安全装置の項参照）
(5) 乗場関係

① 三方枠
　乗り場の出入口の枠で、上部裏面に乗場戸用のレールが取り付けられ、レールの終端にインターロックスイッチ（施錠装置）が設けられている。
② 乗場戸
　三方枠裏面の乗場戸用レールに吊られ、下部は敷居の溝に案内されて開閉する。開閉する全階床または特定階の乗場戸には非常解錠装置が設けられてあり、乗場戸解錠キーを使って乗場側から戸を開けることができる。
③ 乗場ボタン、位置表示器
　かごを呼び寄せるボタン、かごの現在位置を表示インジケーターともいう。

(6) 安全装置の概要
① 電磁ブレーキ
　運転中は、電磁力によってブレーキシュウを開放し、電動機主回路が断たれると同時に、ばね圧によってブレーキシュウでブレーキホイルを締め付け、エレベーターを確実に停止し保持する。
② 調速機
　エレベーターの速度が異常に増大した場合に、スイッチを切って回路を断ち、同時にブレーキを作動させる。さらに速度が増すと非常止め装置を働かせ、ガイドレールをつかみ、かごの落下を制止する。
③ 非常止め装置
　万一ロープが切断した場合や、その他予測できない原因で、かごの下降速度が著しく増大した場合、その下降を止めるため、かご枠にレールを挟む装置を設け、これを調速機で作動させる装置である。
④ リミットスイッチ
　最上階及び最下階に近づいた時に、自動的にエレベーターを停止させ、行き過ぎを防止させる。
⑤ ファイナル・リミットスイッチ
　リミットスイッチが何らかの原因によって作動しない場合、安全確保のために全電気回路を断ち、エレベーターを停止する。
⑥ 緩衝器
　何らかの原因で終端階を行過ぎた場合、衝撃を緩和するもので、定格速度が毎分60m以下はバネ式を、毎分60mを超えるものには油入緩衝器を設置する。
⑦ 戸のインターロックスイッチ（施錠装置）
　すべての乗場の戸が閉じて施錠されていないときは、かごの昇降をできなくし、かごがその階に停止していないときは、戸を開けることができないようにするために、乗場戸のハンガーケース内に1組のスイッチと錠が設けられている。
⑧ 通話設備、非常ベル
　かご内とビル管理室とを結ぶエレベーター専用の通話設備又は非常ベル

第5節　機械関係事故

図31　エレベーターの構造概要

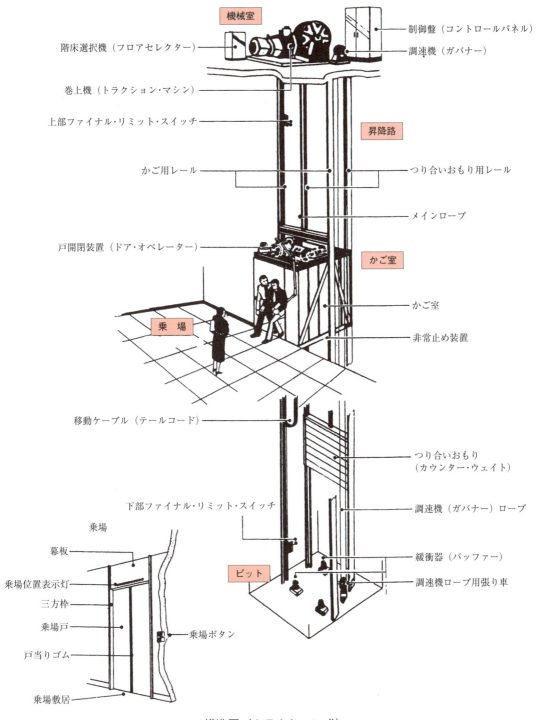

構造図（トラクション式）

⑨　停電灯

停電の場合、かご内は直ちに30分以上にわたり床面で1ルックス以上の照度を保つ停電灯の照明に切り替えられる。

3　初動処置

(1)　覚知時の処置
　①　かご内の乗客の人数と状況
　②　エレベーター製造会社名
　③　保守契約会社名
　　②、③については、通報を受けた時点で本部が聴取し、必要な処置をとる。
(2)　出動
　　必要資器材を確認し、出動順路を選定、迅速出動する。出動途上、自己隊で入手又は本部から得た情報を全隊員に周知し、交通事故防止に留意して現場に向かう。

4　実態把握と判断

(1)　管理人、通報者と接触し情報を聴取する。
(2)　インジケーターにより、かごの停止位置を確認する。
(3)　インターホンを使用し又は、直接かごの停止位置付近に行き、かご内の乗客に次の呼びかけ、指示、確認を行う。
　①　現在救出中であること。
　②　じっと静かにしていれば、落下の危険もなく、窒息のおそれもないこと。
　③　指示しない限り、戸や救出口を開けないこと。
　④　かご内の人数、病人（気分が悪くなった人）がいないか。
(4)　保守会社の動向、到着見込み時刻等について確認する。

5　救助方法の決定

保守会社の到着時間見込みや事故の発生原因（停電、故障、その他）により救助方法を選択する。
(1)　停電による閉じ込め
　　停電の場合は、直ちにかご内の停電灯が点灯する。
　①　停電が短時間で復旧する見込みのとき
　　　復旧を待っていずれかのボタンを押させ、通常の運転操作により脱出する。この間インターホン又は、口頭で復旧間近であることを伝える。
　②　復旧まで長時間を要する見込みの場合及び緊急の場合
　　　「6　救助手段(2)(3)」による。
(2)　停電以外の原因の場合
　　　「6　救出手段」による。

第5節　機械関係事故

6　救出手段

(1) ボタン操作を試みる。

かご内の戸開きボタン、行き先ボタンを押させ、また、乗場ボタンを押してみる。動く場合がある。動かない場合は、次による。

(2) 乗場戸から救出する

機械室のエレベーターの電源スイッチを遮断し、以下の要領で救出する。

① 解錠キーを使用し、乗場戸を開けるか、乗客にかご戸を開けさせてみる。

② 乗場戸とかご戸が一緒に開かないときは、かご敷居と乗場敷居の段差を調べ、かごの敷居が60cm未満で、上又は下にある場合は、次により閉まっている側の戸を静かに開けて救出する。

　ア　乗場戸を解錠キーで開けた場合は、かご戸を手で開ける。

　イ　乗客にかご戸を開けさせた場合は、乗場戸の施錠装置がかご内から外せるときは、これを外して乗場戸を手で開けさせる。

③ かごの敷居が乗場敷居から60cm以上～120cm未満下がっている場合は、脚立などをかご内に入れて救出する。

図32　乗場戸から救出

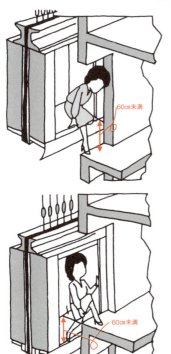

(3) 救出口から救出する。

乗客がロック装置を外すことが困難な場合や、かごと乗り場の敷居に段差が甚だしい場合は、保守会社の技術者が行うことを原則とするが、緊急の場合で巻上機が歯車なし式か

第6章　事故別救助活動

油圧式の場合は次による。
① かごの停止位置の上方の階の開錠装置のある乗場戸を解錠キーで開ける。
② かぎ付きはしご、縄はしごを使用し、昇降路内からかごの天井に降下する。
③ かごの救出口を開き、かご内に脚立などを入れ直上階に救出する。
※ 平成12年の建設省告示により、かご上救出口を設けなくてもよいことになり、近年のエレベーターにはほとんど設けられていない。（非常用エレベーターには必ず設けてある。）

図33　救出口から救出

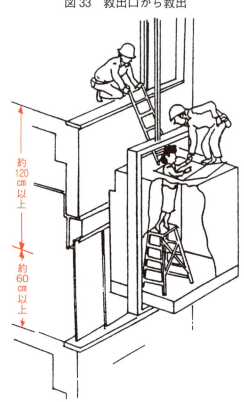

7　活動上の留意事項

(1) エレベーター事故の救助活動には、努めて保守会社等の専門の技術者に依頼又は支援、協力を得て行う。
(2) 停電中であっても、作業開始前にエレベーター主電源を遮断すること。
救助活動中に誤って電源が投入されることのないように電源盤に監視員を配置すること。
(3) 救出は、原則としてかごを動かさず、また、乗場戸からとする。
(4) かご内から階床に救出するときは、ピットへの転落防止に十分注意する。
(5) 救出口からの救出は、最終手段とし、実施に際しては熟達者を選定し慎重に行う。
なお、従前実施されていたブレーキ解放と手巻きによるかご移動による救助は非常に危

険なため行わない。
(6) 救助活動に関係のない昇降路扉は、転落防止のために開放禁止とする。
(7) 停電による閉じ込めでも、乗客はかごが落下する、窒息する等の不安に陥っているので説明し安心感を与える。

【救助事例６】

事故の概要等	発生状況	発生時期	12月　　16時
		発生場所	ホテル内エレベーター
		気象その他	晴れ
	事故概要	\multicolumn{2}{l}{　20人乗りエレベーターかごの修理作業が終了し、復旧運転を行った際に発生した。５階部分で作業員がかごの上部に１名、かごの中に１名が乗り、かごの中の作業員がエレベーターを動かしたため、かご上の者がエレベーターと壁の間に挟まれ、エレベーターは停止、エレベーター内の作業員がとじこめられたもの。}
活動概要	到着時の状況	\multicolumn{2}{l}{１　７階のエレベーター乗り場前で確認すると、７階の床扉は開いており、かごは７階と５階の間に停止していた。 ２　要救助者は、エレベーターと壁の間に挟まれており、呼びかけに対して応答するのが確認された。}
	状況判断	\multicolumn{2}{l}{１　電源の遮断、隣接エレベーターの運転停止処置 ２　医師の現場派遣要請}
	救出要項	\multicolumn{2}{l}{１　事故エレベーターの電源を遮断し、隣接のエレベーターの運転を停止させた。 ２　７階部分から鈎付きはしご及び救助ロープを使用して、エレベーターのかご上に降下した。 ３　ピット内への転落防止のため、命綱を結着して身体の確保をした。 ４　要救助者に対して、活動中継続して酸素吸入を実施した。 ５　マット型空気ジャッキを要救助者付近の壁とエレベーターの間に設定して、慎重に操作し、挟まれた部分の間隙を作った。 ６　さらに、障害となっていたエレベーターの突起部をエアーソーで切断した。 ７　平形担架を下ろし、要救助者を担架に乗せ結着し７階に引き上げて救出した。（身体の各部挫傷中等症） ８　その後かご内の１名を救出した。}

第6章 事故別救助活動

活動概要	救出要項	現場状況図 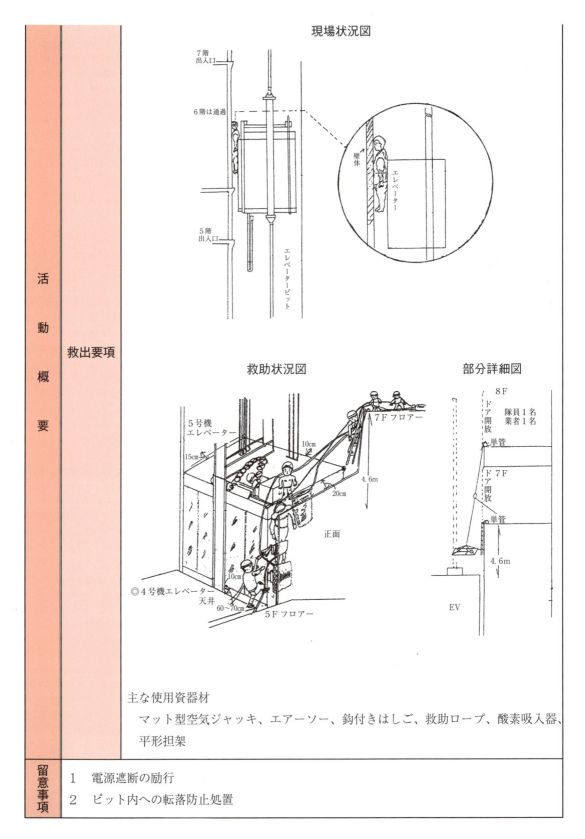 救助状況図　部分詳細図 主な使用資器材 　マット型空気ジャッキ、エアーソー、鉤付きはしご、救助ロープ、酸素吸入器、平形担架
留意事項	1　電源遮断の励行 2　ピット内への転落防止処置	

第3 エスカレーター事故

1 事故の概要
エスカレーター事故のほとんどが挟まれ事故で、挟まれる部位は次のとおりである。
(1) 踏面とスカートガードの間
(2) 踏面と櫛面との間
(3) 手すりと上階の梁との三角部
(4) 手すりのインレット部

2 エスカレーターの構造
多数の踏板（ステップ）が連結され、駆動チェーンによりガイドに沿って上昇し、あるいは下降しながら1・2階層で回転している。

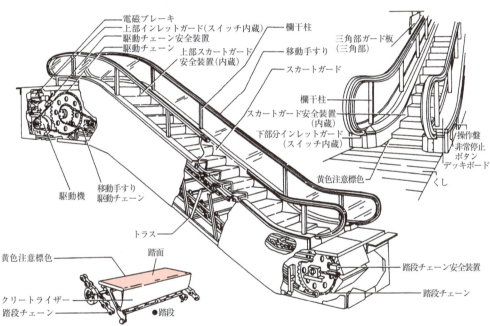

図34 エスカレーターの構造

3 初動処置
覚知時の処置は、次のとおり
(1) 事故発生階、上り下りの別
(2) エスカレーター製造会社名
(3) 保守管理会社名
　(2)、(3)については、通報を受けた時点で本部が聴取し、必要な処置をとる。

4 実態把握と判断

(1) 管理人、通報者と接触し状況を聴取する。
(2) 挟まれたエスカレーターの部位と要救助者の状況を確認する。
(3) 関係者に依頼して、集合した人々を整理する。

5 救助方法の決定

発生原因、発生箇所、状態によって救助方法を選択する。
(1) 保守会社の技術者が現場にいるときは、意見、助言を得て協力して救出にあたる。
(2) 挟まれた部分を拡張、分解、切断又は破壊する。
(3) 状況を確認してエスカレーターの運行を逆回転する。
(4) 使用資器材の選定
　① 油圧ジャッキ
　② ガス溶断器、エアーソー
　③ 特殊工具類、金てこ、バール
　④ 石鹸水

6 救出手段

(1) 踏面とスカートガード間に挟まれた場合
　① 主電源を遮断する。
　② 拡げる……バール等で間隙をつくり油圧ジャッキ等で拡げる。
　③ 分　解……踏板の外せる部分を外し、順次要救助者の位置まで外して行く。
(2) 踏面と櫛板との間に挟まれた場合
　① 主電源を遮断する。
　② 分　解……櫛板の部分を剥がす。

図35　エスカレーターの挟まれ事故例(1)

(1)踏面とスカートガード間に挟まれ

(2)踏面と櫛板との間に挟まれ

(3) 手すりと下部インレット部間に挟まれた場合
　① 主電源を切断する。
　② 分　解……インレット部を特殊工具で分解する。
　③ 逆回転状況を確認し、技術者により電源を入れ慎重に逆回転する。
(4) 手すりと上階の梁との三角部に挟まれた場合
　① 主電源を切断する。
　② 逆回転……状況を確認し、技術者により電源を入れ慎重に逆回転する。
　③ 破壊等……手すりを切断又は、天井部の梁を破壊する。

図36　エスカレーターの挟まれ事故例(2)

(3)手すりと下部インレット部間に挟まれ　　(4)手すりと上階の梁との三角部に挟まれ

7　活動上の留意事項
(1) 現場統制

　　この種の事故は、デパート等の多数の人々が集合する場所で発生することが多く、また、対象者が子供であるような場合、母親が半狂乱となり周囲も騒然とする雰囲気となるため、強い統制を必要とするので、関係者に人々を整理させ、作業スペースを確保する。

(2) 専門技術者の活用

　　専門の知識・技術を必要とする状況や、特殊な専用工具を使用する場合があるので、保守会社の技術者の協力・支援を得ることが円滑な活動につながる。

(3) 医師要請

　　要救助者の容態及び事故の状況から、救出に長時間を要すると判断されたときは、早期に医師の現場派遣を要請し、医師の管理の下に救出活動を行うことを配意する。

第6章　事故別救助活動

第4　印刷機事故

1　印刷機事故の態様と特性

　印刷機による事故は、ほとんどがオフセット印刷機によるもので、高速回転するローラーとローラーの間に腕を巻き込まれる事例が多い。原因は、印刷中に作業員がローラーに付着したゴミを取るため、ぼろ布を持って素早く払ったが間に合わず、上腕まで巻き込まれるというものである。

　なお、マニュアルでは、この場合、機械をいったん停止し異物を除去してから、運転を再開することになっているが、停止することにより印刷にムラができるのを嫌って、このような動きになるとのことである。

2　印刷機の構造（オフセット）

　一般的に給紙装置、印刷装置及び排紙装置からなっている。

(1)　給紙部（装置）

　　紙置台の紙を真空吸口により一枚ずつ印刷部の圧銅に送る。

(2)　印刷部（装置）

　　送られた紙に各種のローラーがそれぞれの役目に従って、高速回転して印刷する。

　　※事故は、ほとんどこの場所で発生している。

　① 送り銅……紙の送り渡し
　② 版　銅……印刷用の版面が張られている
　③ ゴム銅……版面を印刷紙に受け渡す
　④ 圧　銅……ゴム銅と印刷紙を押し付ける
　⑤ インクローラー……版銅に着色する
　⑥ 給水ローラー……版銅に着水する

(3)　排紙部（装置）

　　印刷された紙を紙受台に送る。

(4)　印刷部（装置）のローラーの材質、構造

　① 表面の材質による分類

　　金属ローラー、ゴムローラー、布ローラー

　② 本体の材質

　　銅鉄製、肉厚は一般に約5〜7㎜

　③ 構　造

　　ア　軸部及び両端部を除いて中間部は、空洞となっている。

　　イ　ゴムローラーは、金属ローラーに肉厚13〜15㎜のゴムが巻かれている。

図37 印刷機の構造（オフセット）の各部の名称

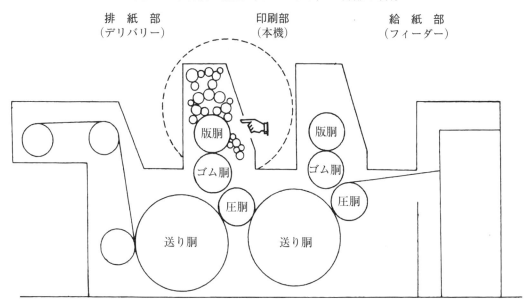

3 初動処置
(1) 覚知時の確認と処置
　① 事故の内容
　② 要救助者の状況
　③ 印刷機の種類、製造会社名
　④ 技術者の臨場の有無
(2) 出動
　　必要資器材を確認し、出動順路を選定、迅速出動する。出動途上、自己隊で入手又は本部から得た情報を全隊員に周知し、交通事故防止に留意して現場に向かう。

4 実態把握と判断
(1) 要救助者の状況
　　受傷の部位、程度、顔色、意識の状況を確認する。
(2) 機械の状況
　　機械の種類、構造及び運転状況（停止されているか）
(3) 技術者からの状況聴取
　　技術者から救出に必要な機械の構造、処置等について助言を得る。
(4) 医師要請
　　要救助者の容態、事故内容から救出まで長時間を要すると判断されるときは、医師の現場派遣について配慮する。

5　救助方法の決定

要救助者の状態は、版銅と着ローラーの間に、指先から上腕まで巻き込まれ挟まれている場合が多い。

(1)　救出手段

救助の手段としては、分解又は破壊（切断）、分解と破壊の併用となる。

また、機械によって構造等に差異があるので、関係者と協議し安全で効率的な方法とする。

(2)　使用資器材

① 分解による救助

　ア　印刷機備付の工具
　イ　現場調達の器具・工具

② 破壊、切断による救助

　ア　エアーソー
　イ　手引き金のこぎり
　ウ　エンジンカッター

6　救出手段

ローラーには、工具によって取り外しのできる振ローラーと、取り外しできない着ローラーがある。

(1)　分解による救助

① 機械の電源を遮断する。
② 要救助者に楽な体位をとらせる、保温等の保護処置をする。
③ 振ローラーを取り外す。
④ 要救助者を静かに印刷機から引き離し救出する。

(2)　切断による救助

① 機械の電源を遮断する。
② 要救助者に楽な体位をとらせる、保温等の保護処置をする。
③ 振ローラーを取り外す。（切断作業を容易にするため、この場合も外す。）
④ 切断する着ローラーを切断後の落下防止処置をする。
⑤ 要救助者に衝撃等を与えない箇所で、作業しやすい部分の着ローラーを切断する。
⑥ 要救助者を静かに印刷機から引き離し救出する。

(3)　分解及び分解と切断併用による救助

(4)　医師の要救助者管理

現場に医師が到着している場合は、救出作業中医師の意見を聞き、又は直接の管理の下で作業を進める。

7 活動上の留意事項

(1) 活動場所が狭く、段差があり又、床面や機械台上は油等で滑りやすくなっているので、行動中つまずき、転倒しないよう留意する。
(2) 現場には、印刷用インク、揮発油、各種機械油等があるため、救助資器材で火花が発生する機種は、原則として使用しない。なお、万一に備えて付近の可燃物を除去し、必要により消火準備をする。
(3) この事故は、重傷となる場合が多い。重傷者に対しては早期に医師を要請するとともにショック防止等要救助者の救護処置を行う。

【救助事例7】

事故の概要等	事故分類		機械関係事故・印刷機に引き込まれた男性1名救助
	発生状況	発生時期	6月　　　13時
		発生場所	作業所内
		気象その他	晴れ
	事故概要		オフセット印刷機で作業員が印刷中、ローラー部にゴミが付着したのでこれを手で除去しようとして、誤って版胴と着ローラーの間に右腕を引き込まれたもの。
活動概要	到着時の状況		1　要救助者は、印刷機に右腕を巻きこまれ、立った姿勢で顔面蒼白、苦痛に耐えていた。 2　同僚がバールを使用し救出を試みていたが、効果はなかった。
	状況判断		1　要救助者の保護と医師要請 2　分解と切断の併用
	救出要項		1　医師の現場派遣要請をした。 2　要救助者に対して酸素吸入、創傷部位の保護、毛布による保温及び血圧計による観察を継続し、医師の到着を待った。 3　関係者から電源遮断済を確認後、印刷機の構造等について聴取した。 4　責任者に、救出手段としての機械の分解及び切断について承諾を得た後、作業に着手した。 5　構造上、分解可能なローラーを取り外し、分解不能なローラーで救出時に障害となるローラーを切断した。 6　挟まれている部分を拡げて救出した。

第6章　事故別救助活動

活動概要	救出要項	作業手順 1　①のローラー右側をA隊がエアソーで切断し、取りはずし、六角レンチを活用し⑯⑰⑲⑭⑬⑫⑪⑧⑦⑨の順序で取りはずした。 2　⑤のローラー左側を、B隊がエアソーで切断し、④③のローラーを取りはずし、切断した⑤ローラーを持ち上げ、救出した。 主な使用資器材 　エアーソー、バール、六角レンチ（印刷機専用工具）、酸素吸入器、毛布
留意事項		1　要救助者の保護。 2　業務上、揮発性油脂類が使用されている場合は、火災発生のおそれのある器具は使用しない。

第6節　建物関係事故

第1　建物等による事故の態様と特性

この事故は、災害等の外的要因によるものではなく、日常生活の中で人為的な不注意などによって発生するものが多く、統計上は、ＰＡ連携活動に伴う救助活動も含むことから発生件数は例年全国の全救助件数の４割近くを占めている。事故の内容は、閉じ込め、挟まれ事故が多く、比較的軽微なものが多い。

1　建物内の事故
(1) 室内への閉じ込め
　① 幼児が玄関の鍵、トイレや浴室の内鍵を掛け、解錠出来ずに閉じ込められたもの
　② トイレや浴室内で急病発作により倒れ、施錠されていたためドア開放ができず閉じ込められたもの
　③ 室内で施錠し自損を図ったもの
　④ 鍵が故障したため解錠不能となったもの
(2) 室内（外）での挟まれ
　　ドア、階段手すり、ベランダ手すり、いす等に身体の一部を挟まれたもの
(3) 搬出困難
　　要救助者、傷病者を階段が狭いため搬出できないもの

2　工作物関係
(1) 建物と建物、建物と塀の間に挟まれたもの
(2) 公園の遊具（ジャングルジム、滑り台）に体の一部を挟んだもの
(3) ガードレールの継ぎ目、ガードレールと電柱の間に体の一部を挟んだもの
(4) 野積みのヒューム管に入り脱出不能、制水弁孔に入れた足が抜けないなど

第2　初動処置

1　覚知時の処置
　覚知時に次の事項について確認する。

(1) 事故の形態（閉じ込め、挟まれ）
(2) 要救助者対象（大人、子供）
(3) 緊急性の有無（急病・自損、その他）

2　出動

　必要資器材を確認し、出動順路を選定、迅速出動する。出動途上、自己隊で入手又は本部から得た情報を全隊員に周知し、交通事故防止に留意して現場に向かう。

第3　実態把握と判断

1　現場確認

　指令内容の各事項について確認し不明な点については、関係者（家族）から状況を聴取する。

2　救助方法の決定

　状況を把握して、最も安全、確実、迅速かつ破壊等による被害を最小限度に止める方法を決定する。
(1) 救出順位（次の順位で優先度、緊急度を判断する。）
　① 急病又は自損によることが判明しているとき
　② 呼びかけに対し、返事、応答がないとき
　③ 受傷しているとき
　④ 子供の単純な閉じ込め事故
(2) 救出手段
　① 施錠による閉じ込め
　　ア　マスターキー、その他器具により解錠してドアを開放する。
　　イ　ドアをこじ開ける。
　　ウ　ドアを破壊・切断して開放する。
　② ドア、施設等挟まれ
　　ア　慎重に引き出す。（必要に応じて石鹸水、潤滑剤を塗布）
　　イ　挟まれた部分を拡げる。
　　ウ　挟まれた部分を切断する。
(3) 使用資器材等
　① 進入、搬送
　　　三連はしご、各種担架、救助ロープ
　② 切　断
　　　エンジンカッター、エアーソー、油圧スプレッダー、
　③ 破　壊

削岩機、大ハンマー、バール
④ 拡　げ
　　油圧スプレッダー、マット式空気ジャッキ、金てこ
⑤ その他
　　工具類、ガムテープ、石鹸水

第4　救助方法

1　建物内閉じ込め
（1）進入手段
　　　玄関ドアが施錠されているときは、一戸建ての場合は、周辺のドアや窓で、進入できる場所から進入する。また、共同住宅の場合は、隣戸の部屋を通りベランダから要救助者のいる部屋へ進入する。
（2）ドアのキー解錠
　　① マスターキーにより解錠
　　② 器具を使用し解錠
　　③ 幼児の場合、開錠方法を教えて解錠
（3）ドア破壊・切断等によるドア開放

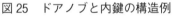

図25　ドアノブと内鍵の構造例

　　① 木製等の簡易なドアは、バールを取っ手部に差し込みこじ開ける。
　　② ドアと壁の間からエンジンカッターのディスク、エアーソーの歯を入れてラッチボルトを切断する。
　　③ ノブを破壊する。
　　④ 蝶番のピンを切断する。
　　⑤ ガラス戸のロック錠部分のガラスを小破壊し、ここから手を入れてロックを解除する。

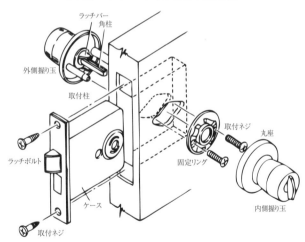

（4）救出手段
　　　上記の方法によりドア等を開放又は除去して内部に進入し、要救助者の受傷の有無、症状の程度等を確認し室外に搬出（誘導）し、必要な処置をとる。

2　ドア等に挟まれ
（1）挟まれ事故の態様
　　① ドアと壁、柱、床面の間に手または足先を挟まれる。

第6章　事故別救助活動

　　② 引き戸の間、引き戸と戸袋の間に手を挟まれる。
　　③ 開き戸（片開き・両開き）の蝶番部に手を挟まれる。
(2) 救出手段
　　① 挟まれた部分に器具を挿入し、隙間を拡げる。
　　② 挟まれた部分の部材を切断する。
　　③ 蝶番部分に器具をあてがい間隙を拡げる。
　　④ 蝶番のピンを切断しドアを外す。

3　階段からの搬出不能
(1) 事故の態様
　　要救助者を搬出する場合、階段が急勾配、狭隘その他の事由で屋内からの搬送が困難な場合がある。
(2) 救出要領
　　受傷の状況、傷病の程度を確認し、自力歩行が困難な場合は、要救助者を担架に乗せ、担架に救助ロープを結着し、三連はしごの横さんを支点として吊り下げ、地上で隊員が確保しつつ、降下させる（図26　救助担架活用による応急はしご救出）。ベランダ、窓等から直接屋外に搬出する。

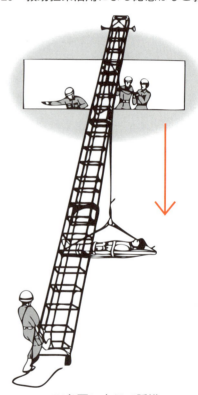

図26　救助担架活用による応急はしご救出

※必要に応じて誘導ロープを設定する。

4　工作物等に挟まれ
(1) 事故の態様
　　① 建物と建物の間に上方から落下して挟まる、子供が建物の間に入り込み脱出不能となる。
　　② 子供が公園・遊園地の遊具に挟まれる（滑り台の手すり、その他）。
　　③ 道路上のガードレールと電柱の間、ガードレールと電柱、道路標識等
　　④ その他の屋外の施設、物件
(2) 救出手段
　　① 体位の変更、脱力方法等を指示し脱出させる。
　　② 石鹸水（潤滑剤）を塗布し、静かに抜き取る。
　　③ 器具を使用して拡張、切断、破壊により救助する。

第5　活動上の留意事項

1　建物内事故

(1)　状況確認の結果、破壊、切断等で対応する場合は、必要最小限度の破壊と傷者の苦痛の軽減に配意する。

(2)　火花を発生する器具の使用は、慎重を期すること。特にガスによる自損行為の場合は、厳禁とする。

(3)　ドア等を切断・破壊する場合は、要救助者に切断・破壊箇所から離れているよう指示し、要救助者の危害防止に留意する。

(4)　ガラス戸を破壊するときは、ガムテープを張りガラスの飛散防止を図る。

2　工作物関係

屋外の施設物の救助に際しては、道路施設管理者、公園管理責任者その他関係機関に通報し、施設の破壊、切断、除去等の了解、助言を得る。

【救助事例8】

事故分類		建物関係事故・建物内〈トイレ〉閉じ込められ男児1名救助	
事故の概要等	発生状況	発生時期	12月　14時
		発生場所	住宅トイレ内
		気象その他	曇り
	事故概要	男児〈2歳〉が自宅のトイレに入り、施錠したが出るときに解錠の方法が分からず、トイレ内に閉じ込められたもの。	
活動概要	到着時の状況	母親は在宅していたが、ドアの開放ができず、子供はトイレ内で立ったまま泣いていた。	
	状況判断	1　子供の健康、精神状態を確認して救助方法を選定する。 2　子供に解錠させる。 3　錠を分解又は破壊してドアを開放する。	
	救出要項	1　母親から錠の種類、方式等について聴取した。 2　子供に呼びかけ、錠の外し方について指示したが、解錠できなかった。 3　母親に状況を説明し、錠の破壊について承諾を得た。 4　子供に、ドアから離れるように指示した。 5　エアーソーを使用し、錠の部分を切断してドアを開放した。〈怪我なし〉	

第6章　事故別救助活動

活動概要	救出要項	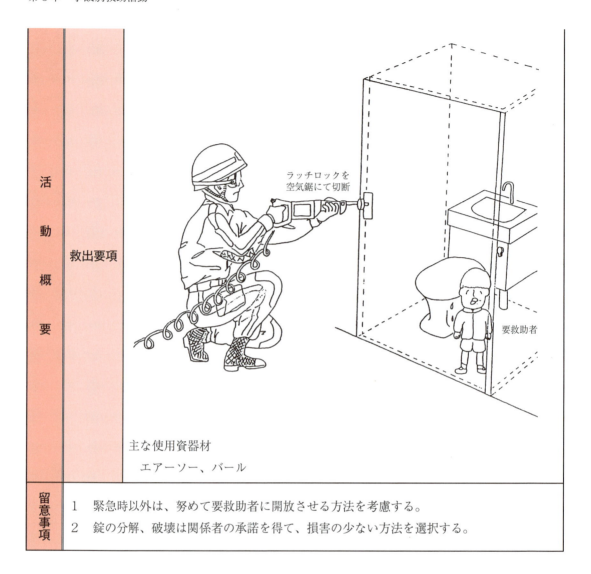 主な使用資器材 　エアーソー、バール
留意事項	1　緊急時以外は、努めて要救助者に開放させる方法を考慮する。 2　錠の分解、破壊は関係者の承諾を得て、損害の少ない方法を選択する。	

第7節　ガス・酸欠事故

第1　ガス・酸欠事故の態様と特性

　本節では救助活動を伴う毒性ガスの発生、漏洩、噴出及び酸素欠乏空気の噴出、滞留等を対象とし、可燃性ガスの漏洩、流出による爆発及び火災については対象外とする。

1　毒性ガス等の事故
(1)　ガス取扱事業所、工場等で取扱い過程におるける漏洩、流出
(2)　搬送車両の運搬中の交通事故等による流出
(3)　その他の事故

2　有毒ガスの発生、酸欠事故
(1)　地下槽等の内部の洗浄、塗装工事に伴う溶剤による中毒事故
(2)　地下室、建設工事基礎縦坑内、マンホール及び古井戸内での作業中に酸欠空気の噴出、メタンガス発生・滞留による窒息事故
(3)　その他不完全燃焼による一酸化炭素による事故

第2　初動処置

1　覚知時の処置
　　覚知時に指令内容等から次の事項について確認し、必要な処置をとる、
(1)　ガスの種別
　　　有毒・無毒、可燃性・不燃性、ガス名
(2)　事故の区分
　　　漏洩、流出、発生、滞留
(3)　発生場所
　　　屋外（市街地・郊外、道路上）、屋内（事業所内、地下室、槽、その他）
(4)　気象条件（天候・気温・湿度・風向・風速）
(5)　必要資器材・装備の確認及び応援部隊の要否

2 出動

前1の状況を勘案し、必要な資器材を増載又は積み替え等を行い、現場への進入は、原則として風上方向、高台部署を考慮した順路を選定し迅速出動する。

出動途上、自己隊で入手又は本部から得た情報を全隊員に周知し、交通事故防止に留意して現場に向かう。

第3 実態把握と判断

事故の概要を把握するため、下記事項について現場を確認し、関係者から状況を聴取して事後の活動の判断とする。

1 発生場所
(1) ガスの漏洩、流出、噴出箇所（屋内・屋外、地上・地下、槽内、マンホール等）
(2) ガスの充満、拡散及び汚染範囲、

2 ガスの種類等
(1) ガスの名称
(2) ガスの性状（比重、臭気、色、危険性＝可燃性、刺激性、麻酔性、腐食性）

3 要救助者の状況
人数、位置（周辺の状況）、容態等

4 事故の状況及び関係者の処置等
(1) 発生原因、部位（配管の損傷、バルブの故障・折損）
(2) 関係者の取った処置及びその結果

第4 救助方法の決定

現場の状況を把握し、関係者の助言及び必要により技術支援を受け、安全、確実な方法を選定する。

1 救出手段
危険要因の排除又は拡大危険の抑制処置を行った後、要救助者の位置により、平面的救助（搬送）法又は立体的救助（搬送）法を選択する。

2 救出手順
原則として救助活動の前段として、おおむね次の事項について処置する。

(1) 資器材の準備

防護服、呼吸保護器具、専用工具を準備及び着装する。

(2) ガスの測定

ガス濃度、拡散範囲等の変化に対応できるよう場所、時間を変えて、適時・継続して測定する。努めて複数の測定器による測定を行う。

(3) 火災警戒区域、爆発危険区域、毒劇物危険区域の設定

① ガス臭気を認める区域や可燃性ガスが検出された区域に火災警戒区域を設定する。

② 可燃性ガス濃度が爆発下限界の30％を超える濃度を検出した区域に爆発危険区域を設定する。

③ 人体許容濃度を超えるガス濃度が検出された区域に毒劇物危険区域を設定する。

以上の警戒区域を重ねて設定する必要がある場合は、設定範囲の広い区域をもって設定する。なお、警戒区域は、測定器の測定結果に基づき、必要に応じて適宜伸縮する。

(4) 拡大防止処置

ガス配管、バルブ、コック及びボンベのバルブ閉鎖等によりガスを遮断する。

(5) 救出活動着手

発生場所、要救助者の位置、状態により選択する。

3 使用資器材

(1) 測定器具

① ガス検知器（適応検知管を含む。）

② 酸欠空気危険性ガス測定器

③ 赤外線ガス分析装置、質量分析装置等

(2) 保安器具

① 呼吸保護器具（空気呼吸器、防毒マスク等）

② 防護衣

(3) 救出用器具

① 各種担架、救助ロープ及び付随器具、

② 三連はしご、要救助者への供給用空気ボンベ

(4) ガス遮断用工具

専用工具、スパナ、木ハンマー、木栓

第5 救助要領

1 救助に先行し、又は併行してとるべき処置

(1) 進入時の装備

ガス気内への進入時には必ず呼吸保護器具を、また、ガスの種類によっては防護衣服を着装し、2名1組で進入する。

第6章　事故別救助活動

　　　毒性ガスが可燃性である場合は、毒劇物防護衣の上に防火衣を着装する。
(2) ガス測定
　　　測定は、努めて事業所等の関係者、技術者の協力を得て行うものとし、外周部から内側へ、風上から風下側へ順次行う。
(3) ガス遮断・閉止
　　　ガスの遮断等は、原則として事業所等の関係者、技術者の協力を得て行うものとする。ただし、漏洩しているガスボンベのバルブの閉止等は消防隊が実施してもよい。
(4) ガス排出
　　　室内の場合は、開口部を開放、破壊する。開口部がない場合及び地下槽やマンホール下の坑道の場合は、噴霧注水により排出する。
(5) 空気の供給
　　　地下槽内の要救助者を救出までの間、要救出者に対する要救助者用空気呼吸器の着装又は空気ボンベの塞止弁をわずかに開き、要救助者の口元付近に空気を供給する。
(6) 警戒筒先の準備
　　　可燃性ガスの場合は、必ず警戒筒先を準備する。

2　救出要領

(1) 室内からの救出
　　　室内から救出する場合は、2名で要救助者の上体と脚部を抱えて、1名が要救助者の背後からかかえ、他の1名が要救助者の下肢を交差させてかかえ、足の方向へ進行し安全な場所に救出（搬送）する。
　　　要救助者が複数いる場合は、迅速に危険区域から救出すためのショートピックアップを考慮する。
(2) 地下坑道等からの救出
　　　地下坑道等で狭いため立って活動ができない場合は、2名で要救助者の後ろ襟をつかまえて、一気に引きずり救出する。
(3) 地下槽内からの救出
　　　地下槽内からの救出は、槽内への出入がマンホールに限定され、更に、マンホールの直径が60cm以下である場合は、次により進入し救出する。
　① 進入者は呼吸器の面体のみを着装して進入、補助者が呼吸器本体を救助ロープで結着し、これを進入者に併せて降下させる。※「面体着装、ボンベ後送」
　② 槽内で要救助者をマンホールから垂直に救出できる要領で結索し、引き上げ救出する。
　③ 進入者は、進入した時の逆の行動により脱出する。
　　　この際、地下槽内の突起物への引っかかりや救助ロープの絡みに十分注意すること。

図38 構内からの救助要領

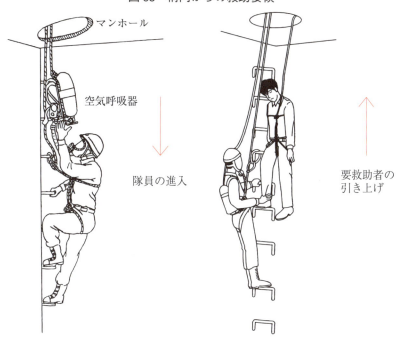

第6 活動上の留意事項

1 ガスの実態把握と処置

　漏洩、発生したガスの種別を早期に確認し、その性状に対応した装備をし、適切な活動をする。

2 関係者との連携

　活動に当たっては、施設等の関係者から専門的な助言、技術支援を受け、また、専門工具や資器材の提供等関係者との連携により効果的に活動する。

表9　主なガスの性状

ガス名	窒素	メタン	硫化水素	炭酸ガス	アンモニア	塩素	シアン化水素
科学記号	N_2	CH_4	H_2S	CO_2	NH_3	Cl_2	HCN
常用圧充鎮比	150	150	1.47	1.34	1.86	0.80	1.57
容器の色	ねずみ色	ねずみ色	ねずみ色	緑色	白色	黄色	ねずみ色
バルブの閉鎖	左	右	右	左	左	左	右

可燃性 不燃性	不燃性	可燃性	可燃性	不燃性	高温にて可燃性	不燃性	強可燃性
臭　気	無　臭	無　臭	卵の腐った匂い	無　臭	刺激臭	刺激臭	杏のような匂い
有・無毒	無　毒	無　毒	有　毒	無　毒	有　毒	有　毒	有　毒
呼吸に影響	な　し	な　し	知覚神経麻痺	中　毒	刺激性	刺激性	刺激性
空気との比重	0.97	0.55	1.17	1.53	0.60	2.49	0.93
主な用途	空気混合	燃　料	医業工業薬品	消火剤飲料混入	化学肥料冷蔵	水の消毒漂白剤	殺虫剤
注意事項	不活性ガス	爆発性あり	直射日光を避ける	水分により腐食性	爆発危険呼吸障害	強い毒性比重大	猛烈毒性皮膚吸収

第7　酸素欠乏症と一酸化炭素中毒について

◎　酸素欠乏症

1　酸素欠乏（酸欠）とは
　　空気中の酸素の濃度が18パーセント未満である状態をいう。（酸素欠乏症等防止規則昭和47年9月30日労働省令第42号）とされている。

2　発生原因
(1)　酸化されやすい物質の酸化
(2)　穀物、果実、木材の呼吸作用
(3)　有機物の腐敗
(4)　その他

3　酸素欠乏危険箇所
(1)　上層に不透水層がある砂礫層のうち、含水又は湧水がなく、又は少ない部分の地層に接し、或いは通ずる、井戸、たて坑、隧道、潜函ピット等
(2)　穀物、飼料の貯蔵、果実・野菜の熟成、種の発芽、きのこの栽培等に使用しているサイロ、むろ、倉庫、船倉等
(3)　長期間使用されていない古井戸、汚水、汚泥が滞留している暗渠、下水溝、汚物槽、マンホール内部等
(4)　不活性気体（窒素のほか、ヘリュウム、アルゴン、炭酸ガス等）を入れ又は入れたことのあるタンク、ボイラー、反応塔、コンテナ、船倉等の内部

4　酸素欠乏症

酸素欠乏空気を吸入することにより、生ずる症状が認められる状態をいう。

5　酸素欠乏空気吸引による人体への影響

通常の空気中の酸素濃度は、約21％（20.93％）であるが、何らかの原因で濃度が低下すると、次のような症状が現れる。

表10　ヘンダーソンの分類

分類	酸素濃度	症　状
0	18％	安全限界であるが作業環境の連続換気、酸素濃度測定、安全帯、呼吸用保護具の用意が必要な濃度
1	16～12％	脈拍、呼吸数増加、精神集中力低下、細かい筋肉作業がうまくいかない。頭痛、吐き気が生ずる。 動脈血中酸素濃飽和度 85 ％ ～80％でチアノーゼ出現
2	14～9％	判断力が鈍る。発揚状態、不安定な精神状態となる。刺傷など感じない。酩酊状態、当時の記憶なし、体温上昇、チアノーゼが生ずる。階段・梯子からの墜落死、溺死の危険
3	10～6％	吐き気、行動の自由を失う、危険を感じても動けず叫べない。意識不明、虚脱、中枢神経障害、痙攣、チアノーゼ大となる。死の危険
4	6％以下	数回のあえぎ呼吸で失神、昏倒➡呼吸緩徐・停止➡けいれん➡心臓停止　死に至る

一般社団法人日本産業医療ガス協会　「高圧ガスハンドブック」より

◎　一酸化炭素中毒

1　一酸化炭素

無色、無味、無臭の気体で、比重は空気とほぼ同程度であるため、ガスの存在自体が認識されにくいため、中毒事故に至る要因の一つといわれている。

2　主な発生原因

炭素又は炭素化合物の不完全燃焼によって発生する。家庭のガス器具、練炭等の燃焼器具の不完全燃焼により発生し、自動車の排気ガス中にも含まれる。

3　中毒に至る経過

通常は、呼吸により吸引した酸素が血液中のヘモグロビンと結合して、血液の流れによって全身に運ばれる。一酸化炭素は、ヘモグロビンとの結合力が極めて強く、酸素の200倍といわれている。このために酸素が血液と結合できなくなり、その結果として頭痛や呼吸不全、さらには昏睡、死亡に至る。

4　中毒症状

(1) 初期症状

軽度の頭痛、気分が悪く、めまい、耳鳴り、脈拍が多くなり、呼吸も速くなる。皮膚は桜色、特に顔面紅潮となる。

(2) 中等症状

悪心、嘔吐

(3) 重症症状

運動障害（歩行困難）、卒倒、感覚障害、意識もうろうとなり、昏睡、人事不省、呼吸困難、死に至る。

【救助事例9】

事故分類		ガス・酸欠事故・溶剤の蒸気による中毒事故3名救助
事故の概要等	発生状況	発生時期　4月　11時
		発生場所　防火水槽内
		気象その他　曇り　強風波浪乾燥注意報
	事故概要	防火水槽の防水工事中にシンナー中毒により3名が倒れたもの。
活動概要	到着時の状況	1　マンホール（直径60cm）から防火水槽内部を確認すると、3名が倒れているのが確認された。 2　関係者による救助手段はとられていなかった。
	状況判断	1　内部進入要領の選択 2　要救助者に対する空気の補給と早期救出
	救出要項	1　空気ボンベを開弁し、槽内に降下し、要救助者に空気を供給した。 2　2名の隊員が呼吸器本体を着装、ボンベ後送の方法で槽内に進入した。 3　垂直状態での縛着方法で2名を縛着し、1名を救助用縛帯により順次引き上げ、救出した。（重篤　1、重症　1　中等症　1） 4　ガス濃度測定及び消火対応は、他の隊が担当した。 進入状況図（地下1階）

活動概要	救出要項 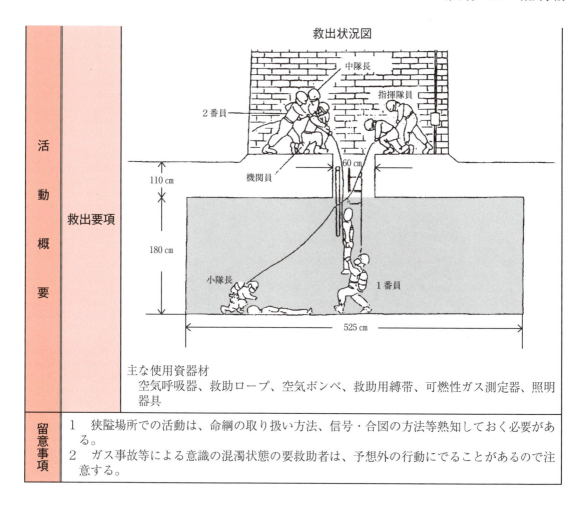救出状況図 主な使用資器材 　空気呼吸器、救助ロープ、空気ボンベ、救助用縛帯、可燃性ガス測定器、照明器具
留意事項	1　狭隘場所での活動は、命綱の取り扱い方法、信号・合図の方法等熟知しておく必要がある。 2　ガス事故等による意識の混濁状態の要救助者は、予想外の行動にでることがあるので注意する。

第7章 部隊運用

第1節　部隊運用の基本

1　部隊運用の意義

　部隊運用とは、火災等の発生の際、その被害を最小限度で止めるために消防本部（指令室）が、あらかじめ定めた計画に基づき、その地域の危険性に対応し得る消防隊の指定、出動（出場）（以下、本稿では「出動」とする）指令及び現場活動部隊の増強、補完等の運用を行うことをいう。

2　火災等の受信（通信指令業務）

　消防活動は、災害現場からの通報により開始される。災害通報の受信に際しては、迅速、的確に必要事項を聴取して対応することが肝要であり、受信受付の巧拙がその後の消防活動に大きな影響を与える。
　災害通報の受信者は、次の心構えで対応しなければならない。
⑴　通報者は、心理的に異常に興奮していることが多い。受信に際しては努めて冷静な受付に心がけ、その要点を早く的確に把握することが重要である。
⑵　指令業務の119番受付担当者は、通信内容や相手の置かれている状態を的確に把握して部隊の運用に努め、通信、指令業務のオペレーターであってはならない。
⑶　通信内容から通報場所、対象施設、用途、延焼危険等、地域の特性と消防力を総合的に判断して部隊の縮小や増強を念頭に運用しなければならない。
⑷　指令業務担当員は、あらゆる災害事象と消防戦術の知悉に努め、管内の特殊対象物及び地理の精通に努めなければならない。
⑸　出火建物からの通報者には、危険が切迫していることが多い。要点を簡素に聴取し、避難時機を失わないよう配慮しなければならない。

3　災害受付の七則

　災害情報の受信に際しては、次の七則を基本に対応することが大切である。
⑴　受付は、迅速確実に（通報内容を迅速、確実に把握する。）
⑵　応答は、親切丁寧に（通報者の動転意識を正常に戻す。）
⑶　専門用語を使ったり、誘導質問はしない。（理解しにくい用語、問いかけを避ける。）
⑷　通報者は、常に善意の住民等であるという意識で対応する。
⑸　努めて冷静沈着な対応に心がける。

第7章　部隊運用

(6) 勘に頼らずメモを取り、確認に努める。
(7) 二報、三報、どれも一報と思い正しく受信する。

4　119番受信時の初動対応（共通事項）

	通報者	受信・指令業務員の聴取要領	部隊運用指令
第一報の経過等	119番に通報 家が燃えている 通報者が 出火建物の関係者 通報者が ・出火建物の近隣者 ・通行人	・○○消防本部 ・火事ですか　救急車ですか ・出火場所・番地・目標を聞く ・建物の階層・用途・どの階の何が燃えているか？ ・通報者と建物の関係を聞く ・逃げ遅れ者が　いるか　を聞く ・どこに何人 ・通報者に煙や炎が迫り危険性があるか？ ・速やかに避難させる。 　窓、出入口を閉めて避難させる。 ・電話を保留する。 ・見た位置、状況を聞く ・火災建物の関係者の動向を聞く ・逃げ遅れ者は　いるか　どこに何人？	・発信地表示システムで通報番地確認 ・該当部隊に出動の予告 ・該当部隊に出動を指令 ・状況により制限出動 ・延焼中、逃げ遅れ者ありを追加指令する。
第二報以降	第2報・第3報等	・原則に基づき聴取する。 ・基本的に、第1報の火災が延焼中と判断出来るか。 ・第1報と同一火災であるという先入観・意識は持たない。 ・第1報と同一火災である時は、補正確認をする。	・119番情報での延焼中を無線で連絡する。
二次火災		・第1報と異なる場所である時は、番地・状況を確実に聴取する。 ・燃えている火災は何箇所かを聞く。 ・原則に基づき聞く。	・二次火災の指令予告 ・二次火災の指令

※基本の初動対応以降は、別紙により用途別の運用要領による。さらに必要事項を聴取するとともに運用計画に基づき部隊を運用する。

第2節　出動計画

1　出動計画の意義
　市町村が保有する消防隊（ポンプ車隊、梯子車隊、救助隊、救急隊及びその他の特殊車隊等）を地域特性等に基づき指定し、災害の発生に備えておくことを出動計画という。

2　出動計画の種類
　出動計画は、地域特性（地勢、市街地構成状況、気象条件等）等と消防体制を考慮して消防本部が計画し、運用するが、一般的には次のような種別で計画されている。
(1)　普通火災出動計画
(2)　高速道路出動計画
(3)　危険物火災出動計画
(4)　大規模火災出動計画
(5)　救急普通出動計画
(6)　救急特別出動計画
(7)　救助特別出動計画
(8)　その他の出動計画
　　その他の出動計画としては、航空機火災、船舶火災、林野火災等、地域の特性に対応する出動計画がある。

3　部隊運用支援カード
　火災通報は、火災等の発生事実を住民などからの通報により、消防機関が火災を最初に受信する情報である。
　従って、火災通報を受信して出動計画に定める部隊の出動を指令すると同時に、その火災の消防活動に必要な、次のような情報の収集に努め、その後の対応に活用する。
(1)　火災等の実態把握と当該市街地の延焼危険
(2)　人命危険状況と避難活動の要点
(3)　出動計画による対応限界と必要資機材の判断
(4)　後方支援業務
(5)　安全管理情報
(6)　他の機関との情報交換に関する事項

これらの情報に基づき、瞬時に判断し対応することは極めて困難であり、あらかじめ検討しておくことが必要である。
　リスク管理に「フェール・セーフ」という言葉を使うことがある。もともとは核兵器の爆発や偶発戦争の防止措置として使われていたが、現在では、「万一の事故や故障で失敗しても、次に打つ手を用意して安全を保障する。」という意味に使われている。
　失敗する前に適応行動が出来るように次の手を準備しておくことが有効である。
　このような目的で準備するのが「部隊運用支援カード」である。
　部隊運用支援カードは、その市町村の市街地構成状況、危険物施設等の分布状況及び保有消防力の現況等を踏まえて項目ごとに整理しておくことが有効である。

第3節　普通火災出動計画

日常起こる建物火災等に対応する消防隊の出動計画である。

1　出動区分

出動部隊は、町丁別単位に出動区域を定め、その区域内を第１出動から第３出動程度に区分している市町村が多く、第１出動隊は、理論上その地域で発生する火災の延焼を阻止し得る消防隊を指定し、第２出動以上の出動隊は、第１出動隊を補完する部隊として、現場からの要請又は消防本部の判断で運用する。

2　出動隊の指定

(1)　ポンプ車隊

ポンプ車隊は、市町村が保有する消防隊によって異なるが、一般的には各々の出動区の延焼力を阻止し得る消防隊（5〜8隊）を、第１出動隊として指定する。

(2)　特殊車隊

ポンプ車以外の部隊のうち、指揮隊、救助隊、救急隊は出動区分ごとに１隊、はしご車は、出動区分の当該区域内の容積率により１〜３隊を指定し運用する。

(3)　残留警備と緊急配備（消防本部によって呼称は異なる。）

残留警備とは、火災地近くの消防署・所（分署・出張所）にその署・所の消防署管内に起こる２次火災に備えて出動せずに待機するポンプ車隊をいう。

緊急配備とは、火災地周辺の消防署・所から２次火災に備えて空白となる消防署・所へ移動配備して警備に当たるポンプ車隊をいう。

(4)　安全管理（専従）隊

第１出動と同時又は災害状況や危険の程度に応じて、現場指揮本部長の下で安全管理に専従するポンプ車隊等を運用する。

3　部隊運用支援カード

日常起こる火災は、その殆どがこの出動計画により対応できるが、次のような地域や施設等の火災には、特異な対応を要する部分があることから、部隊運用支援カードを参考として行うことが有効である。

(1)　市街地火災

(2) 大規模木造建物火災
(3) 同時多発火災
(4) 強風時火災
(5) 耐火建物(雑居ビル)火災
(6) 一般倉庫火災
(7) ラック式倉庫火災

(1) 一般市街地火災の部隊運用支援カード

初期の確認事項	1	火災か、救急かの別
	2	所在番地(○○町○○丁目、○番、目標、建物の階層・用途等)
	3	何がどこで燃えているか、逃げ遅れ者はいるか
	4	通報者の被災危険等
部隊運用の基本	1	普通出動計画による出動隊への出動指令
	2	付加指令の検討(特定隊への任務指定、救助、避難、障害除去等)
	3	通報者への逆信照会(その後の変化の問い合わせ)
	4	現場到着隊との交信(部隊の過・不足、現場の動静等)
運用要領(手順)	1	出動部隊の確認(風、延焼方向、避難状況を含む)
	2	補完部隊、使用資機材、放水銃(砲)、充水隊等
	3	後方支援隊の準備等
災害特性	1	市街地火災は、出火点を中心に時間の経過とともに同心円状或いは風下に延焼拡大する。 　従って、火災の延焼防止活動は、拡大する火災の周辺を消防隊により早く包囲して注水消火することが先決である。
	2	火災による人命危険は、出火地点周辺で発生することが大部分である。
部隊運用上の特性	1	常に現場補完と現場支援の心構えで対応する。
	2	部隊の応援指令は余裕を持って行う。

(2) 大規模木造建築物火災の部隊運用支援カード

初期の確認事項	1	建物用途・規模、延焼状況、避難状況の確認
	2	危険物及び特殊可燃物の保有・取扱い状況の確認

第3節　普通火災出動計画

部隊運用の基本	1　第2、第3出動隊の早期運用 2　大量水源の確保手配、及び高圧送水隊の編成と運用 3　飛火警戒隊の早期運用を行う。 4　隊員の安全防護器具（防塵眼鏡等）の手配
運用要領（手順）	1　延焼中の現場報告受信と同時に、第2出動等高順位部隊の運用 2　放水銃（砲）積載隊の運用と送水隊及び充水隊を特命運用 3　大量送水可能な隊（遠距離大量送水車、消防艇等）を特命運用する。 4　特殊部隊（自走式放水車・特別救助隊・大型特殊救急隊等）の運用 5　飛火警戒隊（ポンプ車隊、はしご隊）の特命運用 6　給食・燃料補給隊の特命
災害特性	1　延焼速度が速く、延焼力が大である。 2　輻射熱が強く、飛び火危険が大である。 3　防火壁を乗り越えて延焼する場合がある。 4　建物倒壊危険が常にある。 5　消防活動が長時間となる場合が多い。
部隊運用上の留意事項	1　特命隊を運用する時は、現地集合場所及び任務を付加して出動指令をする。 2　放水銃（砲）及び特殊器材積載隊の出動指令時には任務を明示する。 3　局面指揮、及び飛火警戒隊には、担当指揮隊を定めて運用する。 4　長時間活動を予測して早期に、燃料補給・隊員への給食等の手配を行う。 5　防塵眼鏡・洗眼器・空気呼吸器（予備ボンベ補充）の手配を行う。

(3)　同時多発火災（同一時間帯に同一地域に複数の延焼火災が発生）の部隊運用支援カード

初期の確認事項	1　同一時間帯で、所在地を異にする通報は別件火災とする。 2　同一火災か、別件火災の判断が困難な場合は、別件火災として運用する。
部隊運用の基本	1　同一地域における次期順位出動部隊の運用を早期に判断する。 　(1)　119番受信台指揮者による各119番受信者の受付（発災）場所の確認 　(2)　通報者への逆送信による問い合わせにより発災場所の再確認 　(3)　現場到着部隊へ発災場所の照会 2　通報内容から災害規模を想定して出動指令部隊の制限を考慮する。 3　発災地域の次期災害を考慮して、近隣に待機する部隊の一部を発災直近署・所へ移動、配備する。 4　現場で待機している隊の別の災害への転戦を早期に決断する。 5　現場で待機又は削減可能な部隊の早期引揚げを指令する。

第7章　部隊運用

運用要領（手順）	1	通報順に番号を付け部隊運用に活用する。
	2	貯水槽・貯水池充水又は消防活動支援等特定任務指定隊の運用をする。
	3	発災地域の次の災害に対する消防力を考慮した部隊の移動配備の指示をする。
	4	119番通報電話回線保留の早期解除を考慮する。
災害特性	1	各現場の出動部隊の把握が混乱する。
	2	出動部隊における火災現場別の水利部署選定が混乱する。
	3	出動部隊における混乱から延焼拡大危険が大きくなる。
	4	火災通報が混乱して火災現場、件数の早期特定が困難の場合がある。
部隊運用上の留意事項	1	同時多発火災は、放火に起因するものが多い。 従って延焼火災となる確率が高く、かつ、連続して発生することから、出動部隊の中から一部転戦等効率的運用が重要である。
	2	同一街区に連続して発生した場合は、指揮系統の一本化も考慮し、早期に多数の部隊を投入した積極的消火活動が必要である。
参考事項	1	出動指令に対して、指令された部隊が正しく到着しているか確認する。

(4)　強風下の火災の部隊運用支援カード

初期の確認事項	1	現場又は現場付近の風の状況を確認する。
	2	出火地点（街区等）及び延焼状況の確認
	3	気象状況を出動各隊に周知
部隊運用の基本	1	第2、第3出動隊の早期運用をする。（出火報と同時に第2出動等出動強化）
	2	多口送水による大容量放水可能隊の運用
	3	飛火警戒隊の早期運用
	4	風下地域の避難指示の検討
運用要領（手順）	1	状況により、大規模災害に対応する出動計画の運用を検討する。
	2	放水銃（砲）積載隊、送水隊及び貯水槽充水隊の特命運用
	3	大量送水可能な遠距離大量送水車、消防艇の運用を検討する。
	4	特殊車両部隊（装甲化学車・耐熱救難車・自走式放水車・大型特殊救急車）等を特命運用する。
	5	高所偵察（航空機、高層ビル屋上、はしご車の利用）を検討する。
	6	空気呼吸器・防塵眼鏡等の使用の勧告と手配をする。
	7	長時間活動に備えた燃料・隊員の食料搬送及び空気ボンベの補給隊の運用を準備する。
災害特性	1	延焼速度が速く、飛火火災と合流して大火災となる危険性が高い。
	2	飛火火災の発生率が高く、広範囲に拡大する恐れがある。
	3	輻射熱及び烈風の風圧等の影響で有効射程が得にくい。
	4	火の粉及び飛散物等により隊員の負傷及び消防機器の損傷危険が大である。

部隊運用上の留意事項	1　気象条件の悪化と火災危険を管内に広報する。 2　密集地、崖地等における危険性を認識する。 3　特命隊には、出動指令時に任務・担当及び一時集結場所を付与する。 4　特命隊による一時集結場所への到着を確認する。

(5) 耐火建築物（雑居ビル）火災の部隊運用支援カード

初期の確認事項	1　建物階層と出火階、出火場所の用途を確認する。 2　延焼範囲と可燃物を確認する。 3　逃げ遅れ者及び在館者の存否（営業中の有無）を確認する。 4　消防用設備の稼働状況を確認する。
部隊運用の基本	1　中高層階又は地階からの人命救助 2　排煙作業態勢の要否確認 3　照明作業の要否確認 4　空気呼吸器の予備ボンベ補給態勢確保 5　屋上及び周囲の状況把握のための高所からの偵察（航空機活用）
運用要領（手順）	1　特別救助隊を複数運用する。 2　屋上の要救助者は、ヘリコプターからの救助を考慮する。 3　負傷者、逃げ遅れ状況を踏まえて、救急特別出動計画（多数の救急隊を同時運用する計画）の運用を検討する。 4　特殊車隊（はしご車、空中作業車、照明車、排煙車、空気補給車、大型特殊救急車、防災機動車［隊員休憩場所に活用］）及び機動中隊を運用する。 5　負傷者等の収容先病院を選定する。 6　水損防止態勢確立の配意を確認する。
災害特性	1　耐火建物相互の延焼は、開口部が接近していなければ延焼しない。 2　建物内の煙の流動は、ドラフト現象等ビル内の気流に影響する。また、開口部の開放状態と噴霧放水の実施要領により変化する。 3　建物内の延焼は、小規模なことが多く、煙による人的被害の軽減策が重要である。
部隊運用上の留意事項	1　閉館中であっても、原則として多数の者が内部に存在することを前提とした部隊運用を行う。 2　特殊車隊は、延焼中と同時、若しくは通報受信の時点で必要と思慮する場合は、運用を決断する。

第7章　部隊運用

(6) 一般倉庫火災の部隊運用支援カード

初期の確認事項	1　収容可燃物の確認を他に優先して行う。 2　収容可燃物に「消防法に規定する危険物」がある場合は、危険物関係資料等による確認の上、迅速に出動各隊へ「物質特性・対応要領・危険性」の周知を連絡する。 3　収容物によっては、爆発を伴う事から、強力な現場統制の必要性を助言する。
部隊運用の基本	1　第2、第3出動隊の早期運用 2　放水銃等（放水銃・放水砲・自走式放水車）積載隊の早期運用 3　貯水槽充水隊の早期運用 4　個人装備（防塵眼鏡、空気呼吸器の予備ボンベ）等の早期集結 5　長時間活動に備えた給食、給水態勢の確保 6　事業者保有資機材（フォークリフト、ユンボ等）の活用
運用要領（手順）	1　放水銃（砲）積載隊の運用 2　屈折放水塔車、はしご車、大型化学車、ボーリングタワー車、自走式放水車、照明電源車等の選択運用 3　大量放水隊への送水ポンプ車隊、遠距離大量送水車、消防艇の運用 4　重機等破壊工作部隊の特命運用を検討 5　個人装備品（防塵眼鏡・マスク・空気呼吸器予備ボンベ等）の準備手配 6　長時間活動に備えた給食、給水、洗眼、燃料補給、及び休憩場所・応急救護場所としての大型特殊救急車、防災機動車等の運用検討 7　事業者保有のフォークリフト等の活用
災害特性	1　爆燃、有毒ガス発生、禁水性物質、荷崩れ等隊員の活動危険に注意する。 2　防火区画により収容物が異なり、延焼形態、活動危険性が異なる場合があるので、関係者から各場所の正確な収容物を聴取する必要がある。 3　周辺建物へ延焼危険はもちろん、煙・ガス等の影響が生ずることから、現場広報が必要である。 4　建物の消防設備を有効に活用しての、効率的消防活動が必要である。
部隊運用上の留意事項	1　収容危険物等の情報は現場各隊へ迅速に繰り返して通報する。 2　活動危険性、燃焼特性等、安全管理上の情報は具体的で簡潔に周知する。 3　大隊長等現場指揮者における活動方針・安全管理上の指示事項等を聴取して、現場各隊等へ周知する。 4　切替え隊、器材搬送隊等の特命は努めて予告指令の後行う。 5　特命隊は具体的に任務を付加して指令する。 6　延焼防止後における現場交代要員は、所轄の消防署隊を中心として確保する。

参考事項	1 現場調達資機材に ①焼き物等、特燃物搬出用機材の、フォークリフト ②落下建物構造材（鉄骨）除去のための、酸素溶断機・酸素、炭酸ガス等の調達がある。

(7) ラック式倉庫火災の部隊運用支援カード

初期の確認事項	1 倉庫の内外構造、ラック高と規模の確認 2 収容物の品名と数量の確認 3 出火時に於ける関係者等の建物内活動内容等の確認
部隊運用の基本	1 遠隔操作による消火活動戦術を考慮した部隊運用 2 大容量の水源確保と送水態勢の確立 3 安全管理関係の資機材の早期運用
運用要領（手順）	1 現場関係者からの建物内情報の収集と出動途上隊への情報提供 2 先着隊に現着時の状況、周辺市街地状況を確認させて、出動各隊へ周知する。 3 特殊車隊（大型化学車、屈折放水塔車、放水銃（砲）積載隊、照明電源車、自走式放水車、大型救急車等）の特命運用
災害特性	1 ラック内積載物品が多品目の上、比較的空間があるため、燃焼が早く、かつ、大きな火力となるおそれがある。（積載品は特殊可燃物と薬品が多い。） 2 ラックの骨組みは軽量鉄骨が多く、比較的短時間に座屈・倒壊する。これに伴って建物自体の倒壊を引き起こした事例があり注意を要する。
部隊運用上の留意事項	倉庫の関係者へ、破壊資機材の調達及び、フォークリフト、ブルドーザー、ユンボ等搬出重機などの調達による消防活動支援を検討させる。

第4節　対象物別警防計画

1　計画の主旨

　対象物別警防計画（特殊消防対象物警防計画等）は、特殊な消防対象物で火災の際、延焼危険及び人命危険が大きく、消防活動が通常の木造、耐火造建物火災と比較して、特異かつ著しい困難性を伴う消防対象物を指定し、火災発生時に有効な消防活動体制を確保するために定める計画である。

　計画は、個別の対象物を単位として必要とする部隊を算定し、活動計画が定められる。

2　計画対象施設

(1)　超高層建物
(2)　ホテル（旅館）
(3)　百貨店・大型スーパー
(4)　劇場（映画館）
(5)　病院・社会福祉施設（大規模施設とする）
(6)　地下街・地下室
(7)　地下鉄（隧道内の地下鉄車両）

3　出動区

　火災時に出動する消防隊と特別救助隊、救急隊、特殊部隊を中心として段階的に区分して指定する。

4　出動区分別指定隊数

　出動隊は、対象物の特性に応じ必要隊を事前指定又は特命指令することになるが、所属の部隊の概ね第2出動隊までを指定することが望ましい。

5　部隊運用支援カード

(1)　超高層建物
(2)　ホテル（旅館）
(3)　百貨店・大型スーパー
(4)　劇場（映画館）

(5) 病院・社会福祉施設（大規模施設とする）
(6) 地下街・地下室
(7) 地下鉄（隧道内の地下鉄車両）

(1) 超高層建物火災の部隊運用支援カード

初期の確認事項	1	建物名称、出火階層及び出火室の規模と用途
	2	スプリンクラー等消防用設備等の作動状況
	3	自衛消防隊の活動及び避難状況
部隊運用の基本	1	防災センターからの情報収集
	2	指揮体制の強化（応援指揮隊（局面指揮・前進指揮）、情報指揮隊・救急指揮隊等の出動）
	3	所要消防部隊の早期運用による消火、救助活動
	4	防災センター、自衛消防隊及び消防隊の円滑な連携
	5	スプリンクラー、連結送水管等、消防用設備の機能確保
	6	特別避難階段による円滑な避難活動
運用要領（手順）	1	所要消防隊の早期運用と現場集結
	2	多層階からの無線通信可能ルートの早期開設
	3	防災センター、情報ヘリコプターからの必要情報の入手
	4	人命救助活動、特別避難階段による避難誘導と消火活動
災害特性	1	高層階では局地風の影響を受け、また、方向によって通信障害箇所がある。
	2	消防活動の開始まで状況把握と資機材準備に長時間を要する。
	3	排煙・排熱及び水損防止活動に困難を伴う。
	4	消防隊、自衛消防隊及び防災センターとの連携が必要である。
	5	急激な延焼拡大は少ないことから水損等トータル被害の軽減に留意した活動が必要である。
部隊運用上の留意事項	1	消防部隊間の連絡が大部分無線によることとなり、通信統制を要する。
	2	部隊の活動が局地的になり各隊の連携活動が困難になる。
	3	下階への水損に配意する必要がある。

(2) ホテル（旅館）火災の部隊運用支援カード

初期の確認事項	1	建物階層と出火室、出火箇所（可燃物）及び在館者の状況の確認をする。
	2	施設関係者及び自衛消防隊による避難誘導状況を確認する。
	3	建物の消防用設備等の機能状況を確認する。
部隊運用の基本	1	宿泊者等の実態と動静の把握
	2	出火階、直上階、最上階の人命検索、救助・救急活動に対応出来る部隊の運用
	3	自衛消防隊との活動

	4　指揮体制の強化 5　現場救護所の早期開設に必要な救急隊の特命運用 6　早期の傷者収容医療機関の選定と確保
運用要領（手順）	1　出火報と同時に出動区分上位の隊の運用と共に、救助隊・はしご車隊を複数運用する。 2　救急特別出動計画の運用と救助資器材の現場搬送を検討する。 3　消防用設備の作動状況を確認する。 4　特殊車隊（はしご車、空中作業車、照明車、排煙車、空気補給車、大型特殊救急車、防災機動車［隊員休憩場所に活用］）給食車の特命運用を検討する。 5　機動中隊、応援指揮隊及び屋上逃げ遅れ者救出対策としての航空機（ヘリ）の活用に備えた部隊の特命運用を行う。 6　負傷者等の収容先病院の選定と現場への医師搬送を検討する。
災害特性	1　現場及び関係者の混乱から宿泊者等の動静把握が困難である。 2　宿泊者に建物内部不案内者が多いため、逃げ遅れ者等人命危険が多く発生する危険性がある。上層階からの飛び降り危険がある。 3　建物内部区画が複雑で開口部が少なく、人命検索救助、消火活動に困難を伴う。 4　人命検索が重複して行われ、救助活動の効率性を欠く事態が生じる。
部隊運用上の留意事項	1　特殊車隊の進入路確保を現場に指示する。 2　本部に入る傷病者状況を把握整理して適時に現場本部へフィードバックする。 3　広報対応は、現地と連絡をとり、個人のプライバシー保護に配慮して慎重に行う。 4　指令室に部隊運用・情報収集・広報担当の各専従者を配置して円滑な運営を図る。
参考事項	宿泊者のプライバシー保護（罹災者の発表後から）が問題となるおそれがある。

(3)　百貨店・大型スーパー火災の部隊運用支援カード

初期の確認事項	1　営業中の有無と出火階層の確認 2　防災センター要員からの避難誘導状況・延焼拡大状況の確認 3　自衛消防隊による避難誘導状況・消火活動等の状況確認
部隊運用の基本	1　営業中であって、延焼中と確認された場合は、覚知と同時に、第2出動及び救急特別第1出動（事前計画）を運用 2　指揮体制の強化 3　消火・救助に必要な特殊部隊の早期運用 4　指揮・情報系列別に無線運用波を指定 5　自衛消防隊との連携

運用要領（手順）	1　計画指定の指揮隊の他に応援指揮隊（救急指揮・情報指揮・各種補給隊の統制を担当する隊）を特命運用する。 2　特殊車隊（特別救助隊、はしご車、照明車、空気補給車、大型特殊救急車、防災機動車［隊員休憩場所に活用］、防水シート搬送等）、機動中隊及び救助ヘリコプターの特命運用を検討 3　収容医療機関の選定と確保 4　避難誘導状況の把握 5　はしご車の伸梯可能場所、建物面の確認
災害特性	1　商品等による可燃物が多く、濃煙熱気により隊員が接近出来ない場合がある。 2　商品展示棚等によりフロアーが複雑な構造となっており、消防活動が困難である。 3　営業中の延焼火災では多数の死傷者発生の可能性が高い、又休業日であっても、内部改修工事人等による逃げ遅れ者発生の確率が高い。 4　過剰注水による水損が多くなる。 5　活動拠点（攻撃、警戒）の周知が必要である。
部隊運用上の留意事項	1　屋内階段から地下階へ消火水の流入を防止する連結水嚢等の手配 2　安全防護器具等（防塵眼鏡、洗眼器等）の手配 3　空気ボンベ補給、燃料補給、給食・飲料水補給態勢を確立する。 4　傷病者の調査は、現地救護所及び搬送救急隊が確実に実施し記録整理する。 5　現場周辺の交通規制を警察機関に要請する。特に、救急隊の進入路と搬送路線の確保について依頼すると共に救急隊に周知する。

(4) 劇場（映画館）火災の部隊運用支援カード

初期の確認事項	1　建物規模、出火場所の確認 2　開演中、休憩時間中、開演準備中の状況を確認する。 3　在館者の避難状況を確認する。
部隊運用の基本	1　観客・従業員、劇場関係者の迅速な救助と避難誘導を主眼とした、部隊投入 2　被災者多数を想定した、救急・救護活動態勢の確立 3　指揮体制の強化 4　複数の特別救助隊、機動中隊の投入 5　消防活動支援のための資器材の調査、手配と搬送
運用要領（手順）	1　延焼中の情報の入電時点で、第2出動以上、高順位の出動体制を運用する。 2　開演中の場合は、救助隊2隊以上の特命運用を行う。 　　救急特別出動計画の運用を検討する。 3　放水銃（砲）積載隊、屈折放水塔車等を特命運用する。 4　傷病者の発生状況を確認し、搬送先医療機関の選定と収容依頼を行う。

第7章　部隊運用

災害特性	1　開演中の場合は、多数の要救助者発生の可能性が大きい。 2　建物内部（舞台裏及びその周辺）は複雑迷路状態であり、また濃煙熱気により、消防活動が困難となる。 3　舞台区域はどん帳・照明器具等による重量可燃物等の落下危険があり、また舞台下は奈落となっていて、高所落下等の消防活動上の危険性があるため、安全管理上注意を要する。 4　舞台区域に火災が発生すると、観客が一斉に覚知して避難を開始することから、入口付近でパニックに陥るおそれがある。
部隊運用上の留意事項	1　劇場内観覧席、及び舞台区域が延焼中の場合は放水銃積載隊を特命運用する。 2　傷病者及び収容先病院から入手した情報は整理して、速やかに現場指揮本部へフィードバックすることに努める。 3　消防活動上の危険要因（災害特性に記載）は活動の初期段階に現場指揮本部、出動各隊に知らせる。

(5) **病院、社会福祉施設等の部隊運用支援カード**

初期の確認事項	1　出火建物、出火階層、出火階の用途の確認 2　入院患者数、出火階のベッド数、病院等の特性の把握 3　消火、避難、退避等の状況確認 4　自衛消防隊の活動状況の確認
部隊運用の基本	1　第2、第3出動隊の早期運用（施設特性を踏まえた救急隊、担架搬送隊、人員輸送車等適応部隊の集中運用） 2　病院関係者による対応状況の確認 3　消防用設備の作動状況の確認 4　指揮体制の強化 5　病院広場等活動スペースの確保 6　傷病者及び入院患者の収容医療機関の確保
運用要領（手順）	1　病院の特性を踏まえた、必要部隊の運用 2　救急車、ポンプ車、特殊車等の運用 　　救急特別出動計画の運用を検討する。 3　避難者等の救護・収容のための人員輸送車の運用 4　重症者等を近隣病院へ優先搬送 5　被災施設と連絡して医師会等へ医療関係者の派遣要請 6　救護所用テント等の資機材の搬送
災害特性	1　重症入院患者の取扱いに注意 2　認知症患者などの保護と異常行動に留意 3　収容可能病院の早期実態把握と収容要請

部隊運用上の留意事項	1　防災センター、自衛消防隊との連携に配意 2　患者の収容可能病院の把握と病院調査班の派遣 3　近隣の医師派遣医療機関と、その病院への転院受付依頼

(6) 地下街・地下室火災の部隊運用支援カード

初期の確認事項	1　火点、煙の拡散範囲、及び最も火炎の噴出している箇所の確認（燃焼可燃物） 2　煙の流動状況及び在館者の避難状況の確認
部隊運用の基本	1　第２、第３出動隊の早期運用 2　指揮体制の強化 3　防災センターと消防部隊間の情報・連絡・通信手段の確保 4　排煙車隊、予備ボンベ搬送隊の早期特命指令
運用要領（手順）	1　地下街で延焼中の場合は、受信と同時に、複数の救助隊・救急特別第１出動及び空気呼吸器の予備ボンベ搬送隊を特命指令する。 2　計画指揮隊の他に応援指揮隊の特命運用（地下前進指揮所との連絡用有線インターホン積載を付加指令）を指令する。 3　延焼中の現場報告時点で、特殊部隊（特別救助隊、排煙車隊、照明電源車、空気ボンベ補給隊、大型特殊救急隊）を特命運用する。
災害特性	1　地下街は地下鉄駅舎と隣接ビルの地下と接続し出入口が複雑で、煙がこれらを伝わって流れるため、広範囲に煙が拡散排出する 2　在館人員の把握が困難である。 3　濃煙による視界が限定されるため、災害予測と状況判断が困難である。 4　煙、熱気の排出口が限定されることから、濃煙熱気により消防活動に困難性がある。
部隊運用上の留意事項	1　状況により地下街等に至るガス路線の遮断を「関係ガス会社」へ手配する。 2　空気呼吸器ボンベ補給隊を複数手配して供給態勢を確立する。 3　地下変電設備への浸水防止対策に配意する。 4　地下当該区域への進入路を検討確保する。
参考事項	この種の災害は、長時間消防活動を余儀なくされ、隊員の体力消耗が多大となる。

(7) 地下鉄（隧道内の地下鉄車両）火災の部隊運用支援カード

初期の確認事項	1　発災場所の目標を確認する。 2　火災の状況及び乗員乗客数の確認をする。 3　架線等通電状況及び対向車線の運行状況を確認する。
部隊運用の基本	1　火災発生場所の確認（電車停止位置、消防隊集結場所・進入口） 2　第2、第3出動隊の早期運用 3　指揮体制の強化 4　人命検索及び救助救急態勢の強化 5　隣接路線等の電車運行停止の確認 6　収容医療機関の選定確保
運用要領（手順）	1　上位の出動区分運用の要否を確認する。 2　救助特別・救急特別出動（事前出動計画）を運用する。 3　応援指揮隊を指令する。 4　特殊車（空気補給車、照明電源車、排煙車等）の特命運用を行う。 5　担架隊及び病院調査班の編成と特命出動を指令する。 6　地下鉄運転指令所への問い合わせによる「同系線他電車の運行状況と送電状況・消防隊進入口」を確認し、その状況を出動全隊に連絡する。 7　収容医療機関の選定・確保及び現場への医師派遣を要請する。
災害特性	1　他の電車の運行及び、乗客のパニック、線路脇に第3軌条線が有る場合、接触による感電等二次的災害の発生危険が大きい。 2　濃煙発生により、火点及び延焼範囲の確認が困難となる。 3　隧道内、駅区域内における濃煙熱気により、情報収集確認に支障が生じて、情報不足により消防隊員の活動に障害が生ずる。 4　消防部隊が、複数の進入口・地上・地下に分断され指揮統率が難しくなる。 5　電車の運休により社会的影響が大きくなる。
部隊運用上の留意事項	鉄道関係者の対応は、遅れがちとなることが認められるので、未確認情報であっても初期の部隊運用は、最悪状態を想定して、臨機に行う事が必要である。

第5節　高速道路火災出動計画

1　計画の主旨
　高速道路は、一般道路とは分断され、しかも消防活動に必要な水源もないことから、任意に単独で進入して消防活動を行うことは出来ない。
　高速道路上で起こる火災は、その特性や構造を考慮した高速道路に特化した出動計画が必要である。

2　出動区
　火災の出動区分は、第1出動～第3出動として高速道路の路線別に、ランプとランプ間又は、ランプとインターチェンジ間を一つの出動区として当該ランプ又はインターチェンジ直近の消防隊を指定する。

3　出動隊数
　道路上への出動隊は、消防水利がないことを前提として、水槽付ポンプ車又は化学車及び救急車を指定し、高速道路上への送水隊としてはしご車（高架場所への進入足場）及びポンプ車隊を高速道路外出場隊として、次の表のように指定して対応する。

指定場所＼出動区分	第1出動	第2出動	第3出動
高速道路上〔上り、下り　内回り、外回り　車線　東行き、西行き上り、〕	水槽付ポンプ車又は化学車1隊　救急車1隊	水槽付ポンプ車又は化学車1隊	水槽付ポンプ車又は化学車1隊
高速道路外	はしご車1隊　ポンプ車1隊	ポンプ車1隊	ポンプ車1隊

　なお、高速道路上のタンクローリー火災、危険物火災の場合は、危険物火災出動計画を合わせて運用する。
　また、出動区にトンネル等がある場合は、同一署・所からポンプ車2隊、救急隊1隊を出動させる。

4 部隊運用支援カード

(1) 高速道路（トンネル内）火災の部隊運用支援カード

初期の確認事項	1 発災場所の図面照合と確認を行う。 2 高速道路内外に第1出動隊を指令し、高速道路内へ進入する隊には、進入ランプを指定して、出動指令する。 　なお、複数車両への延焼等の通報内容によっては、同時第2出動と特別救助隊、救急隊の特命出動を付加指令する。 3 トンネル内の場合は、無線通信補助設備の有無と無線（中継）運用隊の指定。
部隊運用の基本	1 管轄担当消防署の警防（消防）計画の確認 2 現場送水、空気ボンベ補給の態勢確保 3 応援指揮隊の早期運用（高速道路トンネルの入口、出口担当） 4 車両誘導・交通規制担当隊の指定（警察等への協力依頼）
運用要領（手順）	1 火災の状況によっては、放水銃（砲）積載隊と連携送水隊の選択運用をする。 2 道路外の水利状況等に応じて水槽車隊を特命運用する。 3 救助隊と救急隊の増強特命を行う。 4 防塵眼鏡、空気呼吸器の予備ボンベ搬送、照明車の運用手配を行う。 5 特殊救急車（洗眼）、防災機動車（長時間活動時の休憩所）の運用を配慮する。 6 応援指揮隊（トンネル相対側の担当）を特命指令する。 7 トンネル内の場合は、無線（中継）運用隊を運用する。
災害特性	1 不特定多数の車両被害と要救助者の発生が予想され、死傷者の早期確認は困難である。 2 当該トンネル内に危険物等の積載車両がある場合は、早期に大規模火災となるおそれがある。 3 上記の場合は、長時間活動を余儀なくされ、大型特殊救急車（洗眼）、防災機動車（長時間活動時の休憩所）の特命運用が必要となる。 4 消防水利が限定され、水槽車隊の特命運用が必要となる。 5 トンネル内の場合で無線不感の場合は、無線中継隊の運用が必要となる。
部隊運用上の留意事項	1 特定の任務を指定する隊には、出動指令時に任務付与をする。 2 危険物に関する情報は迅速に繰り返し出動全隊へ周知する。 3 現場指揮本部長に、活動計画（活動方針、順序）、安全管理対策等の指示事項を求めて、その内容を現場各隊へフィードバックする。 4 支援隊（機材運用活動への切替隊）は、努めて任務指定予告の後、特命指令をする。

第6節　危険物火災出動計画

1　計画の主旨
危険物（油脂類、薬品類）に起因する火災が発生した場合、これに対応することが可能な装備を有する部隊を迅速に投入するために、化学車を主軸とした部隊の運用計画を定める。

2　出動区
化学車を第1、第2、第3区分とし、消防署の管轄区域ごとに一つの出動区とする。

3　出動隊
過去の危険物の貯蔵、取扱い施設等の火災における消防活動経験を踏まえて、屋外タンク貯蔵所の火災を想定し、化学車の出動隊数を決定する。

(1)　化学車隊
　　　危険物火災第1出動……化学車（大型を含む）又は特殊化学車隊
　　　危険物火災第2出動……化学車（大型を含む）又は特殊化学車隊
　　　危険物火災第3出動……化学車（大型を含む）又は特殊化学車隊

(2)　送水車隊
　　前(1)の出動区分ごとに化学車には、送水用ポンプ車隊を署・所ごとに1隊指定する。

4　部隊運用支援カード
(1)　屋外タンク火災
(2)　危険物施設火災

(1)　屋外タンク火災の部隊運用支援カード

初期の確認事項	
1	タンク内容物の品名・容量の確認
2	隣接する他のタンク及び隣接建物への延焼危険の有無を確認
3	防油堤から、運河、海上等へ流出の危険性の確認
4	固定消火設備の作動状況、SSI消火法の可否の確認
5	発災タンク周辺の地形地物等立地状況を調査
6	事業所側自衛消防隊の活動状況

部隊運用の基本	1 大型化学車及び化学車への送水車等による化学車特別計画の運用
	2 泡剤、周辺海域へのオイルフェンス等資器材の調達と現場搬送隊の運用
	3 長時間活動を考慮した、食料・水等の搬送支援隊の運用
	4 事業者調達による泡剤の確保及び施設側設備を有効活用
運用要領（手順）	1 延焼中の場合は、「危険物火災第2出動」を指令する。
	2 大型化学車・コンビナート用三点セット・応援指揮隊を特命運用する。
	3 大量送水隊（遠距離大量送水車、消防艇）及び送水隊（ポンプ車切替隊）を特命運用する。
	4 泡剤、オイルフェンス、流出油処理剤の確保と搬送隊を指定し運用する。
	5 耐熱服、可燃性ガス検知器等の確保と搬送隊を指定し運用する。
	6 危険物貯蔵取扱関連会社の相互応援協定組織に関連資器材の手配を依頼する。特定事業所における大容量泡放射システムの活用。
	7 長時間活動に備えて、給食・燃料補給・防災機動車（隊員の休憩場所）の特命運用を検討する。
災害特性	1 危険物の爆発的燃焼による急激な火面拡大がある。
	2 強烈な輻射熱により、消防活動障害がある。
	3 運河・海上へ危険物が流出した場合は、災害区域が拡大する。
部隊運用上の留意事項	1 自衛消防隊の保有資器材等（コンビナート保有三点セット等）の有効活用
	2 泡剤、オイルフェンス、流出油処理剤等の手配については、発災事業所のものの外、協定事業所からの搬送等にも留意する。
	3 隣接タンク又は当該タンクの未燃オイル等の抜き取り手配を検討する。
	4 タンクが市街地に隣接している場合は、当該隣接市街地における住民の避難について検討する。
	5 長時間活動が予想される場合には、隊員の安全管理から、点眼、洗眼、飲食休憩場所の確保について配意する。

(2) 危険物施設（給油取扱所・施設内のタンクローリー等）火災の部隊運用支援カード

初期の確認事項	1 燃焼物件（施設内流出油又は施設等）の確認
	2 現時点における地下タンク以外の危険物貯蔵取扱数量の確認
	3 周辺市街地状況、排水溝・下水道の経路の確認
部隊運用の基本	1 普通火災出動計画及び危険物火災特別計画の同時運用
	2 泡剤・流出油処理剤の現場搬送運用と土嚢の調達（流出油、流出油処理剤拡大防止の仕切り材として、市・特別区の土木建設部門からの調達）

運用要領（手順）	1　普通火災第1出動計画と危険物火災第1出動計画を同時運用する。 2　特別救助隊、応援指揮隊、高所からの泡放射に備えた空中作業車・屈折放水塔車及び高所からの偵察情報収集のため航空隊等の特命運用を行う。 3　状況により、コンビナート三点セット（大型化学車、高所放水塔車、泡原液搬送車）を特命運用する。 4　流出油拡大防止用土嚢の調達手配と現場搬送隊の指定及び出動指令をする。 5　耐熱服、可燃性ガス測定器積載隊を特命運用する。
災害特性	1　タンクローリーから地下タンクへ注入中に火災が発生した場合には、拡大危険が大きい。 2　地下タンクへ注入中のオーバーフロー等による、流出事故で公共下水道、排水溝に流入の場合には下流の思いがけない場所からの出火危険がある。 3　給油取扱所の火災が、市街地への延焼拡大危険は比較的少ない。
部隊運用上の留意事項	1　公共下水道、排水溝に流入の場合には、下水道事業者及び公害関係部局に通報するとともに、流出先を特命隊に確認させる、可燃性ガス測定結果によっては付近に火災警戒区域を設定し、「火気使用禁止」の広報を行わせる。 2　タンクローリーのマンホールから火炎噴出中の場合は、その上昇気流により泡放射効果が阻害される事から、防水シート等でマンホールを覆った後泡放射すると効果がある。 3　下水道等配管図（排水経路図）を手配、流出範囲を推定する。

第7節　救急出動計画

第1　救急普通出動計画

1　計画の対象

日常発生する交通事故や急病等の救急事象に対応するために定められているのが救急普通出動計画である。

2　救急隊の出動区域

各救急隊の出動区域の設定は、救急車の配備されている消防署・所を中心として想定される救急現場までの距離、所要時間、出動件数（その地域の需要件数）等を勘案して町、丁目を単位に出動区域を決定し、運用されるのが一般的である。

最近では、GPS機能を活用した帰署所途上等の救急隊への直近救急要請現場への指令も運用されるようになっている。

第2　救急特別出動計画

1　計画の主旨

特殊施設の大規模な火災、爆発事故、電車の転覆事故等の多数傷者発生現場で20人以上の傷病者が発生し、又は発生のおそれのある特殊な救急事案が発生した場合、救急車及び救急資機材を集中的に運用し、迅速な救急体制を確保するための計画である。

2　計画区分等

計画は、消防署の管轄区域ごとに1つの出動区として運用し、その出動区で想定される一般的な救急需要を考慮し消防本部の体勢に従って計画される。

3　出動隊の指定

計画対象の消防署のほぼ中央で救急事象が発生したものと想定し、所属の部隊及び近隣消防署隊から必要最小限の常時運用隊を残して指定する。

4　部隊運用支援カード

(1) 爆発事故
(2) 列車転覆事故
(3) ガス中毒
(4) バス等多数の乗客がいる車両の交通事故

(1) 爆発事故の部隊運用支援カード

事項		
初期の確認	1	爆発事故の所在、名称、の確認
	2	事故による、傷者等の数、建物等の被害規模の確認
	3	警察からのテロ攻撃等犯罪性の可能性有無の確認
	4	火災危険及び二次爆発危険の有無の確認
部隊運用の基本	1	消火及び人命救助に必要な部隊の運用
	2	救護及び医療機関への搬送に従事する隊の運用
	3	現場救護所への救急隊の運行経路等を決定し出動隊へ周知徹底
	4	テロ災害が疑われる場合の現場警察官との連携
	5	周辺医療機関へ収容可否の問い合わせと、収容依頼
	6	地元医師会、行政機関等へ医師、看護師の現地派遣を依頼
運用要領（手順）	1	救助特別、救急特別出動計画を運用する他、大型特殊救急隊（現場救護所設置）の特命指令
	2	出動指令時に、救護所用テント搬送隊の指令と非常用担架及び救護資器材の積載搬送を付加指令する。
	3	事故通報の状況から、被害規模を推測して出動部隊を追加増強
	4	状況により、防災機動車（現場救護所・活動隊員休憩所等に使用）、航空機（高所からの状況偵察）、照明車等の支援隊を特命運用
	5	病院調査班の特命運用（病院ごとに収容者の状況等を調査する班）
	6	救急隊における収容先病院からの傷病者情報は、現場指揮本部へフィードバックする。
活動の指針	災害特性	1　爆発により、瞬間的に建物の倒壊や多くの死傷者が発生するため、現場は極度の混乱状態となっている。
		2　事故現場は、建物・建築部材の下敷き、熱傷、爆風による全身打撲、ガラス刺創による死傷者が発生している。
		3　二次爆発の危険性がある。
		4　消防活動時点で、当該建物の倒壊及びガラスの落下等により、活動隊員の受傷危険がある。
	現場指揮	1　早期に被害状況の把握に努め、円滑、効率的救出救護活動実施の統制を図る。
		2　傷者の状態・程度及び数の状況から、所要消防部隊を算出して、早期に応

活動の指針	現場指揮	援要請を行う。 3　救急指揮所、現場救護所、を開設してトリアージを行い、早期に円滑に医療機関へ搬送する。 4　事故の状況及び死傷者を広報すると共に、出動隊へ周知して二次災害の防止態勢を確保
部隊運用上の留意事項		1　爆発原因の究明に努め、二次災害の防護措置及び二次災害発生の恐れがある現場内への立ち入り規制と、区域内の消防活動は必要最小限にとどめる 2　救急指揮所の統制ですべての傷病者のチェックを実施し、緊急区分に応じた医療機関の選定と搬送を実施する。 3　救急隊は病院に搬送の際、消防以外の機関が搬送した傷者の把握に努める。

(2) 列車転覆による多数傷病者発生時の部隊運用支援カード

初期の確認事項	1　発生場所の所在（町名番地及び、平地か、高架上か）の確認 2　火災・人身事故併発の確認 3　関係機関（警察・行政機関）への連絡と確認 4　事故現場付近の電気遮断・列車運行停止措置実施の確認
部隊運用の基本	1　通報に対する確認内容により、普通火災、救助特別、救急特別の出動計画を運用 2　現場が高架上の場合は、はしご車、空中作業車等を特命出動 3　現場における、電気遮断、列車運行停止措置実施の状況を確認 4　事故発生原因及び経過についての情報を収集 5　収容先医療機関の選定と収容を依頼 6　事故発生場所管轄市・区役所、医師会へ医師看護師等の派遣を要請
運用要領（手順）	1　救助特別・救急特別出動計画を運用する。 2　特殊部隊（はしご車、空中作業車、照明車等）の特命運用をする。 3　現場救護所設置、現場救護所運用隊の特命運用をする。 4　収容先医療機関の選定と収容依頼を行う。 5　事故発生場所管轄市・区役所、DMAT、医師会へ医師看護師等の派遣要請を行う。 6　担架隊の編成、病院調査（収容者の調査）班の編成と特命運用をする。 7　安全管理の徹底（現場における、電気遮断、列車運行停止措置の実施状況を確認又は指示し、安全管理専従隊を運用するなど）を確認する。 8　昼間時においては、情報収集に航空隊（ヘリコプター）を運用する。
災害特性	1　現場は大混乱し短時間の状況把握は、困難である。 2　通勤・帰宅時間帯等事故発生時間帯により、多数の死傷者が発生する。 3　現場付近の交通混雑等により、消防車両の現場進入に障害が生ずる。 4　過去の事例から、一般的に事故現場は地形条件が悪い場所に発生している。

部隊運用上の留意事項	1　事故発生が不確実な情報である場合は、関係機関への問い合せ結果を待つことなく、速やかに所要部隊の調査特命出向を指令する。 2　医療機関への収容問い合わせは、通常時のＣＲＴ等情報に関係なく、現場直近の医療機関から口頭で事故の状況を説明の上実施する。 3　現場で活動する医師を速やかに確保する。 4　軽症者については、マイクロバス等同時多数搬送の手段を考慮する。 5　傷者の病院収容は、医師派遣等現場救護所等に協力をしている病院へ優先収容する。

(3) ガス中毒（中毒者10名以上）における部隊運用支援カード

初期の確認事項	1　ガス漏洩事故の発生場所、建物の名称・用途及び階層・居住者等の確認 2　傷病者数と症状、状態の確認 3　ガスの漏洩範囲、ガスの種別（都市ガス13Ａ・ＬＰＧ等、上昇、滞留性）の確認 4　応急措置（元栓閉鎖、電源遮断等）実施状況の確認
部隊運用の基本	1　現場指揮体制及び傷病者数に対応した早期搬送態勢の確立 2　ガス検知器積載隊の特命運用 3　適応医療機関の選定と受け入れ要請
運用要領（手順）	1　救急特別計画第１出動を指令し、その後の情報により、増強特命運用 2　指揮隊、直近ポンプ車隊、ガス検知器・呼吸器ボンベ搬送隊の特命運用 3　警戒区域設定隊及び現場警戒隊としてのポンプ車隊の特命運用 4　傷病者数及び症状程度（軽症等）により、マイクロバス等の運用を検討 5　周辺適応医療機関の選定と収容依頼を行う。 6　患者の状況により、地元医師会、行政機関へ医師の派遣要請 7　当該ガス会社へ事故発生の連絡と担当者の現場派遣要請 8　必要により病院調査班の特命出向の指令
災害特性	1　共同住宅、マンション等の場合は当該建物の建築構造上、上階など他階への影響が有り思いがけない場所で傷病者が発生している場合がある。 2　深夜帯では、同時に多数の中毒者が発生している恐れがある。 3　漏洩ガスは居住者等の行動いかんにより、爆発火災となり、多数の人命損傷を伴う災害になる可能性、危険性が大きい。
部隊運用上の留意事項	1　広範囲及び大規模施設のガス漏洩で地域の電気、ガスの供給を一時停止する場合には、当該地域内の関係施設に広報を徹底する。 2　共同住宅やマンションの場合は、建物内の区画間隙等により、上階へ漏洩して思い掛けない場所で傷病者が発生している場合がある。 3　医療機関の選定時には、遠方でも高速道路利用により距離にかかわらずスムーズに収容出来る所を考慮する。

第7章　部隊運用

（4）バス等多数の乗客を収容する車両の交通事故における部隊運用支援カード

初期の確認事項		1　事故発生場所の町・丁目・番地、目標建物名称を確認 2　路線バス、観光バスの別及び事故内容の確認。 3　負傷者数を重・中・軽の程度別に確認
部隊運用の基本		1　負傷者の規模に応じた、救急特別出動計画を運用 2　状況により特別救助隊を特命運用 3　医療機関へ収容可否の問い合わせと、収容依頼を行う。
運用要領（手順）		1　程度別負傷者の規模に対応する救急隊の特命運用を基本とし、数が多数と推測する場合は「救急特別出動計画」を運用する。 2　管轄指揮隊及び、「救急特別出動計画」を運用する場合は、応援指揮隊を特命運用する。 3　事故の状況から特別救助隊を必要とする場合は、特命出動を指令する。 4　負傷者の発生状況に応じて人員輸送車による病院搬送を考慮する。 5　救急指揮本部と出動救急隊の連携により、直近の適応医療機関の選定と、当該医療機関へ搬送通報を行う。 6　負傷者の規模によっては、DMAT及び医師の派遣要請を行う。 7　収容済み救急隊又は病院調査班から報告される病院収容済み負傷者の関係情報を現場指揮本部へフィードバックする。
活動の指針	災害特性	1　事故の状況により脱出不能者が発生して、救助活動を必要とする場合がある。 2　時間の経過に伴い、負傷者（主として軽症）が増加する傾向がある。
	現場指揮	1　負傷者数及び受傷程度の早期確認に配意する。 2　負傷者数及び受傷程度に見合った出動救急隊数の早期要請をする。 3　事故状況を解析し、救助隊が必要と判断される場合は、早期に特別救助隊の出動を要請する。 4　多数の救急隊を運用する場合は、集結場所・進入路・搬出路を明確にして出動隊へ周知する。 5　消防本部と連携して、早期に収容可能医療機関を確認する。 6　現場に戻った救急隊から収容負傷者数及び関係医療機関における収容可能者数等の情報を収集する。
部隊運用上の留意事項		1　医療機関の選定においては、距離に頼ることなく高速道路活用により、比較的短時間で到着できる位置にある所にも配慮する。 2　多数の救急隊を運用する場合は、現場直近隊全部を投入せずに、次の救急要請に備えて一部の隊を残す配慮をする。 3　消防本部が収集した情報は現地指揮本部へのフィードバックに配意する。 4　被災者が特定の企業等の場合は、企業の庶務担当者から情報の収集を行う。

第8節　その他の部隊運用

前各節以外で配意すべき、次のような地域や施設等の部隊運用がある。
(1)　林野火災の部隊運用
(2)　船舶火災の部隊運用
(3)　航空機火災の部隊運用
(4)　水難救助活動
(5)　流出油処理作業
(6)　爆発事故
(7)　危険物流出事故（タンクローリー）

(1)　林野火災の部隊運用支援カード

初期の確認事項	1	火災地点と延焼範囲の確認及び、消防部隊投入時の延焼範囲を確認する。
	2	山林の樹木種類、と集落への接近危険度の情報を集める。
	3	現場付近の気象状況（風位・風速）を確認する。
部隊運用の基本	1	山林火災の延焼方向、消防部隊集結、進入可能場所の情報収集
	2	山林関係担当消防署、及び消防団の召集と出動指示
	3	山林火災時消防計画に基づく、部隊運用の予告と運用準備
	4	当該山林隣接市町村の消防本部への応援要請
	5	山林火災の規模によっては、当該市町村長による自衛隊派遣要請手続きを実施
運用要領（手順）	1	山林火災対応部隊へ、山林装備等準備の付加指令を加えた出動指令をする。
	2	航空機（対山林火災空中消火装備積載機）及び充水隊（充水装備、充水位置の付加指令を含む）の出動指令をする。
	3	地元消防団等の召集と出動要請（当該市町村長へ連絡する。）を行う。
	4	現場の気象、樹木状況、進入路（車両・歩行）状況等の情報を収集する。
	5	当該山林隣接市町村消防及び自衛隊派遣要請手続きの実施を当該市町村長へ要請する。
	6	食料、燃料等支援資器材の準備を指示する。
	7	医療班等の派遣を当該市町村長へ要請する。

第7章　部隊運用

災害特性	1　気象の状況によっては、延焼速度が速く、一挙に火面拡大の恐れがある。 2　傾斜地等で、消防活動環境が著しく悪い。 3　火災の延焼速度は、山林の傾斜角度及び樹林の種別によって異なる。 4　車両での接近が困難な上、水源も遠隔となる。 5　風向・風速の変化が激しく、消防活動には気象条件を考慮した細心の注意が必要である。 6　高樹林の火災は、樹木の天端部分を一挙に火面が伝走する。 7　急激な風向・風速の変化により、活動隊員等に二次的危険性が生ずる虞がある。
部隊運用上の留意事項	1　山林火災用装備品等には、搬送ポンプ、ジェットシューター、火たたき、布バケツ、のこぎり、鎌、斧、スコップ、メガホン、照明（ヘルメット着装）、医薬品（救急）等がある。 2　現場集合位置、時間について出動隊への周知徹底を図る。 3　現場交替要員の手配は余裕を持って行う。 4　基本的部隊運用は消防本部において定めて、現場活動担当消防署に指示する。
参考事項	林野火災は、全国山林で発生しており、中でも昭和46年の広島呉市張矢山林火災、昭和52年の北九州市貫山林野火災等は犠牲者が出た事案である。

(2)　船舶（油槽船）火災の部隊運用支援カード

初期の確認事項	1　被災船舶の繋留所在を確認する。 2　被災船舶の規模と乗組員数を運行（代理）会社に確認する。 3　被災船舶の積載物の品名数量を確認する。
部隊運用の基本	1　当該船上及び周辺海面の人命救助 2　消防艇及び情報収集用航空機の運用する。 3　大型化学車（三点セットを含む）に対して直近岸壁への特命出動 4　舟艇切り替え隊の早期運用と、資器材等の補給態勢の確立 5　泡剤、オイルフェンス等の搬送準備 6　周辺船舶の航行規制、退避勧告及び海面上の風向・潮流・ガス検知を海上保安庁等関係機関に依頼・要請
運用要領（手順）	1　覚知と同時に消防艇、水難救助隊（切替隊を含む。）の全隊を運用する。 2　陸上部隊の出動指令時には、集結場所を明示する。 3　特別救助隊、化学車（化学車同時第2出動）を運用する。 4　情報収集及び沖合繋留中の場合における救助活動用の航空機（ヘリコプター）を特命運用する。

災害特性	1　爆発的に燃焼し、多くの死傷者を伴う事がある。 2　周辺海面に乗組員の飛び込みが多数見込まれる。 3　一定時間経過後であっても、爆発現象が発生する恐れがある。 4　船舶周辺海面及び沿岸施設に油脂類が浮遊し、二次火災・海面火災の発生が予想される。
部隊運用上の留意事項	1　大火面となって、対応困難の場合は、港外へ曳航（えいこう）して爆破処理の方法がある。 2　船舶火災の場合は、そのすべての責任は船長にあるため、消防活動は、船長の要請に基づき実施の手続きをとる。 3　資機材、曳航船等、当該船舶のために調達するものは、そのすべてが受益者負担の原則により、当該船舶関係者、管轄の海上保安部との協議の上実施する。 4　当該船舶の停船位置によって、海上保安庁等関係機関との協定等に基づく消火指揮責任が異なる場合があるので、留意する。

(3) 航空機救助の部隊運用支援カード

初期の確認事項	※　空港事務所、空港管制部、海上保安部、臨海警察機関へ下記事項の確認をする。 1　墜落地点、墜落航空機の機種及び乗客乗員数 2　空港直近の場合は、空港内消防隊進入ゲートと空港内閉鎖（飛行機の着陸離陸閉鎖）状況
部隊運用の基本	1　海面上への墜落の場合は、消防艇・舟艇隊（切替運用隊）、水難救助隊、特別救助隊、航空隊を早期運用 2　協定に基づく関係機関・市町村への要請 3　傷病者の救出揚陸地点の確認と救護・救急態勢（現場救護所等）の確立 4　収容医療機関の選定 5　地元医師会、DMAT、医療行政機関等に、医療スタッフの現地派遣の要請
運用要領（手順）	1　海上出動計画指定隊、墜落地点沿岸の普通出動計画指定隊を、救助特別出動として、出動指令する。（機動中隊の組込みに配意する） 2　水難救助隊全体、特別救助隊（当該沿岸区域担当隊）、舟艇切替隊、航空隊の出動準備又は出動指令をする。 3　救急隊、大型特殊救急車、担架切替隊、の特命出動指令及び救護所資機材の搬送特命出動指令の検討をする。 4　沿岸付近への化学車の特別出動と、流出油処理特命出動（界面活性剤散布、オイルフェンス展帳の調査と実施の付加指令）の検討をする。 5　協定に基づく関係機関・市町村へ応援要請をする。 6　当該航空会社に当該飛行機の乗客乗員名簿の提供を求める。

災害特性	1　海面への衝突により、翼等が大破し、大量の航空燃料が流出して、海面火災の危険性がある。 2　時間の経過と共に、機体が海中に没し多数の人命危険が考えられる。 3　関係防災機関の活動が競合し混乱するおそれがある。 4　活動隊員が漏洩航空燃料により化学熱傷を起こすことがある。
部隊運用上の留意事項	1　大量人員輸送用として、人員輸送車（マイクロバス）又は大型バスを手配する。 2　指揮支援用として、防災機動車、照明電源車の運用を検討する。 3　傷者収容先病院へ、病院調査班の派遣を特命する。 4　危険物流出処理（流出油処理・オイルフェンス展帳等）を行った場合は、区域内立ち入り制限を公告・通告すると共に、海上保安部へ連絡する。

(4)　水難救助の部隊運用支援カード

初期の確認事項	1　災害発生場所及び水難者数の確認 2　当時当場所における潮位・水位、潮流・流速を確認 3　水難救助隊・水上艇・救命ボート隊等の要否を確認
部隊運用の基本	1　水難救助隊及び舟艇（切替隊）、消防艇の運用 2　救護搬送従事隊、現場補完隊、及び特殊車隊（クレーン車、仰角水平以下延長可能はしご車等）の早期運用を検討 3　現場へ医師搬送の要否を検討
運用要領（手順）	1　水難救助隊、消防艇（救助艇）舟艇隊（切替隊）、航空機、指揮隊を特命運用する。 2　救急隊、大型特殊救急隊、特別救助隊、はしご車（仰角水平以下延長可能はしご車）、防災機動車（隊員休憩更衣室に利用）、照明車等の特命運用をする。 3　水難救助用資器材（スキューバ用予備ボンベ等）搬送隊を特命運用する。 4　自動車等が水中転落の場合は、ウインチ付救助車及びクレーン車等を特命運用する。 5　搬送予定先医療機関の選定、問い合せと収容依頼の実施をする。 6　搬送先医療機関から救急隊が送ってくる傷病者状況を現場へフィードバックする。
災害特性	1　潮流等の影響により、事故発生地点が不明確となるうえ、水難者が漂流し発見が困難となる場合が多い。 2　水中での救助活動は、不透明で視界が悪く、水中活動時間が空気量により制約される。 3　水難救助は捜索の活動が長時間に及ぶ場合が多い。
部隊運用上の留意事項	1　船舶航行域での潜水活動は、潜水作業旗の掲出及び海上保安庁その他関係機関との連絡を密にして、安全管理の徹底を図る。 2　捜索等が長時間にわたる場合は、水難救助員の交代要員の確保及び防災機動車等による休憩場所の確保、給食隊の運用等を考慮する。 3　救助活動時間が2時間以上に及び生存確率がない場合は、警察機関への引継ぎを検討する。

(5) 流出油処理における部隊運用支援カード

初期の確認事項	1　流出動所と流出油の質、原因の確認 2　流出油の種別と流出量及び流出のおそれがある量の確認 3　潮流・河川流速よる流出予想範囲の推定
部隊運用の基本	1　初動時には、管轄消防機関が保有する資器材の運用 2　消防機関が保有する資器材以外の物品調達は、原因・関係事業所に調達を指示 　なお、東京地域には百社協定があり、当事者の了解要請により当該100社が相互援助調達することとなっている。 　協定以外の事業所の場合は、備蓄業者からの調達手配となる。（原因者負担とする。） 3　指揮隊（艇）及び航空隊による情報収集 4　関係機関（都道府県河川管理部局・港湾管理部局、海上保安庁等）からの情報収集
運用要領（手順）	1　オイルフェンス搬送展張隊（消防艇等）の特命運用 2　消防艇、舟艇切替隊による、流出油処理剤（流出油乳化剤）散布と可燃性ガス測定作業の特命指令 3　流出油処理作業への警戒活動隊（火気規制、航行規制、付近の避難勧告等実施隊）の特命運用 4　化学車、泡剤補給隊の特命運用
災害特性	1　潮流、河川流、風等により当該港湾、河川一帯が汚濁する。 2　水面汚濁油への引火により爆発して、一挙に大火面となる危険性がある。
部隊運用上の留意事項	1　消防本部備蓄の資器材を越えて運用する場合は、受益者（当事者）負担の原則を念頭におく。 2　火災危険のない物質の処理作業においては、消防機関は協力機関であることの原則 3　流出油、回収油の処理作業は、関係官公署（海上保安庁、水上警察、港湾局、信号所等）と連絡協議して、任務分担を明確にして実施する。

(6) 爆発事故の部隊運用支援カード

初期の確認事項	1　爆発事故の所在、名称、を確認する。 2　事故による、傷者等の数、建物等の被害規模を確認する。 3　収容可能病院の把握 4　火災危険及び二次爆発危険の有無を確認する。 5　テロ災害の可能性の有無を確認する。

第7章　部隊運用

部隊運用の基本	1	消火及び人命救助に必要な部隊を運用
	2	救護及び医療機関への搬送に従事する隊を運用
	3	現地応援指揮隊の運用
	4	現場救護所へ救急隊の運用経路等を決定し、出動隊への周知徹底
	5	周辺医療機関へ収容可否の問い合わせと、収容依頼
	6	地元医師会、行政機関等へ医師、看護師の現地派遣を要請
運用要領（手順）	1	救助特別、救急特別出動計画を運用するほか、大型特殊救急隊（現場救護所設置）の特命出動指令
	2	出動指令時に、非常用担架及び救護資器材の積載搬送の付加指令
	3	事故通報の内容から、被害規模を推測して出動部隊の追加増強指令
	4	状況により、防災機動車（現場救護所・活動隊員休憩所等に使用）、航空機（高所からの状況偵察）、照明車等の支援隊の特命運用
	5	病院調査班の特命運用
	6	救急隊における収容先病院からの傷病者情報は、現場指揮本部へフィードバックする。
災害特性	1	爆発により、瞬間的に建物の倒壊や多くの死傷者が発生するため、現場は極度の混乱状態となっている。
	2	事故現場は、建物・建築部材の下敷き、熱傷、爆風による全身打撲、ガラス刺創による死傷者が発生している。
	3	二次爆発についての配慮が必要である。
	4	消防活動時点で、当該建物の倒壊及びガラスの落下等により、活動隊員の受傷危険がある。
部隊運用上の留意事項	1	爆発原因の究明に努めて、二次災害の防護措置及び二次災害発生の恐れがある現場内への立ち入り規制、と区域内の消防活動は必要最小限にとどめる配意をする。
	2	救急指揮所の統制ですべての傷病者のチェックを実施し、緊急区分に応じた医療機関の選定と搬送を実施する。
	3	医療機関での救急隊は、消防隊以外で搬送された傷者の把握に留意する。

(7) 危険物流出事故（タンクローリー転覆）における部隊運用支援カード

初期の確認事項	1	事故発生場所の町・丁目・番地、目標建物名称の確認
	2	傷者、及び要救助活動の確認
	3	積載危険物の種類と数量及び流出数量の確認
部隊運用の基本	1	救助及び応急措置に必要な部隊、資器材の調達
	2	下水道等排水経路関係図の確保（危険物の流出先を予想、確認に必要）
	3	流出処理剤の手配

運用要領（手順）	1　管轄指揮隊、化学車中隊、特別救助隊、機動中隊、救急隊の特命運用 2　大規模流出の場合は、化学車第１出動指令 3　流出油処理用として、オイルクリーン、パーライト、乾燥砂等を手配し、出火防止用として泡剤を準備すると共に現場への搬送隊を運用 4　下水道等排水経路関係図により、危険物の流出先、流出範囲を特定して、周辺のガス濃度測定と警戒区域の設定・現場警戒を担当する隊を特命運用
災害特性	1　危険物の流出により火災発生危険が大きい。 2　流出危険物が下水道等に流入すると、広範囲に火災危険性が高まる。
部隊運用上の留意事項	1　パーライトによる処理活動時には、防塵眼鏡を使用すると共に風向きにも留意する。 2　危険物の性状から、出火危険が少ない上、消防活動障害が伴う場合は、道路管理者において措置をすることを指導する。 3　処理作業が広範囲で長時間に及ぶ場合は、道路管理責任として道路管理者側で実施するよう指導する。

第8章 大震火災消防対策

第1節　総　則

第1　指揮者の心構え

　日本の国土面積は世界の0.25％しかないが、マグニチュード6以上の地震の2割が日本で発生している地震大国である。1923年の関東大震災以降でも1933年の昭和三陸地震、1948年の福井地震、1995年の阪神淡路大震災と死者三千人以上を出す地震が発生しており、2011年3月11日には死者・行方不明者2万人以上を出した東日本大震災が発生し、その復興半ばである2016年4月にはマグニチュード7.3の平成28年熊本地震、11月にはマグニチュード6.6を記録した鳥取県中部地震等、大きな被害をもたらす地震が頻発している。

　このような地震大国にある我が国の消防機関は、市民の生命・身体・財産を守るため、震災被害の軽減に向けた活動計画の策定、実戦的な訓練の実施、計画の実効性の検証と見直し、装備・資器材の整備など大地震への十分な備えが必要である。

　震災発生時には、火災、救助、救急事象が同時多発し、消防機関の有する消防力は圧倒的に不足し、劣勢下での消防活動を強いられることを前提として、消防機関が優先的に実施しなければならない活動と関係機関或いは市民と連携する活動或いは市民の自助・共助に委ねる活動について事前に検討し、対策を進めることが重要である。

　本章では震災時の消防本部、消防署が留意すべき事項を概括しながら中小隊長が直面する大震火災の対応を中心に述べる。

写真12　阪神淡路大震災（同時多発火災の状況）

第2　消防本部・消防署（消防隊）の活動方針

　震災発生時は、市民の生命、身体、財産の保護のために消防機関の総力を挙げて火災、救助、救急活動を展開することになるが、震災による人命危険要因は、火災、家屋倒壊・家具等の下敷き、土砂災害、津波など、地震の発生場所、時間、季節等で異なり、事前に検討しておくべき事項は多岐にわたる。このような中で消防機関としては地域特性に応じた次のような優先事項に基づき消防機関でなければ対応ができない市街地大火による被害拡大防止のための活動態勢、活動計画、装備資器材を備えておくことが肝要である。

1　火災対応優先
2　市街地火災消火の優先
3　避難場所、避難道路確保優先
4　重点防御地域優先

第2節　事前の備え

第1　最悪の事態を想定した活動計画・マニュアルの策定

「想定外だった」と釈明することのないよう、最悪の事態を想定することが震災対策を考える上で重要である。

地域防災計画等で示された被害想定等に基づき消防活動計画・マニュアル等を策定し、電話無線等通信の途絶、コンピュータシステムのダウン（部隊運用システムのダウン等）、消火栓使用不能、庁舎被害（車庫への被害、電気・水道等ライフラインの途絶）、幹部職員の被災等危機管理的な視点に立った計画とすることが重要である。

第2　消防力の確保

1　活動人員・資機材の確保

消防職団員参集計画、重機等保有企業との使用協定、災害ボランティア・町会防災組織との連携、町会・事業所が保有する消火救助資機材の活用体制等を整備、推進する。

2　兵站の確保

数日間或いは数週間の長期間の活動になることを想定し、平常時から食料、水、防寒、活動装備、トイレ等の兵站を準備又は調達先を確保しておく。

第3　大震火災消防（活動）計画

消防本部、消防署では以下のような項目について事前に計画を定めておく。

1　消防力劣勢下における延焼阻止要領

長時間活動を想定した消防水利の確保、遠距離大量送水、重要施設等防護計画、市街地大火の延焼阻止線設定場所

2　救助、救急事象への対応計画

警察、自衛隊、医師会等との連携計画　通信・連絡・役割分担

3 市区町村長部局、警察、自衛隊等との協動・連携要領
　　住民避難誘導と消防活動の調整
　　緊急車両用道路の通行止めと道路啓開の役割分担
　　広域的な建物倒壊被害や市街地火災対応の関係機関の役割分担

4 緊急消防援助隊の受援計画（要領）
　　都道府県調整本部等との連携要領
　　授援拠点等の確保、整備等

5 各種計画に基づく図上訓練の実施と各種計画の検証・見直し
　　各種計画に基づく実動訓練の実施と部隊運用計画の検証・見直し

6 地域住民の共助体制の整備
　　市民に対する簡易救助資機材等の貸与
　　自治会等の市民消火隊等との連携

第3節　震災消防活動

第1　地震発生時の初動措置

　消防本部で定めている初動措置実施基準震度（震度5強等）以上の地震発生と同時に消防本部（警防本部）、消防署（署隊本部）の体制を強化し、次の措置を実施する。

1　当番員
(1) 庁舎・車両・職員・来庁者の安全確保
　　ア　庁舎内の火気使用中止
　　イ　消防車、救急車等の車庫外の安全な場所に移動
　　ウ　庁舎・人員被害の確認
(2) 情報連絡手段の確保
　　ア　通信機器の点検（無線基地局・移動局の開局、通信試験）
　　　　本部からの非常配備体制発令受信体制の確保
　　イ　災害情報収集体制の確立
　　　① 指令室員・通信勤務員の増強
　　　② 報道機関情報の入手
　　　③ 高所見張員の配置
　　　④ 加入電話・携帯電話・有線・無線等による関係機関、職団員からの情報収集
(3) 消防活動体制の確保
　　ア　活動要員の確保、予備隊の編成
　　　① 早期活動体制確保のための外部出向中の消防隊・職員の速やかな帰署
　　　② 帰署途上に収集した被害状況の集約
　　イ　消防資器材の増強等
　　　　ポンプ車へのホース増載（1台当たり45本以上）・救助資機材の増載、住民用簡易救助資機材の準備
(4) 災害出動
　　ア　管轄区域内に発生している被害の全体像の把握に努め、出動指令又は計画上の優先順位に基づく上級指揮者の命令に従い出動する。
　　イ　火災防ぎょに当たっては、目前の火勢に惑わされることなく、市街地大火への拡大防

第8章　大震火災消防対策

　　　止を念頭においた災害対応の優先順位を見極め、出動隊相互の連携を密にした消防活動を実施する。
　　ウ　署所近隣住民からの救助要請等に基づく隊員単独での活動は隊員の安全確保が徹底できないばかりか活動の効果は少ない。消防隊単位の活動を原則とし、止むを得ず隊から離れて隊員が活動する場合は、連絡手段を確保した隊員二人以上での活動を原則とする。

2　非番員

(1)　非番員（週休者を含む。）は、家族に必要な指示を行った後、参集途上で災害に遭遇し、住民等に活動を要請された場合の応急的な活動に適した服装で参集する。
　　参集途上において火災または閉じ込め等の救助現場に遭遇したときは、近隣の人たちや警察官に協力を求め、参集途上の活動は初期の消火、救出、救助活動等にとどめ、できるだけ早く署所に参集し、一刻も早い消防隊の増強編成に努める。（消防職員と言えども、隊員単独での活動は非力であり、力を発揮するためには消防部隊としての活動が大前提である。）
(2)　参集計画に基づき参集した非番員は、参集途上に収集した被害状況等必要な情報を本部に報告する。

第2　災害情報の収集

　震災発生時は、消防機関に対して災害通報はもとより様々な要請、情報、問い合わせ等の多くの非緊急的な通報・情報が寄せられ、ややもすると消防活動上の重要情報がこの膨大な情報の中に埋もれて見逃されることになる。
　消防本部及び消防署が、同時多発する災害の中から、限られた消防力を投入すべき災害を選択し、効果的かつ効率的に震災から市民を守るための消防活動を展開するためには、本部及び消防署の情報の収集・処理・分析能力とそれらの情報を元に適切に消防隊を運用する部隊運用計画と指揮能力が必要となる。
　災害が同時多発する震災初期の災害情報の収集・分析が効率的な部隊運用のカギとなるが、その主な災害情報収集手段と留意点について述べる。

1　消防本部・消防署で収集すべき災害情報（火災関係）

(1)　火災発生場所（出火件数、住所、目標、同件別件判断に資する特徴、火災出動区等）
(2)　延焼状況（構造、階層、面積、他機関の活動状況）
(3)　拡大危険　震災出動区、地域危険度　合流火災の危険
(4)　人命危険　逃げ遅れ、周辺の病院、福祉施設等人命危険対象物の有無
(5)　活動危険　周辺の危険物・毒劇物取扱施設　津波、崖崩れ危険　ダム・人工湖・堤防の決壊危険の有無
(6)　ライフライン情報　現場周辺の道路状況　通行障害　橋梁の落橋　消火栓の使用可否

2　主な災害情報収集手段と留意点（火災情報の収集）

(1) 119番通報

震災時は、平常時の数倍或いは数十倍の入電が予想されるが消防本部の119番受信台の電話回線数に応じて一定程度受信体制を増強して災害受信することが可能であり、電話回線及び通信指令回線が健全である限り迅速、確実に災害通報を受信でき、出火後直ちに通報が行われれば、消防隊による早期の対応が可能である。

（留意点）

近年の地震災害では、災害通報以外の問い合わせ等も119番に多数入電し、指令室での119番受信がオーバーフローし、長時間119番通報がつながらないケースが多い。

119番回線が健全な場合、現在の携帯電話の普及状況から震災時には同件災害に多数の119番通報が入電し、指令室では災害の同件判断が困難となり機械的に消防隊に災害出場指令をせざるを得ない状況となることが懸念される。

消防署では指令室から伝達される多数の災害に対して、高所見張りの情報、地域の延焼危険等を合わせて検討し、限られた消防力を投入する災害を選択判断する必要がある。

災害通報が同時に多数入電した場合は、指令室で通報災害の全てに消防隊を出動させることは困難となり、管内の地域特性と災害状況を把握している消防署が被害状況等を踏まえて部隊運用した方が効果的な場合が多い。

激甚な被災地域ほど通信回線等の途絶により沈黙し、救援活動が遅れる懸念があることにも留意しておく必要がある。

(2) 駆付け通報者（参集職員含む。）からの災害情報

地域や災害の詳細を知る人からの駆付け通報が多く、現地での活動に資する情報が適切に提供され、近隣の人の協力を得られる場合が多い。

早期に通報されれば、消防隊による早期の対応が可能である。

（留意点）

近親者は、冷静な判断力を失った状態で駆け付けてくることも多く、他を差し置いても身内の救出への出動を強要することもあり、対応が困難な場合、出動できない旨を説明しても聞き入れず、トラブルとなるケースもある。

通りがかりや遠方に火煙を確認したという駆付け通報は、不確定要素が多く同件別件判断も困難なことから、結果として効率的な部隊運用に結びつかない場合がある。

(3) 高所警戒見張り・高所カメラ

高所警戒見張り・高所カメラは、詳細情報の収集には課題もあるが火煙の立ち昇る位置やビル倒壊場所などを俯瞰的に確認することができるので、管内の火災発生状況をマクロ的に捉えることができ119番通報及び駆付け通報を補完する災害情報収集手段として有効である。

（留意点）

高層建物が多い都市部や夜間、曇天雨天等の気象状況により、見通しが利かない場合があり、災害地点特定のための管内地理の精通等が求められる。

(4) 消防防災ヘリコプターによる情報収集

搭乗員の視認による災害情報を収集できるため、高所見張り等と同様の効果が期待され、広域の災害状況を俯瞰・比較し、119番通報や駆け付け通報で収集した情報及び地上部隊との連携により速やかな部隊配置や戦術の決定に効果が期待できる。切迫した状況ではヘリコプターの機動性を生かし、高所からの救助活動等に速やかに移行できるという利点もある。

今後はドローンによる災害情報収集についても研究が進むことを期待したい。

（留意点）

消防防災ヘリコプターの搭乗員の参集を待ってからの飛行になるために24時間体制での運航態勢と搭乗員の早期参集が、有効性のカギとなる。

(5) 消防隊の巡回による情報収集

被害が局地的或いは比較的軽い場合には、消防隊による広報を兼ねた巡回により被害情報を収集することで、隊員による直接の災害情報を収集することが可能である。状況に応じて、発見した災害に迅速に従事し、早期に災害を鎮圧し、被害を局限することが期待できる。

（留意点）

火災、救助事象が同時多発した場合は、ポンプ車、救助車等が走行中に遭遇した救助現場で足止めされ、場当たり的な活動になる懸念がある。本来の目的である災害情報の収集が出来なくなり、消防力の効率的な運用に支障を来す可能性もある。

(6) 被害想定シミュレーション

地方公共団体、消防本部等が保有する被害想定シミュレーションにより、地域の被害を予測し、入手した具体的な災害情報と組み合わせて活用することにより、被害の拡大規模とそれに見合う投入消防力の見積もりを試算することが可能になり消防本部、消防署の延焼阻止線の設定等戦術決定に有効である。

（留意点）

被害想定シミュレーションは、入力される想定上の設定値により、現実の被害と異なることもある。あくまでも予測値として活用するものであり、結果が被害想定シミュレーションどおりになるとは限らないことを理解し、活用する必要がある。

(7) 関係機関からの災害通報

既に関係機関が活動を開始している現場からの情報は、確度の高い情報が得られる場合もあるが、情報源や時間的な経過等が確認出来ないことが多く、部隊運用に資する情報としては多くを期待することはできない。

(8) 電子メール・SNS等による災害通報

国民の情報ツールとして広く普及している電子メールやSNSによる災害通報については、電話回線途絶時に効果を発揮した事例が報告されているが、災害が多発する震災時の災害通報の取扱いについては受信のための体制づくり等さらに検討を要する。

第4節　大震火災消防活動

第1　大震火災の特徴と消防活動上の留意点

1　地震による火災が同時多発する。
（留意点）
(1)　震災時の同時多発火災では、消防力が分散され、火災旋風や火流・炎流などの平常時の火災対応とは異なる現象を克服しながらの消防活動が強いられる。
　　通常の個人装備に加えて防塵メガネ（ゴーグル）、防塵マスクの着装・携行が必須である。
(2)　消防力を上回る火点・火面に対して、震災出動（優先）区、重要防護施設、避難場所、地域の具体的な人命危険等を考慮し、災害トリアージを実施する必要がある。

2　季節、時間によって被害の規模が大きく異なる。
（留意点）
(1)　深夜、早朝の場合は、就寝中の倒壊建物、家具の下敷き等による救助事象が多発する。また、お昼や夕食の時間帯の場合は、火災による被害が拡大する。
(2)　大火は強風時に発生することが多く、防ぎょ体制が整わないうちに火災が延焼拡大し、後追い防ぎょとなることが多い。また、同時炎上区域が広大なために炎、熱、煙の影響範囲が大きく、消防隊員が火炎に接近することが困難となり有効射程が得にくくなりがちであるため大口径強力放水とし、放水銃等を有効に活用する。

3　倒壊建物や道路損壊等により通行障害が発生し、進路が制限され、現着までの時間が長くなる。
（留意点）
　　迂回路等の選定と民間の重機等の供出等について事前協定し、重機保有企業への協力要請を行い、関係機関と連携し幹線道路等の道路啓開活動を早期に開始する。

4　水利が限定され、水利までの距離が長くなる。
（留意点）
(1)　原則として消火栓以外の自然水利等を活用するが、低地の水道配管については、配管内の残水が消火活動に使用可能な場合もあることから消火栓の使用を試みる。
(2)　延焼領域に対する防火水槽の貯水量が不足すると見込まれる時は、早期に充水の手当を行う。充水の手当が見込めない場合は、消火水の残量とホース撤収の時間的余裕を見込ん

第8章　大震火災消防対策

だ早期の移動転戦を考慮する。
(3)　風上等の周辺に街区火災が発生している場合は、自己隊で鎮圧可能な場合を除き、延焼拡大エリア内にのみ込まれないよう、延焼阻止線として活用できる退却可能な幹線道路等の水利に部署する。自己隊で鎮圧可能と判断した場合は、隊の全力を挙げて一挙鎮圧を図る。
(4)　海岸や河川からの消防艇、大量送水装備及び可搬ポンプ等による遠距離中継送水を考慮する。

5　大規模街区火災、合流火災に発展し、複数の市町村、都道府県をまたいで拡大することがある。
（留意点）
(1)　炎上領域に近い街路には熱、煙、大小の飛散物、火流炎流等の特異な現象が発生し、通常の火災では経験しない高温、焦熱、渦流、音響に包まれたなかでの活動になる。
(2)　火災規模が大きいほど輻射熱による延焼危険が増し、延焼範囲も大きくなる。輻射延焼を防止するには、耐火造建物等を盾として、放水銃等大口径ノズルによる高圧大量注水等によって局限することが最も効果的である。
(3)　輻射熱は、光線と同じように対向建物との間にこれを遮るものがあれば、その遮蔽物に吸収される。耐火造建物や防火樹の並木による遮蔽を有効に活用して延焼を防止する。
(4)　火災の規模が大きくなると火流炎流現象が生じる。延焼拡大した火炎は大きくなり、風がないときは高く立ち上がるが、風が吹くとすぐ吹き倒れて火流炎流となり市街地の屋根の上や路上を低く這うように長く流れる。風の息を読み取り、建物など遮蔽物の陰を利用して時機を得た消防活動を行う。
(5)　火災の状況、風向及び風速により、飛火火災が発生するおそれがあると判断した場合は、消防団員、自主防災組織、付近住民に対し飛火の警戒と速やかな消火を指示する。
(6)　街区火災の防ぎょの主眼は風下及び風横に置かなければならない。
　　　風上側については、道路等空間スペースがあれば自然焼け止まりが期待できる。したがって風下及び風横の耐火建物、空地等の活用を図りながら防ぎょに当たることが肝要である。
(7)　延焼を阻止できない火災が多数あり、延焼阻止線の数を限定しなければならない場合は、延焼阻止線により得られる効果と消防力を考慮し、最も効果的でかつ確実に阻止できる延焼阻止線を設定する。
(8)　緊急消防援助隊の要請及び隣接自治体との特別応援等の連携活動を考慮する。

第2　大震火災（街区火災）の延焼性状

始めは単体の家屋等から出火し、時間経過とともに延焼拡大し、やがて街区火災に発展する。「街区火災」とは、道路や河川、鉄道敷き等に囲まれた街区を一つの単位として延焼拡大する大火を言う。

出火建物から隣棟に延焼した火災は、その建物の居間や廊下等を延焼拡大して各開口部から火炎を噴出させ、更にその隣棟へと連鎖的に延焼拡大し、やがて街区火災へと拡大していく。延焼拡大方向は街区の形状や建物構造の構成により異なるが、理論上、風のない時は出火点を中心にほぼ同心円状に拡大し、風が強くなるにしたがい風下側に長い楕円形に拡大していく。
　複数の街区火災が合流し、延焼エリアが拡大すると、飛び火に加えて、高温の熱気流や火流、火災旋風等の単体火災では見られない大震火災特有の危険な現象が出現し、被災民のみならず活動する消防隊にも危険が及ぶので、目前の市街地火災と同時に周辺で発生している火災の動態に十分な注意を払い、地域を俯瞰した安全な部署位置の決定等、大震火災の特性等を十分に理解した活動指揮が求められる。

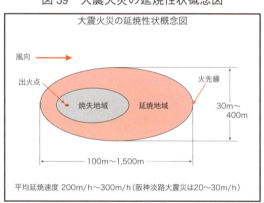

図39　大震火災の延焼性状概念図

写真13　同時多発する街区火災（阪神淡路大震災）

第3　基本的な防御活動

　大震火災は、延焼危険の高い出動優先区域や重要対象物の防御を考慮し、広幅員道路や消防隊による人為的延焼阻止線の設定と合わせた消防隊の効果的な投入により被害の軽減に努めることが大切で、平常時の火災のような「火点包囲」による防御では対応が困難な場合が多い。
　消防隊到着時に既に延焼拡大中であり、自己隊のみの活動で火災建物の鎮圧が困難な場合は、部隊の応援要請とともに、風位、風速等の気象条件を考慮して、延焼危険の大なる方面に筒先を集中して、広幅員の道路、広場、河川及び鉄道敷き等を楯にしながらの「延焼阻止線」を設定して守勢的延焼阻止活動を行う必要が出てくる。
　大震火災を防御するためには、過去から伝承される次のような防御活動を踏まえて戦術を定めて活動に当たることが必要である。ここでは、その防御活動の要点を述べることとする。

1　火点包囲防御法
　筒先により火災地域周辺を包囲し、次第に延焼域を縮小して終息を図る方法
　平常時の火災で多くみられる消防力が優勢な場合にとられる方法である。

2 木の葉型戦法（挟撃終息法）

火点包囲防御法では消防力が不足すると判断される時、風下側下流の左右に筒先を集中部署して、火勢を弱め終息を図る方法で、3の延焼阻止線防御法とともに現在の震災消防活動の主要な戦術として用いられる方法である（図40参照）。

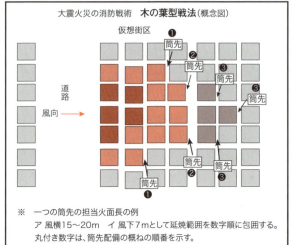

図40 木の葉型戦法

3 延焼阻止線防御法

出動部隊のみでは延焼阻止が困難と判断される場合、風下の広幅員道路、河川、鉄道敷等の延焼阻止効果の期待できる施設等を利用し、そこに消防力を集中して延焼を阻止する方法

この方法は、延焼阻止線までの家屋等の損害を見込んだ活動となるために、前1、2による戦術では阻止困難な場合に選択することとし、阻止線の設定は慎重な判断が必要である。

4 くさび型戦法

関東大震災時に試みられた戦術で、消防力により火流の風下にある耐火造建物等に火流を誘導し、これを楯として火流の分断を図ることで火勢を減衰させて終息を図る方法

この戦術は、失敗した時の消防隊のリスクが大きいため、慎重な判断が必要である。

5 火流し法

風が道路や河川と平行に吹いている時に、消防力により火流を広幅員道路や河川方向に押しやり、火流を道路等と並行に流すことにより対岸への延焼力を減衰させて街区全体の延焼を阻止する方法

この方法は、有効な消防力がなかった江戸時代に実施されていた消火方法である（図41参照）。

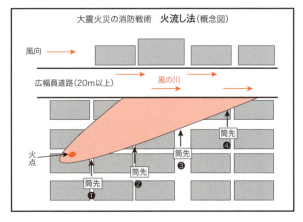

図41 火流し法

第4 活動の原則

以下に示した活動原則は、列挙順に優先事項を示したものではなく、消防本部、消防署の消防力、管内特性や災害の発生状況に応じて優先事項を取捨選択するものである。

1　火災の早期発見と一挙鎮圧

(1)　地震による被害を増大させる最大の要因は火災であることから、火災を早期に発見し一挙に鎮圧することを原則とする。
(2)　火災発生が少ないと判断したときは、積極的な消火活動と併せて救出、救護活動等を行う。
(3)　火災件数が消防力を上回るような場合は、重要かつ消防活動の効果が大きい火災を優先的に防ぎょする。
(4)　火災が随所に発生し、消防隊個々の防ぎょでは効果が望めない場合は部隊を集中して人命の確保を最重点とした活動とする。

2　避難場所、避難道路優先

　　火災が著しく多く発生し、早期に全住民の生命に危険を及ぼすことが予想される場合は、人命の安全確保を第1とし、避難路及び避難場所周辺の防ぎょを行い、全力を尽くして避難者の安全を確保する。

3　重要地域優先

(1)　延焼危険が高い地域と、それ以外の地域に火災が同時に発生した場合は、延焼危険が高い地域を優先して出動する。
(2)　小規模の火災が多数発生した場合は、消防団及び自主防災組織や付近住民等に消火協力を依頼する。

4　市街地火災活動優先

(1)　高層建築物、地下街、その他大量の消防部隊を必要とし、他への延焼危険が少ない火災は、他の延焼火災を鎮圧した後に部隊を集中して防ぎょに当たる。
(2)　大工場、大量危険物貯蔵施設から出火し多くの消防部隊を必要とする場合は、初動においては市街地への延焼危険のある火災防ぎょを優先し、その火災を鎮圧した後に部隊を集中して防ぎょに当たる。

5　重要対象物優先

　　社会的又は経済的に重要な対象物と、それ以外の対象物周辺に火災が同時に発生した場合は、重要対象物区域を優先して出動する。
　　病院、社会福祉施設、官公庁等重要対象物に延焼拡大危険が迫っている時は、他に優先して防ぎょに当たる。

第5　出動要領

1　出動の優先
① 　ポンプ車は原則として5人以上の乗車員を確保し、放水銃、ホース増載（1台当たり45本以上）、救助資器材等を積載した後に出動する。
② 　消火可能区域と消火活動が困難な区域に、同時に火災が発生した場合には消火可能区域を優先する。

2　出動途上における措置
① 　出動途上においては車載拡声器等を積極的に活用し、付近住民に対し冷静な行動、出火防止、消火活動・救助活動に対する協力等について広報する。
② 　出動途上において他の火災に遭遇した場合は、本部に報告し指示を受ける。ただし、通信不能等により指示命令を受けることができない場合は、出場災害にホース延長を開始していない場合に限り上位の火災（震災火災出動計画等に基づき隊長が優先と判断した火災）に出動する。
③ 　出動途上に人命救助事象に遭遇した場合には、消防団員及び付近住民に救助活動を依頼し、原則として火災現場に出動する。
④ 　出動途上に住民により救助活動を強く要請された場合には、火災出動中である旨を説明する。なお、住民に対しては救助資機材を貸し出し、消防隊が到着するまで救助活動を行うよう協力を依頼する。（平素から住民貸出し用のバール、のこぎり等の簡易救助資器材等を区市町村において整備しておくことが望ましい。）
⑤ 　道路及び橋の被害、家屋倒壊等により出動が不能となり、他に迂回道路がない場合には、直近の火災に対応する。
　また、短時間に応急的な道路補修等が可能な場合には、応急資機材の活用及び現場調達資材等により応急的な処置をして通行道路を確保する。

第6　現場活動

1　現場指揮者は、同時多発火災に対し、限られた消防力を最大限に活用するため、担当した火災は、自己隊の責任で鎮圧する心構えで臨む。
2　現場指揮者は、火災の状況を的確に判断し、出動隊によって延焼防止が可能か否かを早期に判断し、延焼防止できないものについては時機を逸しないように応援隊を要請する。
3　消火活動に当たっては、消防力が優勢な攻撃的消防活動時は、延焼危険の大きい方面から早期に一挙鎮圧を図るものとし、守勢的現場活動の時は、地形及び耐火造建物等の地物を楯として、放水銃（砲）の利用により火勢を弱める等の延焼阻止主眼の活動とする。
4　自隊で一挙鎮圧できる火災以外は、原則として屋内進入はしない。
5　放水部署の位置は、十分な余裕ホースを取り死角を作らないように広範囲に注水ができる

場所に部署する。
6 付近の消防団員、自主防災組織等に積極的な協力を求め、消防活動の支援、飛び火の警戒及び消火に当たらせる。
7 放水は努めて大口径強力放水とし、放水口数は原則としてポンプ車（A－1、2級）は3口、可搬ポンプ（B－1、2級）は2口放水に努める。（筒先1口当たりの担当火面長は10mを目安とする。）

なお、人員に不足が生じる場合は、現場付近にいる消防団員及び住民の協力を得て、ポンプ車の能力を最大限に発揮する。

第7 転戦要領

1 転戦時機は他への延焼危険がなくなった時点とし、部分的な燃焼及び残火の処理は消防団員、自主防災組織等に依頼して転戦する。
2 現場指揮者は、優先順位の高い地域に延焼火災を認知し、自己隊が転戦する必要があると判断したときは、本部に報告するとともに現在担当している火災が延焼阻止前であっても転戦する。
3 速やかに転戦を要する場合は、現場指揮者の判断により転戦先における消防活動に必要な、最小限のホースを確保して転戦する。

「移動転戦について」

防火水槽等有限水利への部署は、放水活動時間の限界を考慮し、早めの充水隊の要請又は移動転戦（部署替え）を準備する。

※ 40t防火水槽にポンプ車1台（1口600ℓ×3口放水）が部署した場合の放水限界時間
40t ÷（600リットル/分×3口）＝22分

複数部隊の連携活動中に防火水槽等の水量不足により移動転戦（放水中止）する場合は、他隊の担当火面に対する負担が増大し、危険に陥ることから、長時間防ぎょが予想される大震火災時の水利部署は多少遠距離となっても海、河川、沼等の無限水利を優先する。40t防火水槽等有限水利に部署する場合は、一挙鎮圧を前提とした活動とし、長時間防ぎょが見込まれる場合は、早期の充水の手当てや移動転戦に要する時間を考慮した活動が前提となる。一般的にホース収納時間は1本当たり3分程度であり、ホース7～8本以上になると移動転戦が困難になると言われている。

第5節　屋外タンク貯蔵所火災の消防活動

　石油類を貯蔵する屋外タンク貯蔵所の火災（以下、本節において「タンク火災」という。）は、表10のように地震によって発生することが多く、長時間活動となることが多い。

第1　屋外タンク貯蔵所の形状
1　縦置円筒型タンク
　(1)　固定屋根式（コーンルーフ型）
　(2)　浮き屋根式（フローテングルーフ型）
　※　縦置円筒型浮き屋根式（フローティングルーフ型）は、長周期地震動によるスロッシングに起因して出火するおそれがある。
　「スロッシングとは」
　　地震による長周期地震動によりタンク内部の石油類の油面が揺動する現象をいう。
2　横置円筒型タンク
3　角型タンク

写真14　屋外タンク貯蔵所火災（十勝沖地震）

写真15　火災鎮火後の屋外タンク貯蔵所（浮き屋根式）

第2　タンク火災の発生原因と火災形態
1　タンク火災の発生原因
　(1)　スロッシングに起因するもの
　　地震動によるスロッシクングにより、タンクの浮き屋根が破壊、沈降するなどして漏洩又は露出した石油類の蒸気が何らかの火源により引火し、火災に至るもの。
　(2)　ロッキングに起因するもの
　　地震による短周期地震動によるタンク本体の動揺により、座屈、タンク底面の浮き上がりによるタンクの破壊により漏洩した石油類が何らかの火源により引火し、火災に至るもの。

2 タンク火災の形態

(1) リング火災

スロッシングにより浮き屋根式タンク内の浮き屋根とタンク側板との間のシール部分に隙間が出来ることで、石油類の蒸気がこの隙間から発生し、この部分で着火する火災を「リム火災」といい、シール部のリング状に延焼する火災を「リング火災」という。

(2) 全面火災

スロッシングにより浮き屋根式タンク内の浮き屋根が破壊され沈降して、露出した石油類の油面全面が火災になることを「全面火災」という。

表11 地震による主な屋外タンク貯蔵所火災

地震名	発生年月	地震の規模	火災件数	タンクの被害	摘要
新潟地震	昭和39年6月16日	M 7.5	9	229	昭和石油149基焼損 アジア石油7基
宮城県沖地震	昭和53年6月12日	M 7.4	12	12	東北石油3基溢流
日本海中部地震	昭和58年5月26日	M 7.7	3	44	東北電力秋田火力 リング火災1件
兵庫県南部地震	平成7年1月17日	M 7.3	285	0	1,000kl以上のタンク被害なし
十勝沖地震	平成15年9月26日	M 8.0	4	196	出光石油2基焼損
東日本大震災	平成23年3月11日	M 9	1	841 (施設数)	地震により被災施設 378 津波により被災施設 39 原因の判別不明 65

注1…火災件数は地域全体の火災
　2…タンク被害は容量1,000kl以上のタンクの被害
　3…東日本大震災は、屋外タンク貯蔵所の被災

図42 浮き屋根式屋外タンク貯蔵所の構造

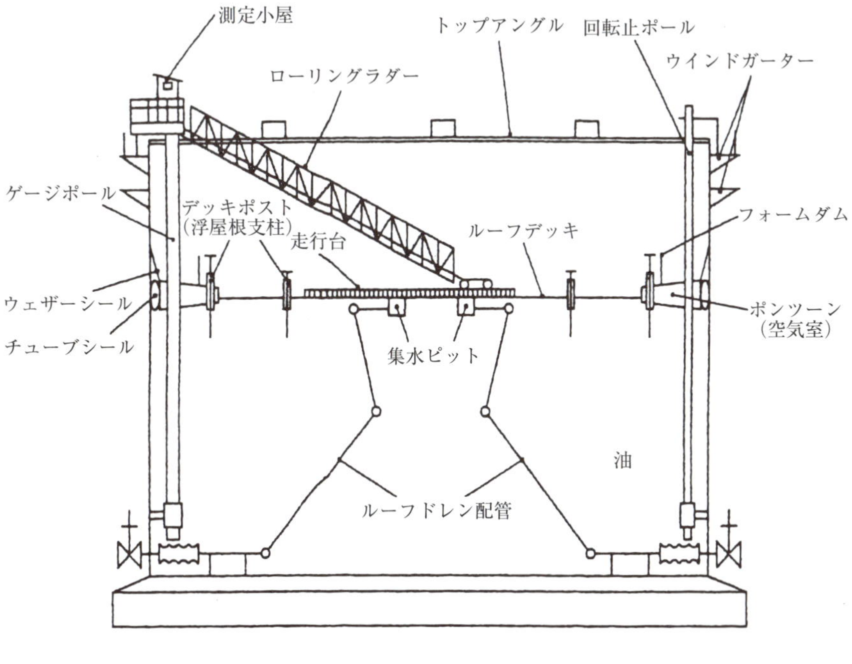

第3　タンク火災の消防戦術

1　タンク火災の消火原理

タンク火災の消火原理は、燃焼している油面を泡材によって被覆して燃焼中の油面と空気を遮断することである。泡は燃焼面に落下すれば燃焼油面上を流れて広がり、切れ目なく泡層を形成して空気を遮断し、消火後も可燃性蒸気と空気の接触を遮断するという性質を利用した消火法である。ただ、泡水溶液は軽質であり大規模かつ熾烈に燃焼し上昇する火炎には、これに打ち勝つ放射速度をもって泡水溶液を投下しないと跳ね返されて被覆できない。

計算上必要な泡放射の筒先口数、泡剤の準備等、泡による消火体制が整わないときは、個別的な放射活動は慎まなければならない。

2　タンク火災の消火要領

(1) 耐熱服等の着装（ただし、耐熱服の性能を過信しないこと。）

(2) 消火戦術の決定

　ア　施設固定消火設備の有効活用

　イ　三点セット（屈折放水塔車、化学車、泡原液搬送車）による外部からの泡放射

　ウ　SSIの活用（液面下泡注入消火方法）

　　タンク側板底部の送油管からSSI発泡器により消火用泡剤を注入して油の中から浮上させ、油面を泡で覆って消火する方法。

(3) 必要泡剤の確保

　ア　泡混合液供給量（泡消火剤を混合した消火液の総量（ℓ））

　　燃焼表面積×1㎡当たりの泡混合液供給率[※1]（6.5ℓ／（㎡・分））×時間[※2]

　　　[※1] 消防力の整備指針の解説では、泡混合液供給率を6.5ℓ／（㎡・分）とし、泡放射率0.2ℓ／（㎡・分）が示されている。

　　　[※2] 一般的には60分間程度の供給を見込むが、石油コンビナート等災害防止法施行令では特定事業所の一定規模以上の浮き屋根式屋外タンク貯蔵所火災には原則として120分間、泡混合液を供給することとされている。

　イ　必要泡消火薬剤量

　　泡混合液供給量×0.03（3％型泡消火薬剤の場合）

　ウ　泡放射率（泡放射率とは、泡消火剤原液の割合）

　　6.5ℓ／（㎡・分）×0.03＝0.195（0.2）ℓ

　エ　SSI方式による場合は、フッ素たん白泡消火薬剤又は水成膜泡消火薬剤を使用する。（フッ素を含まない泡剤は効果がない。）

　　※　必要泡剤の算定例

　　○　直径30mの浮き屋根式屋外タンク貯蔵所の全面火災の場合

　　・泡混合液供給率6.5ℓ／（㎡・分）、泡放射率0.2として60分間3000型泡放射銃で泡放射する場合

- 燃焼表面積は　15 m × 15 m × 3.14 ＝ 706.5 ㎡
- 毎分当たりの泡混合液供給量　706.5 × 6.5 ＝ 4,592.25 ℓ／分（1 分間 4,593 ℓ 以上が必要）
- 必要筒先数　4,593 ÷ 3,000 ＝ 1.531 口（2 口以上が必要）
- 必要泡消火薬剤量　4,593 × 0.03（3 ％型泡消火剤の場合）× 60 分 ≒ 8,268 ℓ
  （東京消防庁の場合は、過去の危険物火災の経験から泡混合液供給率を 16.6 ℓ／（㎡・分）、泡放射率を 0.5 ℓ／（㎡・分）としている。）

(4) 泡放射要領

　ア　風上から放射する。
　イ　泡剤の不足により泡放射を中断するとスロップオーバーの誘因となり、消火効果がなくなるので絶対量を確保して中断なく放射する。
　ウ　泡剤は油面を撹拌しないよう直接油面に放射せず、一箇所に集中してタンク側壁等に反射させて油面を覆うように拡散させる。
　エ　燃焼油面を泡で被覆すると火災は完全に消火されたと考えがちであるが、実際は火が残っていることに注意しなければならない。
　　　泡で油面を被覆してもタンクの側壁との間が密封しにくいために、その隙間から油の蒸気が吹き上がり火炎が出てくることがある。泡放射を中断することなく継続することで泡層が厚くなり、タンク側壁も冷えてきて、側壁との間のシールも完全になる。

(5) タンク火災消火の注意点

　ア　タンク内油面への放水の絶対禁止
　　　スロップオーバー、ボイルオーバーの誘因となるのでタンク内への水の注水は絶対に行わない。
　イ　スロップオーバー
　　　長時間燃焼により水の沸点に達した高温の原油や重油に泡放射を行うと高温油中に混入した水が沸騰し、ファイヤーボールを形成したり、燃焼状態の油が溢流することがある。これを防止するためには、高温油の発生前に早期に消火するか、側板への冷却放水が必要である。
　ウ　ボイルオーバー
　　　スロップオーバーの原因となる高温油部分がさらに下降し、底部に滞留している水分と接触して沸騰が起こり水蒸気爆発現象となり、上部の油を噴出させ、その高さはタンク高の数倍に達することがあり、巨大なファイヤーボールを発生させ、溢流した大量の油が防油提外部まで拡散し、一気に大火面となる。これを防止するためには、高温油の発生前に早期に消火するか、側板への冷却放水が必要である。

「ボイルオーバーの前兆現象」
　①　タンク側板が変色してくる
　②　「ジュージュー」という沸騰音が聞こえる
　③　炎が著しく高くなり、炎の輝度が増す

第8章　大震火災消防対策

　※　スロップオーバー、ボイルオーバーの前兆現象が認められた場合は、直ちに高所、風上の十分な距離まで退避すること。

エ　隣接タンクの冷却要領

　炎上タンクの風下にあるタンクへの注水が主となる。既設の散水設備を活用するほか、誘爆の恐れがあるときは放水銃（砲）等を設置して、即座に避難の出来る体制で行い、常に異常な兆候の把握に努める。

① タンクの接近に際しては耐熱防火服を着用し、他の隊員の援護注水を得ながら行う。
② 冷却注水は、射程の長い棒状注水により行うことが有効で、燃焼中の燃焼油面より高い側壁に注水する。
③ 注水による水はタンク内に入れない（ボイルオーバーの原因になる）。タンク内にある泡が消泡しないように側壁に注水する。
④ 冷却注水した水が防油提からあふれないよう、過剰な注水は行わない。なお、タンク火災の具体的な活動要領は図43を参照。

図43　タンク火災の消火活動「タンク火災（日本火災学会）」

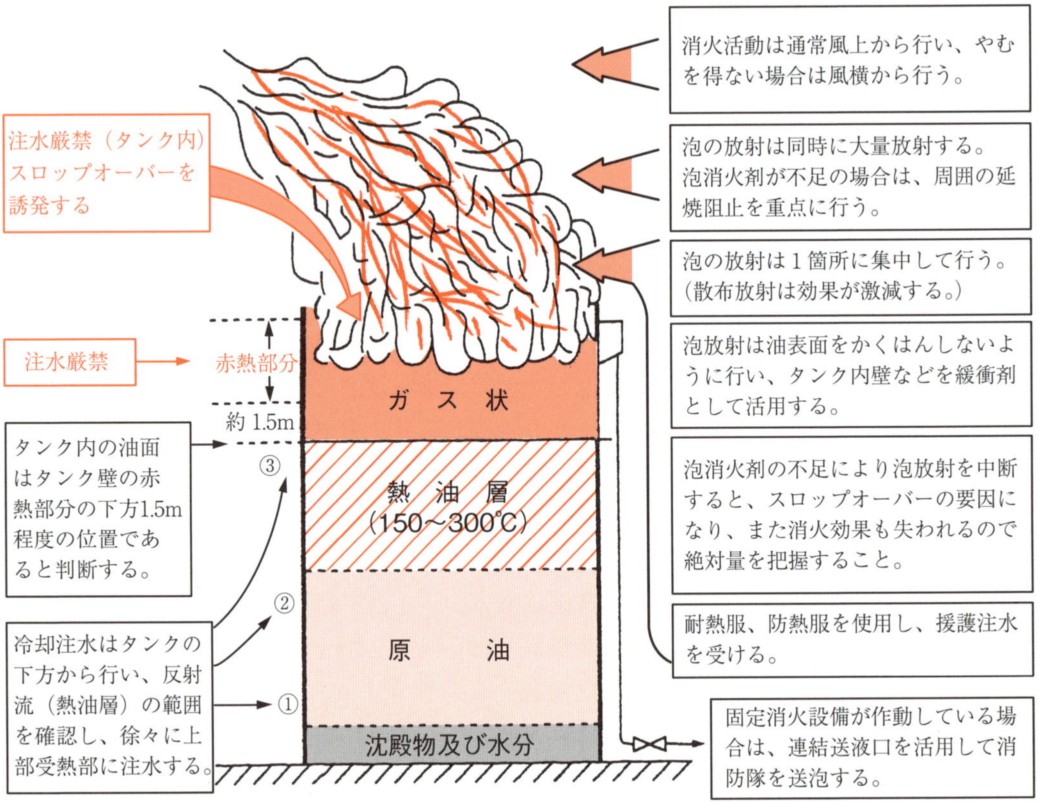

位置	説明
注水厳禁（タンク内）スロップオーバーを誘発する	消火活動は通常風上から行い、やむを得ない場合は風横から行う。
	泡の放射は同時に大量放射する。泡消火剤が不足の場合は、周囲の延焼阻止を重点に行う。
注水厳禁 → 赤熱部分 約1.5m	泡の放射は1箇所に集中して行う。（散布放射は効果が激減する。）
ガス状	泡放射は油表面をかくはんしないように行い、タンク内壁などを緩衝剤として活用する。
タンク内の油面はタンク壁の赤熱部分の下方1.5m程度の位置であると判断する。	
③ 熱油層（150〜300℃）	泡消火剤の不足により泡放射を中断すると、スロップオーバーの要因になり、また消火効果も失われるので絶対量を把握すること。
② 原油	耐熱服、防熱服を使用し、援護注水を受ける。
冷却注水はタンクの下方から行い、反射流（熱油層）の範囲を確認し、徐々に上部受熱部に注水する。 ①	
沈殿物及び水分	固定消火設備が作動している場合は、連結送液口を活用して消防隊を送泡する。

オ　異種泡剤混合禁止

　たん白泡剤と界面活性系泡剤等の異なる種類の泡剤を混合して使用すると化学車等の泡混合装置が詰まり発泡不能となるので、使用する泡剤の種類が変わるときはポンプや

混合装置の洗浄を行うこと。
- カ 長時間防ぎょ活動

　全面火災の防御は、長時間に及ぶ危険な輻射熱の環境下での活動であることやボイルオーバーなどの突発事象からの安全を確保するため、隊員の退路を確保し、屈折放水塔車等の自衛噴霧装置の活用による車両保護と遠隔操作による放水操作に努めること。

第8章　大震火災消防対策

第6節　津波災害

　日本は地震大国であるうえに海に囲まれた島国という地勢から歴史的に大きな津波災害を幾度となく経験し、平成23年3月11日の東日本大震災の死者・行方不明者の約九割は津波によるもので、避難誘導や水門閉鎖等の消防活動に従事していた消防団員、消防職員も津波に巻き込まれる等して殉職している。
　地震発生に伴う津波災害から市民を守るための消防活動は、津波の特性を十分理解したうえで、活動隊の安全を第一とした迅速かつ的確な行動が求められる。
　本節では、津波による被災者の捜索活動を開始する前の地震発生直後の津波警報等発表時の消防活動について述べる。

第1　津波の危険性

　地震による人命危険は地震の揺れとほぼ同時に発生するのに対して、地震に伴う津波は地震発生後数分から数十分後に襲来するため高台に避難することにより確実に人的被害を防ぐことが可能だが、避難ができない場合或いは津波の襲来を予測せず避難しない場合の人的リスクは地震の揺れに伴うリスクよりも津波の方が格段に高く、津波に巻き込まれた場合の生存確率は極端に低くなる。

第2　津波災害の特性

1　津波は、地震後いったん潮が引いてから来ると言われるが、引き潮を伴わずいきなり大津波が押し寄せる場合もある。発生機構と波源の位置関係で最大波は第1波ではなく、第2波か第3波で現れることもある。
2　津波は何回も来襲し、長時間継続するのが普通である。
3　津波の高さは、海岸や海底の地形に大きく左右され、リアス式海岸では沖合の波が入江の奥に浸入するにつれて数倍に増幅されて高くなり、平坦な海岸では低くなる。
4　上陸した津波は、津波の高さの2〜4倍の高さまで陸上を遡上することがある。
5　津波は、広大なエリアをのみ込み、地域が壊滅し、家族、集落が全滅することも稀ではない。
6　津波による人的被害は、単なる溺れではなく、流されているがれきに巻き込まれたり車両

等に潰されたりして外傷を伴うものが多く、身元確認が困難な場合が多い。
7 強力な引き波と押し波により広範囲にわたり建物や人が流され、誰がどこに流されたかを推定することが困難なことから、被災人数、捜索範囲の絞込みが困難な場合が多い。
8 津波による被災者の捜索は、大量の瓦礫と時間との戦いになる。

第3 津波防災対策

1 津波に対する一番の防災対策は高台や津波避難ビル等への迅速な避難である。
　海岸沿いエリアでは、地震が発生したら直ちに気象庁の警報発表情報を受信できる体制を整え、警報が発表された場合は、迅速に住民等に避難を広報する。
「避難上の留意事項」
(1) 自分たちの住んでいる地域で今までにどのような地震があったか、また、津波の際どこが危険であったか、安全な場所はどこか確かめておく。
(2) 海岸にいて震度5以上の地震を感じたらひとまず避難して、ラジオ等で確認する。
(3) 近海で起こる地震の津波は5分間が勝負で時間的な余裕がない。津波を軽視せずに地域の人たちに早く知らせる。
(4) 「津波てんでんこ」という言葉がある。「津波のおそれがある時は、他人を待たずに早く避難せよ。」ということである。
(5) 避難に際しては、海岸線から直角方向の高台（20m以上）やビルの高層階に避難する。
(6) 海岸線に沿うまわり道や、橋を渡ることを避け、避難の途中忘れ物に気づいても取りに戻らない。
(7) 病人や高齢者を乗せて避難する場合以外は、努めて徒歩で避難し、車は使用しない。
2 避難先ではラジオ、無線、広報車等で情報を入手するとともに、警報が解除されるまでは避難場所を離れない。
3 津波予報を津波防災に効果的に利用するためには、気象庁が発表する情報を正しく理解することが大切である。
4 沖合に津波を目撃してからの避難では間に合わないと言われている。避難は遅くとも気象庁が発表する津波到達予想時刻前までに完了できるようにあらゆる方策を講じて周知し実施する。
5 到達予想時刻になっても、津波が観測されないからと言って警戒を緩めることは危険である。警戒は津波予報警報が解除されるまで継続することが必要である。
6 予想される津波の高さに対応して、個々の海岸において津波が実際にどの程度の高さになるか、又はどこまで浸水するかを示す津波浸水予想図（津波ハザードマップ）を作成し、対策に役立てる。

第8章　大震火災消防対策

第4　津波災害の消防活動

　津波警報の発表から、津波の来襲までのわずかの時間の活用が極めて重要である。この間に消防職・団員が実施すべき活動はおおむね次の事項である。
1　海に面した地域では、地震の後には津波が来るものとして警戒し、テレビ、ラジオ、防災行政無線を通して情報の入手に努める。
2　津波の情報及び警報が出たら、津波到達予想時刻から消防隊自らの退避に要する時間を考慮した活動可能時間内（※）で広報車、ポンプ車及び消防防災ヘリコプター等で地域を分担して迅速な避難誘導・広報を行う。
3　自動閉鎖機構のない沿岸及び港内の門扉、水門、陸閘等は津波到来時間を考慮し、分担して早期に閉鎖する。
4　ひとり暮らしの老人及び身体障害者等は地元自治会などと分担して避難支援を行う。
5　船舶の港外退避及び港内の小型船舶の避難誘導、固定等の支援を行う。
6　津波による被害の恐れのない高台やビルの屋上等に津波の監視警戒班を派遣し、監視状況を逐一、消防本部等に報告する。

　※　津波想定区域における消防隊の活動時間
　　　東日本大震災では津波により多くの消防職・団員が犠牲となったことを受け、国において津波想定区域内の消防隊の活動について検討が行われ、消防隊の活動可能時間について次のような考え方が示された。（平成24年4月大規模災害発生時における消防本部の効果的な初動活動のあり方検討会報告書　総務省消防庁）
　　　大津波警報等発表時の消防活動は、この考え方を踏まえて地域の安全のために効率的に実施する必要がある。
　【部隊が活動可能時間を判断する要素】
　　①　災害発生場所までの出動（移動）時間
　　②　災害発生場所から直近の安全退避場所までの退避（移動）時間
　　③　安全時間（想定外の事案発生も含めて、安全確実に退避するための予備時間。例：〇〇分前退避完了）
　　④　津波到達予想時刻までの時間
　　　　活動可能時間＝④－（①＋②＋③）

「津波警報・注意報の種類」（気象庁資料より）
　気象庁は、地震が発生した時には地震の規模や位置をすぐに推定し、これらをもとに沿岸で予想される津波の高さを求め、地震が発生してから約3分（一部の地震については最速2分程度）を目標に、大津波警報、津波警報または津波注意報を、津波予報区単位で発表する。

第6節　津波災害

表12　津波警報・注意報の種類

種類	発表基準	発表される津波の高さ		想定される被害と取るべき行動
		数値での発表 （津波の高さ予想の区分）	巨大地震の場合の発表	
大津波警報	予想される津波の高さが高いところで3mを超える場合。	10m超 （10m＜予想高さ） 10m （5m＜予想高さ≦10m） 5m （3m＜予想高さ≦5m）	巨大	木造家屋が全壊・流失し、人は津波による流れに巻き込まれます。 沿岸部や川沿いにいる人は、ただちに高台や避難ビルなど安全な場所へ避難してください。
津波警報	予想される津波の高さが高いところで1mを超え、3m以下の場合。	3m （1m＜予想高さ≦3m）	高い	標高の低いところでは津波が襲い、浸水被害が発生します。人は津波による流れに巻き込まれます。 沿岸部や川沿いにいる人は、ただちに高台や避難ビルなど安全な場所へ避難してください。
津波注意報	予想される津波の高さが高いところで0.2m以上、1m以下の場合であって、津波による災害のおそれがある場合。	1m （0.2m≦予想高さ≦1m）	（表記しない）	海の中では人は速い流れに巻き込まれ、また、養殖いかだが流失し小型船舶が転覆します。 海の中にいる人はただちに海から上がって、海岸から離れてください。

※大津波警報は、平成25年8月30日から「特別警報」に位置づけられている。

「特別警報とは」
　気象庁は、警報の発表基準をはるかに超える大雨や大津波等が予想され、重大な災害の起こるおそれが著しく高まっている場合、「特別警報」を発表し最大級の警戒を呼びかけることとしている。特別警報が発表された場合は、数十年に一度の、これまでに経験したことのないような、重大な危険が差し迫った異常な状況にあり、ただちに地元市町村の避難情報に従うなど、適切な行動をとる必要がある。

第7節　避難対策

　消防は、発生している災害及び消防力の状況に応じて震災時の住民避難に関して次の活動を実施する。
　消防機関は、震災以外の大雨洪水、土砂災害等においても住民の避難誘導活動を実施するが本節では震災時の避難について述べる。

1　避難勧告、避難指示
(1)　災害の進展等により、住民を避難させる必要がある場合は市区町村に通報し、避難勧告又は避難指示を要請する。
　　　延焼拡大危険のあるに地域は、火災警戒区域を設定し、住民退去を求める。
(2)　避難勧告又は指示か出された場合、消防力の状況に応じて広報車、ヘリコプター等で住民に避難勧告又は指示を伝達する。
(3)　人命危険が著しく切迫し、市区町村に通報するいとまがない場合は避難勧告又は指示を行う。（その場合、内容を速やかに市区町村に通報）
(4)　避難勧告又は指示が出された時点以降の避難場所、避難道路の安全を確保する。

「避難勧告等の一般的基準の例」（東京都「板橋区地域防災計画（震災編）」より）
　避難のための勧告及び指示の基準は、原則として次のような場合である。
(1)　大地震時、同時多発の火災が拡大するおそれがあるとき。
(2)　避難の必要を予想される各種気象警報が発せられたとき。
(3)　河川が警戒水位を突破し洪水のおそれがあるとき。
(4)　河川の上流地域が水害を受け、下流地域に危険があるとき。
(5)　ガスの流出拡散、又は爆発のおそれがあるとき。
(6)　地すべり、山崩れ等により著しい危険が切迫しているとき。
(7)　その他、土砂災害警戒情報が発表される等、住民の生命、又は身体を災害から保護するため必要と認められる場合には避難勧告等の発表を行う。

2　避難誘導
(1)　避難勧告又は指示がなされた場合、消防力の状況（余力）に応じた住民の避難誘導
(2)　災害状況を勘案し、最も安全と思われる避難の方向等の市区町村への通報

「住民の避難誘導要領」

(1) 避難誘導は、町会や事業所を単位として一時集合場所に集合して、集団を形成してリーダーの指示・先導により指定された避難場所に避難する（二段階避難方式）。
　地域の実情や災害状況により避難場所への直接避難も考慮する。

(2) 避難を開始するときは、途中ではぐれる人がでることを想定して、避難場所内での落ち着き場所をあらかじめ指示し、全員が集合しなくても責任者を定め人員を確認して出発させる。

(3) 避難する道路の選定にあたっては、狭い路地や建物際は屋根瓦やガラスが落ちてくるので避ける。また、塀際は余震によってブロック塀等の倒壊が予想されるので注意が必要である。

(4) 看板等の落下飛散による危険に備えて、座布団等で頭を防護し、防塵眼鏡をし、マスクや濡れタオルを口にあてる等して避難することが望ましい。

(5) 避難は徒歩で行い、歩行の遅い人に合わせて避難させる。先頭にはトランジスターメガホン等を持たせ、地理に詳しい人を配置して安全を確認しながら行うことが大切である。
　また、避難先が遠距離となる地域はロープを使って、老人や災害弱者の歩行支援を行わせる。

第8節　救助活動

　震災時は、火災、救助及び救急事象が同時多発し、全ての出動要請に対応することが困難となる。
　また、地震が発生する時間帯や地域によって発生する災害の傾向が異なり、食事の準備時間帯や冬場の地震では火災により多くの被害が発生し、早朝・深夜に発生した阪神淡路大震災では建物倒壊や家具の下敷き等による救助事象が多発し、山間部を襲った中越地震では崖崩れ、土石流や集落の孤立等による被害が多発し、東日本大震災のような沿岸部では津波による甚大な被害が発生する。
　しかし、消防力の限界を越える震災時においても、限られた消防力を効率的かつ最大限に発揮し、住民の生命を可能な限り守ることが消防機関の使命である。
　震災発生時には、火災や救助に関する専門的知識と資機材を有している消防機関の活動の第1は、火災や救助事象からの人的被害の軽減である。
　その一方で救助やけが人の応急手当・医療機関への搬送等は、自衛隊、警察、医療関係者或いは地域住民の共助を期待することができる。
　そのため、消防機関は、被害状況を把握し、火災対応第一の活動を行うが、多数の人命が危険に晒されている救助事象等についても消防力の優劣を見極めながら専門性を生かした対応が求められる。
　ここでは、震災時に多発する建物倒壊や家具の下敷き等の救助活動について述べる。

第1　救助体制の確保

1　部隊活動の徹底

　同時多発する救助に対応するために隊員を少人数に分散して活動させることは、かえって救助効率を悪くし、隊員の安全確保も十分にできない。活動は最低5人の救助隊を編成して出動することを基本とする。

写真16　地震により倒壊した建物

2 救助部隊の確保

火災発生件数が少なく、救助事象が多発する場合は、ポンプ車隊を救助隊に切替えて救助体制を強化する

3 共助体制の確保

救助事象が多発している状況下で、付近住民から救助を要請された場合は、消防団及び住民防災組織に積極的に協力を求める。市民に貸与できる簡易救助資機材を整備しておくことが望ましい。

第2 救助活動現場の決定等

震災時の救助活動は、同時多発している救助事象から優先的に活動する現場を決定し、要救助者が倒壊建物等のどの部分にどのような状態で下敷き又は埋もれているのかを推定し、検索することから始まる。

1 活動現場の決定
(1) 広報車、派遣職員、災害出動中の車両、消防団員、駆付けた近隣者等から救助事象の情報収集に努める。
(2) 規模が同じ程度の救助事象が同時に発生した場合は、火災現場に近い救助現場を優先する。
(3) 救助の困難性と要救助者の人数等を勘案し、自衛隊、警察等の関係機関と協議し、担当現場・担当機関を決定する。
　その際、救助実施機関の特性を踏まえて効率的に現場を割り振ることとし、指揮命令系統を一元化し、円滑な活動と安全管理を徹底するため極力、同一現場での混成による活動は避ける。

2 要救助者の検索
(1) 検索活動に入る前に、電気・ガスの停止等安全を確認する。
(2) 要救助者の位置が不明な時は、家族、同僚等から地震前の動静や建物内の間取り、生活動線を聞き込み推定する。
(3) 検索箇所は、自らの目で確認し、声かけを継続する。
(4) 柱、金属、外壁等を叩いて反応を確かめる。サイレントタイムを設けて確認する。
(5) 所在不明の段階でブルドーザーやバックホー等の重機を入れて掘り起こしてはならない。

第3 救出活動要領

1 要救助者がいる被災建物の倒壊危険について可能な限り応急危険度判定士等専門家の助言

を得る等して確認し、必要に応じてショアリング等の措置により倒壊危険のある建物の安定化を図る。余震による倒壊危険があることを認識し、退避要領の確認、早期地震警報システムの設置及び努めて監視員を配置する。
2　被災建物の電気、ガスの停止を確認する。
3　救助は重症と思われる者を優先し、重症者の救出が困難な時は軽症者を先に救出する。
4　活動人員に対して多数の要救助者がいる時は容易に救出できる者を優先し、出来るだけ多くの人を救出する。消防団員や付近住民に協力を求めて救出する
5　生命の危険が切迫している時は、医師を要請し、救出と応急手当を平行して行う。
6　柱、梁等の主要部材の切断は、一気に建物を倒壊させることがあるので安全が確認できる場合以外は行わない。
7　生き埋め現場では、瓦礫は上から広い範囲に除去し、負傷者に影響がない場合はスコップを使用しても良いが、負傷者の周囲の瓦礫は手で取り除く。
8　建物倒壊の救助に要する資機材は、木造家屋ではエンジンカッター、チェーンソー等の機材が必要となり、ビルでは削岩機やクレーン等の重機が必要となるので、早めに支援の要請を行う。
9　長時間挟まれた者を救助する場合は、挫滅症候群（クラッシュ症候群）を発症することがあるので、医師等の要請を行う。
10　要救助者（死者を含む。）を発見、救出した時は、事後のために救出位置、救出時間等を記録する。

第9節　救急活動

　震災時は、同時に多数の傷病者が広範囲に発生し、医療機関も被災していることが多く、搬送先医療機関の確保が困難になる。消防機関は火災の発生状況を勘案し、消防力に応じた救急活動を行うことになる。
　平成7年の阪神淡路大震災では、6,434人が死亡し、重症者は1万人以上に上った。震災時の傷病者搬送は救急隊のみでは困難であり関係機関や住民の共助による活動が求められる。

第1　救急活動の原則

1　救急処置及び搬送は救命処置を必要とする重症者を優先とし、その他の者は消防団、自主防災組織、付近住民に応急救護の協力を依頼する。
2　重症者が多数あり、応急手当が間に合わないときは可能な限り現場の応急資機材によって、自主的な応急手当を実施させる。

第2　出動及び傷病者搬送

1　傷病者の搬送は救急隊、応急救急隊を原則とするが、傷病者が多数発生し搬送する必要がある場合は、傷病者の程度に応じて人員輸送車等による傷病者搬送を考慮する。警察官、防災市民組織等との連携に努め、効率的な救急活動を行う。
2　大規模救助現場への出動は、努めて救助隊等と連携して出動する。
3　搬送にあたって、軽症者等による割り込み等で救急車を占有されないようき然たる態度で活動し、必要に応じて警察官に協力を要請する。
4　搬送先医療機関は、病院調査班や救急隊の情報、広域災害救急医療情報システム（EMIS）等を活用し、本部等と連携し、出動救急隊により決定する。

第8章　大震火災消防対策

第10節　安全管理

第1　活動上の留意事項

1　災害情報の収集・分析に努め、安全管理上必要な情報は、出動中の部隊を含め、所属の全隊員に周知するとともに速やかに上司に報告する。
2　現場活動が長時間に及ぶことから、明確な活動目標と概ねの活動時間を示して任務付与を行う等、隊員の士気の維持に配意する。
3　長時間活動に伴う隊員の健康状態（疲労、空腹、発熱等）を勘案し、現場交代、休憩について配意する。
4　活動環境を冷静に監視し、状況変化に応じた活動中止や退避等の的確な指示を行う。
5　車両通行の可否を判断するとともに、工作物の倒壊や道路損壊で走行支障が予想される時は道路啓開用重機の要請と路面等の応急処置の為の土のう等を積載し、徐行で注意して走行する。
6　建物内で活動するときは余震による高所からの落下物に注意するとともに、不安定な足場であることから転落、転倒に注意する。
7　家屋、外壁、ブロック塀等は余震で倒壊する危険があるので早期地震警報システムの設置や必要に応じて監視員を置く。倒壊危険がある建物での活動では、努めて応急危険度判定士（建築関係防災ボランティア）等専門家の助言を受けて活動する。
8　地滑り、崖崩れ現場での活動は早期地震警報システムの設置や監視員を配置する。
9　常に隊員相互の連携を密にするとともに、努めて単独での行動を避ける。
10　隊員相互に声を掛け合って、気力の保持に努めるとともに、相互に疲労度を確認し合い、無理な行動は避ける

第2　緊急時の退避

1　海沿いでの活動は、津波情報に注意し、監視員を配置し、退避場所及び退路を事前に指定し、全員に徹底する。
2　地すべり、がけ崩れ現場での活動は、余震の発生に注意するため早期地震警報システム等を設置するとともに監視員を置き、前駆現象（がけ斜面に亀裂が生じたとき、がけ面から水が噴出したとき、土中から根が切れるような異音がしたとき等）に注意し、退避の時機を失

しないよう退避方向を決定し、全隊員に周知しておく。

用語の説明

消防活動関係の用語の説明

	用　語	説　　明
あ	圧気工法（工事）	地下洞道（トンネル）工事において立坑内またはトンネル内に圧縮空気を送り込み、トンネル内の気圧を高めることで湧水を排除し、地盤沈下や土砂崩れ等を防止しながら掘削する工法。
	油処理剤（流出油処理剤）	流出油の処理薬剤をいう。沈降型と分散型の2種類がある。現在は主として分散型処理剤のみが使用されている。処理剤の大部分は非イオン界面活性剤を稀釈剤として、パラフィン系溶剤からなっている。
	（油吸着剤）	路上等に漏洩した油等を吸着処理するため砂、パーライト等
い	イエローカード	危険物、高圧ガス、毒劇物、火薬類などの化学製品を輸送する事業者が携行する事故時の措置・連絡用資料である。（消防庁、国土交通省が携行を指導しているもの）
	引火	可燃性の液体や固体の表面近くに小さな火源を置き可燃物を徐々に加熱したとき可燃物から発生した蒸気が炎を発して燃え始める現象を引火といい、このときの最低温度を引火点という。
え	SDS（安全データシート）（又はMSDS化学物質安全性データシート）	危険物、高圧ガス、毒劇物、火薬類などの化学製品の安全な使用、取り扱いを目的として事業者に作成させるもので、化学製品の危険性情報や安全上の予防措置等が記載されているもの。（国連化学品の分類および表示に関する世界調和システムにより規定）
	援護注水	人命検索及び救助活動時に濃煙や熱気から消防隊又は要救助者を守るために行う注水をいう。原則として高速噴霧注水とする。
	延焼危険	建物火災の場合は、建物の隣棟間隔の大小、気象状況により延焼危険が異なる。この延焼するか否かの限界を延焼限界距離といい、この延焼限界距離は、建物の材質、形状、風速、火災規模等の影響を受け、モルタル塗りの建物は裸木造建築物の半分、2階建ての場合は平屋の1.3倍である。耐火造建物の場合の延焼に関しては、その開口部の大きさ、位置等が関係する。 参考　延焼のおそれのある部分（建基法第2条6号）
	延焼阻止線	火災の延焼を阻止する線であり、一般建物火災の火災防ぎょにおいては、火点建物内部又は隣接建物への延焼、また多層階建物にあっては、火点建物の内部又は上階あるいは下階への延焼を消火活動等により防止する線である。震災時等の街区火災においては、風下の広幅員道路、河川等を利用し、そこに消防力を集中して延焼阻止する線を言う。

用語の説明

か	延焼防止	消防部隊の消火活動により、火勢拡大の危険がなくなった「鎮圧」の前段階の状態をいう。他への延焼危険を防止することを一般的に延焼防止と言うこともある。
	延焼防止見込み	消防部隊の消火活動により、火勢拡大の危険がなくなったと認められる「延焼防止」の前段階の状態をいう。
	開口部の設定	消防隊の進入、排煙、排熱のために必要な作業であるが、開口部を作ることによって、新鮮空気が供給され燻焼状態にある火勢は一挙に勢いを盛り返し、予想を上まわる速さで延焼拡大するので開口部を設定する際は指揮本部長の指示により行う。
	外壁（モルタル）の崩落	外壁の崩落は火災の最盛期以降、外壁支持の構造物が焼きした時期に起りやすい。モルタル外壁に亀裂や膨らみが生じたら、至急付近を立ち入り禁止区域にする。また、パラペットの倒壊も同様で、この時期、内部から壁体への注水は、崩落の誘因となるので指揮者の指示により行う。
	覚知	消防機関が火災等の通報を確認することをいう。 覚知の種別としては、報知電話（火災報知専用電話（119番通報））、加入電話（一般電話による消防本部・消防署等への通報）、警察電話、駆け付け、事後聞知等がある。
	火災警戒区域	可燃性ガスや危険物の漏えい、飛散、流出等により火災の発生するおそれが著しく大であり、かつ、火災が発生したならば人命又は財産に著しい被害を与えるおそれがあると認められる場合に、消防長若しくは消防署長により設定される区域。この区域内においては火気の使用を禁止し、一定の者以外の者の退去を命じ又は出入りを制限できる。（消防法第23条の2）
	風下優先	風があり延焼拡大中の場合、先着隊の筒先配備は、風下側を優先して配備することをいう。この場合、移動に備えて余裕ホースを十分に取る必要がある。ただし、強風時は、注水効果と隊員の安全を考慮して、風下を避けて風横側に部署する。
	活動拠点	火点が高層部又は深層部の場合は、出来るだけ早く火点直近のクリアゾーンに進入準備、資器材の集積、被救助者の一時待機、重傷者の応急手当等を行う活動拠点（前進指揮所を兼ねる）を設置することが不可欠である。なお活動拠点には、指揮者をおき指揮本部との連絡手段を確保し、指揮の一元化を図る。
	可燃性毒性ガス	毒性及び可燃性の危険性が併存しており、中毒と引火・爆発危険があるガスをいう。一般的に毒性の許容濃度の方が爆発限界濃度よりもはるかに低い。漏えい、流出時は毒性危険に十分に注意する。
	火面正対	木造、防火造火災では、延焼している建物には内部進入して延焼方向に正対し、注水到達範囲を深くとって注水することをいう。

き	希釈消火	可燃物の燃焼に必要な酸素濃度或いは可燃性液体の濃度を燃焼範囲以下に希釈して消火する方法をいう。
	給気側攻撃	ビル火災の戦術の基本は、まず火点室（あるいは階）に２ヵ所以上の開口部を設定し、それぞれに筒先を配備する。この場合、煙の噴出量に差が生じ、多い方が排気側（風下）、少ない方が吸気側（風上）となる。ビル火災の消火活動は、吸気側から屋内進入して注水（攻撃）を開始することをいう。
	救助優先	要救助者がいるときは、消火より救助を優先する。ただし、場合により注水消火は救助の強力な武器であることを忘れてはならない。火点及び周囲建物の人命検索は優先して必ず行うことが消防活動の原則である。
	局面指揮	ビル火災で延焼範囲が複数階に及ぶ場合や林野火災等のように活動エリアが広大な場合等は、活動面を適宜東西南北のように平面的に、あるいは立体的（階層ごと）に指揮範囲を区分し、又は、消火活動と救助活動等の活動毎に、それぞれ指揮者を指定して分担指揮の態勢を取ることをいう。
く	クラッシュ症候群（挫滅症候群）	身体の四肢等が長時間圧迫を受けると、筋肉組織の一部が壊死し、その後、圧迫された状態から解放されると、壊死した筋細胞からカリウム、ミオグロビン等が血液中に大量に漏出し、高カリウム血症により心室細動、心停止が引き起こされたり、ミオグロビンにより腎臓の尿細管が壊死し急性腎不全を起こす症状をいう。
	クリアゾーン	火災による煙に汚染されていない空間・区域をいい、消防活動の拠点、退避場所として活用する区域。
け	警戒筒先	攻撃線の筒先以外の延焼危険のある開口部等にそれぞれ筒先を配備し、各筒先には直ちに放水できる準備を完了しておくことをいう。ただし、指揮者の明確な指示がない限り、放水してはならない。
	警防調査	地理水利及び建物等の状況を定期的に調査し、火災等の災害発生時に迅速的確に活動できるようにするための事前把握及び保全に関することをいう。
	検索重点箇所	火災発生時、在住者はどういう行動をとるか、その避難経路がそのまま人命検索の重点個所になる。従って火災の規模に関わらず、エレベーター、便所、ベランダ、浴室、階段室、屋上等の人が逃げ込みやすい場所を検索重点箇所として検索する。
こ	航空機火災	航空機又はその積載物が焼損した火災をいう。
	攻勢（的）防ぎょ	消防力を集中的に発揮させ火災を一挙に消火すること。これは消防力が火勢に対して優勢な場合にとられる戦術である。（⇔守勢（的）防ぎょ）

用語の説明

さ	最先（到）着隊	災害現場に最先到着する隊をいい、この隊長は指揮本部長が到着するまで、その職務を代行し、後着隊を指揮して対応しなければならない。
	再燃	火災が発生して消火行為がなされたにもかかわらず、事後に再度出火したものをいう。
	座屈	工場、作業所、倉庫等の準耐火造建物は、一般的には鉄骨造スレート張り、屋根はスレートかトタン葺きの建物が多く見られる。住宅に使用されている場合もあり、その構造材から木造、防火造建物よりは燃えにくいが、熱に弱く簡単に倒壊する。資料によれば鋼材の降伏点は600度前後で、全焼火災では火災温度の高い中心部から崩れ始め、建物の中心部に向かって折れ曲がる場合が多い。
	残火処理	火勢鎮圧後、残り火を点検、処理し、鎮火に至るまでの作業をいう。火勢が鎮圧し、有炎現象が終息しても、表面的にしか消火されていない。注水の死角、視認できない場所又は内部の物品等の移動や小破壊を丹念に行い、残り火を見落とさないよう確実に点険を徹底し、残火が潜在しやすい布団や紙類は、屋外に搬出して消火する。
し	指揮本部長（現場指揮本部長）	現場全般を統括する現場の最高指揮者をいう。つまり指揮本部長は火勢制圧、周囲への延焼阻止、人命救助、鎮火の判定、報道対応等全般の指揮、そして状況変化に伴う活動方針の変更を適正に行うことを任務とする。
	自然発火	人為的に火をつけることなく可燃物が酸化、薬品混合、摩擦等により自然に発熱発火したものをいう。
	車両火災	自動車車両、鉄道車両及び被けん引車又はこれらの積載物が焼損した火災をいう。
	守勢（的）防ぎょ	火災の延焼を防止するため、積極的な進入注水ではなく火面を包囲した注水などによって火勢拡大を阻止する防ぎょをいう。 これは消防力が火勢に対して優勢でない（劣勢）場合にとられることが多い戦術である。（⇔攻勢（的）防ぎょ）
	失火	過失により発生した火災をいう。
	出火	火災が発生し、この火災について時間や場所を明確にするときに用いる用語であり、火災が発生した箇所を出火箇所という。
	出向	消防部隊が警戒、演習、訓練、調査及びその他業務連絡のため常置場所の署所を離れることをいう。
	出動（出場）	火災等の災害が発生し又は発生のおそれがあるときに、消防隊がその被害を最小限にとどめるために現場に急行する一連の行動をいう。（消防本部によって「出動」又は「出場」と呼称・表記が異なるが、本書では「出動」とした。）

ショアリング (Emergency Building Shoring)	地震等の災害により倒壊または倒壊危険が発生した建物に接近し、進入して救助活動を実施する場合、当該倒壊建物が余震、または自重等で更なる倒壊を起こすような二次災害を防止するために、建物の外部、内部及び窓やドア等の開口部に支柱等を施して安定化させる技術（倒壊建物等の安定化技術）
消防水利	発生した火災を消火するために必要な水で、消火栓、防火水槽、プール、河川、池、海等消防に必要な水利施設及び消防の用に供し得る水利をいう。
消防用設備等	消防用設備等には、(1)消防の用に供する設備　(2)消防用水　(3)消火活動上必要な施設　がある。（消防法第17条）
消火活動上必要な施設	消防隊による消火活動に利便を提供するための施設をいい、排煙設備、連結散水設備、連結送水管、非常用コンセント設備及び無線通信補助設備がある。（消防法第17条）
除去消火	燃焼物や可燃物を取り除いて消火する方法をいう。
消防警戒区域	火災現場において、消防吏員・団員が消防活動上必要な区域について、関係あるもの以外の者の立入を禁止若しくは制限し又はそれらの者を当該区域から退去させ安全を確保する区域をいう。（消防法第28条）
情報源	情報源とは、特定の情報を最初に発信する人をいう。情報源の不明な情報、信憑性に欠ける情報は情報源及び伝達者を明確にしておかなければならない。火災現場での情報源は、建物関係者、火災関与者、現場に先着している警察官、出火建物の消防用設備等、現場で活動中の隊員等が挙げられる。
情報収集	火災現場等において消防吏員・団員は、当該消防対象物の構造、救助を要する者の有無、その他消火若しくは延焼防止又は人命救助のために必要な事項について関係者等に情報の提供を求めること。（消防法第25条）
除染	毒・劇物危険区域、放射線危険区域及び爆発危険区域内から避難・救助した者や活動した隊員及び資器材に対し、脱衣、水又は中和剤等により、二次的災害の防止のため身体等に付着した汚染物質を洗浄・除去することをいう。（乾的除染、水的除染）
進入統制	隊員に対して爆発危険や二次的災害発生危険があるエリアへの進入を禁止（統制）する措置をいう。
人命救助	火災等の災害により生命、身体に切迫した危険がおよび、障害のために自力により脱出又は離脱出来ない者を安全な場所に救出又は危険・障害から解放することをいう。「救助優先」の項参照

用語の説明

す	水損防止活動	火災による直接損害には、焼失によるもの、煙による汚染、消火活動に伴う破壊、消火水の水漏れによる損害があるが、この消火水の水漏れ等による損害を水損という。この注水による損害を極力少なくしようとするのか水損防止活動である。
	スポット注水	火災が小規模な場合又は残火処理時等、消火水が比較的少量で対応できる場合、消火水による被害の拡大防止に配慮した実行性の上がる断続的注水をいう。
	スレート屋根	通常波形スレート屋根は、鉄骨の上にスレートを乗せてボルトで固定しただけで、支持材は使用していないのが普通である。従って波形のスレート屋根、塩ビ屋根上での活動は危険である。乗れば必ず踏み抜くものと覚悟しなければならない。やむを得ず乗る必要があるときは、積載はしごや板等で足場を作ってから活動する。
	スロップオーバー	原油又は重油等の高引火点の油火災において、100度を超える油層に消火水や泡剤を注入することにより一挙に水分が気化し、これにより油泡がタンク上部から溢れる現象をいう。ボイルオーバーに比較して規模は小さい。
せ	石油コンビナート	石油コンビナート等災害防止法による、特別防災区域内の特定事業所及び指定地域外の大量に石油類を貯蔵取扱う一般事業所で、屋外タンク貯蔵所を有する事業所をいう。
	戦術	戦術は一種の技術論であり経験則でもある。消防戦術は現場で決定されるもので、事前に準備できるようなものではない。それは指揮者が現場において、部隊の行動能力、活動環境等を比較勘案し組み立てる創作物である。しかし、指揮者は経験した事例を分析し、理論構成を行って戦術パターンとして定めておくことは、能力として重要な要素である。
	全焼	建物の焼き損害額が火災前の建物の評価額の70％以上のもの又はこれ未満であっても残存部分に補修を加えて再使用できないものをいう。
	前進指揮所（活動拠点）	前進指揮所は、活動内容や対象物が複雑な場合、活動が広範囲になる場合に局面の指揮拠点及び活動拠点として設置する。ただし、前進指揮所は独立した指揮本部ではなく、指揮本部の統制下で、局面の部隊の指揮にあたるものとする。
	船舶火災	船舶又はその積載物が焼損した火災をいう。
そ	即応態勢の維持（現場待機）	ポンプ車隊は、現着時火煙認知の有無にかかわらず、直ちに予定した水利に部署（給水措置）し、即応できる態勢で別命あるまで車両を離れず、有事に備えることをいう。

	外壁点検	防火造の建物は、通常内壁と外壁の間が空洞になっている。その空洞部分に着火するとやがて火は立ち上がり成長するが、外部からは視認出来ないため見逃してしまい、天井などから火炎が吹き出して始めて気がつく。このことからモルタル壁は、素手で触って温度を感じる箇所は、上部を小破壊して火源の有無を確認する。また、火炎に曝された隣棟建物の外壁の点検も忘れてはならない。
	その他（火災）	建物、林野、車両、船舶、航空機の火災以外の火災（空地、田畑、道路、河川敷、ごみ集積場、屋外物品集積場、軌道敷、電柱類等の火災）をいう。
た	隊員カード	災害現場で活動する全ての隊員は、緊急事態時に自分を証明する隊員カードを常時携帯しなければならない。指揮者は隊員に対し延焼中の地下施設等危険区域への進入を指示した場合、隊員カードを提出させ、その入退出と活動時間管理を徹底する。
	大口径ノズル	口径26mm以上のスムースノズルをいい、火勢熾烈な大規模木造建築物、強風時の木造防火造建物密集地域、高天井等放水射程が必要な場合、接近が危険な危険物、爆発物、高圧ガス貯蔵所及び林場、大量可燃物等の火災に対して大量高圧放水が必要な場合に使用する。筒先補助者をつけるとともに筒先保持可能な送水圧力に注意する必要がある。
	大量高圧放水	大規模木造火災や爆薬、火薬、硝化綿等の爆発危険のある火災及び輻射熱の危険性がある屋外タンク火災等、近づいて放水することが危険な場合や大量の消火水が必要となる火災に大口径ノズル、放水銃、放水砲により行う放水をいう。なお、屋外タンクの冷却に際しては、防油堤の水面を考慮して放水する。
	退路の確保	火災現場の活動危険は、時間経過とともに変化し、場合によっては急激に悪化する場合がある。指揮者は、最悪事態を想定して自己隊の退路を考え、可能な限り複数の退路を確保する。
	建物火災	建物又はその収容物が焼損した火災をいう。
	単独行動の禁止	隊員が自己の判断で恣意的な行動をとることを禁止することをいう。単独行動は組織活動の大きな障害となることから厳に慎しまなければならない。だだし、命令に基づいて行動するという原則には、緊急事態発生時と危険回避時の例外が二つある。
ち	地下洞道	電話通信ケーブル又は電力ケーブル等の敷設を目的として、公益事業者が道路管理者の許可を受けて、道路の地下に設けた施設をいう。公益事業者が単独で公益物件を収容する施設を単独洞道、2以上の公益事業者の所有する公益物件の収容施設を企業間洞道と呼んでいる。

用語の説明

	注水体制	燃焼実態不明時の屋内進入及び延焼中の建物への開口部設定は、急激な延焼拡大等、不測の事態に対応するため、水の乗った筒先を配備し、注水の準備をすることが不可欠である。この場合大切なことは、機関員は圧力計から目を離してはならない。
	注水統制	耐火造建物火災は、濃煙、熱気のため火点及び延焼範囲の確認が困難で、状況不明下の対応と立体的な消防活動を展開することになる。このため過剰注水により水損が大きくなることから、迅速に筒先の統制と注水規制をすることをいう。
	注水予告	ビル火災の場合、床や壁等不燃材で、区画された密閉空間内での燃焼なので、注水による内圧の上昇は、木造、防火造火災に比較してはるかに高く、当然火煙の噴出力も強く時には爆発的に噴出することから、噴出による受傷事例が多く危険性が高い。従って、注水は指揮者の指示、又は了承のもとで行うものとする。また注水開始の際は、他隊への予告を忘れてはならない。
	中性帯	火災室の開口部では、ある高さに室内外の圧力差がゼロである層が生じ、この層より上では室内の方が室外より圧力が高く煙層が滞留・噴出し、下ではその反対となり、新鮮空気が流入しクリアーとなる。この層を中性帯という。
	中和剤	酸性又はアルカリ性に偏った物質を中和するための薬剤をいう。主な中和剤としては消石灰、多量の水、苛性ソーダ液、ソーダ灰、リカゾール、アルカリ液、炭酸ソーダ等がある。
	窒息消火	可燃物の燃焼に必要な酸素の供給を断って消火する方法をいう。
	超高層建築物	軒高100m以上の建築物をいう。
	鎮圧	有炎現象が終息した状態をいう。
	鎮火	残火処理が完了し、現場指揮本部長（現場最高指揮者）が、消防隊による消火活動の必要が無くなったと認めた状態をいう。
つ	通報	火災を知った者が、これを消防機関等に知らせることをいう。（消防法第24条第1項　火災を発見した者は、遅滞なくこれを消防署又は市町村長の指定した場所に通報しなければならない。）
	筒先移動	通常の住宅火災では、燃焼実態に注水すればその部分は消火できる。1ヵ所に固定した筒先の消火効果は、時間とともになくなり、逆に水損が増大する。従って筒先側に余裕ホースを十分に取り、効果的な消火位置を求めて積極的に移動する。
	筒先進入	消防隊が到着順に延焼危険の高い局面に進入するとすれば、まず背面が最も優先し、次に両側面となり、その次の筒先は更に背面の補強にあて、正面、玄関側は最後にする。つまり木造、防火造建物火災の筒先部署の優先順序は、「背・側・側・背」であることは、現場行動の鉄則である。

て	鉄骨構造建物の危険性	「座屈」の項参照。
	電子計算機システム等施設の重要室	電子計算機システム及び電気通信ネットワークの稼働に必要な室で、電子計算機室、通信機械室、データ等保管室、電源室及び空気調和機械室等をいう。消防活動は施設の稼働継続、又はシステムの早期復旧を前提に行う必要があり、煙汚染及び水損に特に注意を要する。
と	倒壊危険	全焼状態の間口の広い建物や倉庫にはいきなり飛び込んではならない。また、燃えている林場（材木集積場）には接近してはならない。燃焼による倒壊危険がある。
	毒・劇物危険区域	消防警戒区域又は火災警戒区域内で、人体許容濃度を超えるガス濃度が検出された区域、施設関係者が勧告し、かつ、災害実態から判断して人体危険が高い区域等、指揮本部長が必要と認めた区域をいう。なお、設定する場合は毒性ガスの滞留、流動による危険性を考慮し、原則として街区、建物、敷地を単位とする。
	毒性ガス	ガスの漏えい時には、空気、水との接触、過熱及び他の物質による、化学反応並びに物理的変化により、毒性の臭気、刺激臭若しくは着色ガスを発生し、人命危険、火災危険、爆発危険等が生じるガスをいう。（毒性ガスとは、じょ限量が 200 ppm 以下のものをいう。じょ限量とは、一般の人が有毒ガスなどを含んだ環境の下で、中程度の作業をして1日8時間経過し、かつ長時間継続しても健康に障害を及ぼさない程度の有害ガスの濃度をいう。）
	特別避難階段	建築基準法により一定規模以上の建築物に設置が義務づけられた、階段室に火災の火煙が進入しないように、階段室の前部に外気に開放されたバルコニー又は排煙設備を有する附室により煙を遮断する構造を有する避難安全上及び消防活動上重要な施設である。
	飛火警戒	強風下の延焼熾烈な木造火災では現着と同時に応援隊を要請して、早期に飛火警戒を実施する。警戒隊は即応力のある水槽車が効果的である。また風下一帯の住民に呼びかけて警戒の協力を求める。
	トリアージ	多数の負傷者が発生した災害等において、負傷者の治療・救護・救急搬送の順位、搬送先施設を決定するため人命に関する緊急度、重症度を判定し、負傷者を選別すること。
な	奈落	劇場の舞台や花道の床下のことをいう。地階部分は迷路となり、かつ、各種大道具等が保管されている。そのため内部検索等進入にあたっては、退路の確保や転落防止に注意するとともに単独行動はしてはならない。

用語の説明

ね	燃焼実体	注水は燃焼実体に行わないと効果はなく、無闇に注水すれば水損が増える。筒先担当者は、注水による濃煙及び水蒸気、更に高熱により視野が妨げられ、燃えている場所に水が届いているか分からないことが多くある。このことから指揮者は、必要があれば局部破壊を併用しながら確認し、水が燃焼実体に直接届くよう指示しなければならない。
	燃焼の三要素	①可燃物　②熱源（発火エネルギー）　③酸素
の	軒下部署	燃焼建物の軒下部署は、急激な濃煙熱気の噴出、滞留、外壁倒壊、あるいは落下物の危険があるため努めて避ける。やむを得ず部署するときは、避難手段をあらかじめ隊員に指示しておく。
は	排煙口	ビル火災では、階段室から火点室に進入し、活動を開始することが一般的な戦術であることから、階段室はクリアにされていなければならない。そのため先着隊は、火点階と階段室を仕切る防火戸を早期に閉鎖するとともに、階段室最上部の塔屋（ペントハウス）のドアを開放し、排煙口を設定する（クリアゾーンの設定）。
	排煙、排熱	耐火建築物は密閉性に優れ、火災になると熱や煙がこもり易く、避難及び消防活動の障害となる。このため効率的な消防活動を展開するには、まず排煙、排熱のための開口部を設定する必要がある。
	排気側警戒	ビル火災の戦術の基本で、開口部から煙の噴出量の多い方（排気側）へ筒先を配備して、注水はせずに隣棟や上階に延焼しないように警戒することをいう。
	爆発	(1)「爆発」とは、人の意に反して発生し又は拡大した爆発現象をいう。 (2)「爆発現象」とは、科学的変化による爆発の一つの形態であり、急速に進行する化学反応によって多量のガスと熱とを発生し、爆鳴・火災及び破壊作用を伴う現象をいう。
	爆発危険区域	消防警戒区域又は火災警戒区域内で、可燃性ガス濃度が、爆発下限界の30％を超えるガス濃度を検出した区域、施設関係者が勧告し、かつ、災害実態から判断して引火、爆発危険が高い区域等、指揮本部長が必要と認めた区域をいう。なお、設定する場合は可燃性ガスの滞留、流動による危険性を考慮し、原則として街区、建物、敷地を単位とする。
	発火	可燃性物質を周囲から加熱し、一定温度に至ると自ら燃え始める現象をいい、このときの最低温度を発火点という。
	バックグラウンドレベル（放射線）	日常生活の中で被ばくしている種々の自然発生放射線、例えば宇宙線、地球上に存在する放射性物質、体内で自然発生している放射線等のレベルを言い、これらの放射線源から受ける年間の総線量は1から3ミリシーベルト[mSv]の間だと考えられている。

	バックドラフト	火災時開口部の小さな耐火建物等では、酸素不足で可燃性ガスが充満し室温が上がっている状態が生ずる。このような時急激に酸素が補給されると爆発的に燃焼する現象をいう。フラッシュオーバーとともに火災初期の進入時に注意すべきものである。
	半焼	建物の焼き損害額が火災前の建物の評価額の20％以上のもので、全焼に該当しないものをいう。
ひ	非常用エレベーター	高層建築物は建築基準法により、火災時に消防隊による消火、救出作業のため非常用エレベーターの設置を義務付けられている。非常用エレベーターは一般のエレベーターに比べ、防火性能の高い構造となっている。
ふ	部下掌握	指揮本部長は各隊を、各隊長は自己隊員を確実に掌握することをいう。これは組織の長たる者にとって当然の任務であり、特に消防活動のような危険な作業を担当する組織にとっては、全てに優先してやらなければならない。各級指揮者は、自分の部下が今どこで何をしているか掌握しておかなければ、最悪の事故につながることを銘記する。
	俯瞰注水	一般に上から見下ろすような感じで行う俯瞰注水は、屋根や庇等により効果が期待できないばかりか、注水による屋内への落下物や倒壊を誘発して、屋内進入隊に危険を及ぼす。このことから屋根上部署、はしご車の梯上による俯瞰注水は、原則的に行わないものとする。
	吹き返し	火点室や火点建物に自隊が作った開口部又は開口部から注水した際に当該開口部から火炎が吹き出す現象を「吹き返し」といい、他の開口部から吹き出す現象を「吹き出し」といい区別する。開口部を作ったことにより吹き返しが起るか、吹き出しが起るかは、建物の構造やその時の燃焼条件、風向き等により異なり、吹き返しと吹き出しが同時に発生することは少ない。また給気側（風上）よりも排気側（風下）に噴出することが多い。
	部隊運用	火災等による被害を最小限にとどめるために必要な消防部隊の選定、出動指令、出向制限、通信運用を行うことをいう。
	部隊縮小	消防活動が終盤に近づく時期（鎮圧以降）に、残火処理等に必要な部隊を指定して、他隊は二次火災に備えて出きるだけ早く引き上げさせる。なお、部隊縮小は、現場の状況が十分安全であることを、見込んで判断する。
	部分焼	建物の焼き損害額が火災前の建物の評価額の20％未満のもので、ぼやに該当しないものをいう。

用語の説明

ほ	フラッシュオーバー	火災が拡大して、建物内の可燃物が加熱され熱分解し、蓄積した生成ガス（可燃性）が燃焼範囲に入ると、ある時期に急速に火炎伝ぱが起り、一挙に拡大する現象である。フラッシュオーバーに至る時間は、開口率と可燃物量により異なるが実験例等では５分～10分以内が多い。煙が、白～黒～茶褐色になった時に発生が近い。
	粉塵爆発	一定の密度で空気中に浮遊している微粉状のマグネシウムやアルミニウム等の金属粉や小麦粉等の食品等が何らかの火源により引火し、その燃焼が継続して一気に伝播し、爆発を起こす現象をいう。
	ボイルオーバー	原油又は重油等の高引火点危険物を貯蔵する屋外タンク貯蔵所の火災が長時間継続すると、タンク内に高温の油層ができ、その先端がタンクの底面に近づくとタンクの底に溜まった水分が突発的に蒸発気化（1600～1700倍）して多量の油がタンク外に噴出する現象をいう。
	包囲攻撃	木造、防火造建物が密集する街区は、筒先を投入して阻止しなければどこまでも延焼する。筒先の分散配備を図って火面を包囲することをいう。地形、道路構成、或は水利分布上部隊が一方偏集になりやすい地域では、後着隊は火点を迂回して反対側にホースを延長する。
	放火、放火の疑い	作為的に火を放ったか又はそれと疑わしい火災をいう。
	防火区画	建築基準法施行令により一定規模以上の耐火及び準耐火建築物に義務付けられたもので、火災時の火炎を区画内に閉じ込め、他の区画への延焼拡大を防止するために設けられた区画をいう。
	防火ダンパー	ダクト内の火災による熱又は煙により自動的に閉鎖する機構を備えたダンパー。
	防災センター	防災センターは、自動火災報知設備等の消防用設備等と空調設備等の建築設備とが一体的に集中管理できる。最先着隊の指揮者は、直ちに防災センターに先行し、火点及び延焼範囲等の災害状況を把握する。
	放射性物質	放射性物質には、ＲＩと核燃料物質に区分される。ＲＩとは、放射線を放出する同位元素及びその化合物、並びにこれらの含有物をいう。また、核燃料物質とは、ウラン、トリウム等原子核分裂の過程において、高エネルギーを放出する物質をいう。
	放射線	放射線は、高速度で運動する微粒子（α線、β線、陽子線、中性子線）と電磁波（γ線、X線）とに大別される。

	放射線危険区域	危険区域の基準は、放射線が0.5mSv/h以上の放射線が検出される区域、流水、煙等で汚染されたと認められた区域及び施設関係者の勧告する区域をいう。設定区域は、関係者、関係機関等と連携を図り、広めに設定し、順次測定器で安全を確認しながら縮小する。なお、区域内の活動は、ＲＩ装備の完全着装隊員とする。
	防油堤	屋外タンク貯蔵所には、貯蔵する危険物が流出した際に流出範囲を局限するため、タンク周囲を鉄筋コンクリート又は土造の堤で囲む処置をいう。その容量は、タンク容量の110％以上で、高さは地盤面から0.5以上となっている。
	ホースの防護	ホースを火災建物沿いに延長すると、破損したガラス、外壁等が延長したホース上に落下し破損することがある。ホース延長は火災建物からできるだけ離して、かつ建物に直角に入ることがホース保護の要点である。
	ぼや	次のいずれかに該当するものをいう。 ア　建物の焼き損害額が火災前の建物の評価額の10％未満であり、かつ、焼損床面積が1㎡未満のもの イ　建物の焼き損害額が火災前の建物の評価額の10％未満であり、かつ、焼損表面積が1㎡未満のもの ウ　収容物のみ焼損したもの
む	無線統制	現場活動中、緊急かつ重要事案が発生した場合は、携帯無線の運用を統制し、原則として自由通信を禁止する措置をいう。無線統制下では、部隊運用に直接必要な情報を優先しなければならない。
ゆ	油脂火災における放射熱	油脂火災の放射熱は、危険物を貯えている容器の形状・状態によるところが大きい。屋外タンク貯蔵所等の油脂火災の活動は放射熱から身体を保護するため、耐熱防火服の着用及び遮へい物を利用して対応する。
よ	余裕ホース	木造、防火造火災では、注水効果のあるポジションを求めて、筒先は積極的に移動することが重要で、そのためには、予め移動を予期して、水の乗ってくる前に筒先側に移動を考えた余分な長さのホースを準備することをいう。
ら	落下物排除	燃焼建物の軒下の通行又は作業は、上部に注意しながら素早く行うものとし、屋内進入時落下物の危険があれば、高圧注水などにより落としてから進入する。活動中期以降は屋根材、天井材、壁体等の落下を警戒し、必要があれば外力を加えて落としたほうが安全である。

用語の説明

り	両面攻撃（対面攻撃）	給気側開口部及び排気側開口部から同時に放水することをいう。ビル火災では、両方から攻撃すれば煙や熱の逃げ場がなくなり、内部に進入した隊員は、お互い苦しむだけで活動に支障をきたす。従って、ビル火災では厳に慎むべきで、木造、防火造火災と戦術とは大きく異なるところである。
	臨機の措置	各中小隊長は突発事態の発生を認知し、指揮本部長の指示を受ける余裕のないときは、自らの判断で全隊員を脱出させる等の措置が許される。このような危険回避のための例外的運用は、当然認められるべきである。ただし、このような措置をとったときは、すぐに指揮本部長に報告する必要がある。
	林野火災	森林、原野又は牧野が焼損した火災をいう。
れ	冷却消火	可燃物が燃焼する発火点以下に燃焼物を冷却して消火する方法をいう。
	連結送水管設備	高層階の火災に対応するため、一定規模以上の建築物に設置さている消火活動上必要な設備をいう。活用にあたっては送水隊及び放口使用隊を明確に指定するとともに、水量豊富な水利に部署し単隊2口（ダブル）送水することを原則とする。
	連続多発火災	連続放火、落雷、飛び火等によって、短時間に特定の地域に2～3件以上の火災が発生した場合の火災を連続多発火災と称している。この種の火災は、個々を捉えれば、対象物の特性や気象条件等に左右される単独の火災であるが発見の遅れ、消防隊の到着遅延、消防力の不足等から、延焼火災となる場合が多い。
ろ	六何の原則	ある事柄を報告する際の重要な構成要素（いつ、どこで、誰が、何を、なぜ、どのように）をいう。5W1H（When, Where, Who, What, Why, How）

〈参考文献〉

新消防戦術　東京消防庁

近代消防戦術　東京消防庁

災害救助　竹内吉平

消防救助操法の基準の解説　救急救助問題研究会編著

救助隊員用救急教育資料　日本エレベータ協会

タンク火災　日本火災学会

イザというときどう逃げるか　安倍北夫著

安心という住宅学　杉山英男著

消防教科書

火災防ぎょ　消防科学総合センター　編集

特殊災害　　消防科学総合センター　編集

「大規模災害発生時における消防本部の効果的な初動活動のあり方検討会報告書」（平成24年4月　総務省消防庁）

「東日本大震災における津波災害に対する消防活動のあり方研究会報告書」（平成25年1月　総務省消防庁）

「平成28年度　救助技術の高度化等検討会報告書」（総務省消防庁）

「スタート！ＲＩ119」（平成23年3月総務省消防庁）

「消防白書」（総務省消防庁）

新訂	中・小隊長のための 消防活動の実務	定価（本体2,900円＋税） （送料実費）

編　集　警防実務研究会

発　行　平成21年1月13日（初版第1刷）
　　　　平成30年4月18日（新訂第1刷）

発行者　株式会社　近代消防社
　　　　　　　三井　栄志

発行所
株式会社　近代消防社

〒105-0001　東京都港区虎ノ門2丁目9番16号
　　　　　　　（日本消防会館内）
TEL（03）3593-1401代
FAX（03）3593-1420
URL　http://www.ff-inc.co.jp

〈振替　東京00180-6-461　　00180-5-1185〉

ISBN978-4-421-00911-8〈落丁・乱丁の場合は取替えます。〉2018©

シリーズはじめに

　幼児「カラー5領域」シリーズについて、多くの方々に大学の授業や現場での研修などのテキストとして使っていただいてまいりましたが、平成29年3月の幼稚園教育要領、保育所保育指針、幼保連携型認定こども園教育・保育要領の改訂（改定）を受けて、そのポイントを盛り込み、改訂しました。

　同時に、従来からの特徴を堅持しています。第一に何より、保育現場の写真をほとんどの見開きに入れて、視覚的なわかりやすさを可能にしていることです。それは単なる図解ではなく、長い時間をかけて、保育現場で撮った実践についての写真です。中身に意味があるように、複数の写真を組み合わせて、本文で記述している活動の流れがわかるように工夫したところも多々あります。また、写真をすべてカラーにしてあります。今時、だれしも写真がカラーであることに慣れているだけでなく、やはり実際の様子がよくわかるからです。とくに初心の学生などにとっては大事なことです。

　第二に、本シリーズでの実践例と写真は、とくにお茶の水女子大学附属幼稚園及び東京学芸大学附属幼稚園など、編者や執筆者の関わりが深く、全国的にも名がとどろいている園について、その長年にわたり蓄えられてきた実践知を解説と写真により明らかにしようとしてきたものです。その実践者自身も多く執筆していますし、研究者もまた実践者と協同しながら研究を進めてきており、保育の改善や解明に努めてきました。その成果を本シリーズで初心者にもわかりやすい形で伝えるようにしています。

　第三に、その意味で本シリーズは、大学の研究者と現場の実践者との間のまったくの対等の協同関係により執筆してきました。その協力関係を維持し発展させることと本書を執筆する過程は重なり合ったものなのです。日頃から研究会や保育公開や園内研究会などを通して協働してきた間柄でもあります。

　第四に、実践と理論の往復と対応に意識して、執筆しました。そのふたつが別なことでないように、話し合いを重ねて、原稿の調整を行いました。シリーズの全体のあり方を整えるとともに、各巻ごとに編者を中心に執筆者と互いに連絡を取りつつ、完成に至ったのです。理論的な立場の章も実践のあり方を踏まえ、それに対する展望を提供するよう努めました。

　最後に何より、新しい幼稚園教育要領、保育所保育指針、幼保連携型認定こども園教育・保育要領の考え方を反映させています。それは次のように整理できます。